KB192622

예수의 독설

예수의 독설

2008년 5월 19일 초판 1쇄 발행
2008년 6월 25일 초판 2쇄 발행

펴낸곳 (주)도서출판 **삼인**

지은이 김진호
펴낸이 신길순
부사장 홍승권
책임편집 강주한
편집 최인수 김종진 양경화
마케팅 이춘호
관리 심석택
총무 서장현

등록 1996.9.16. 제 10-1338호
주소 121-837 서울시 마포구 서교동 339-4 가나빌딩 4층
전화 (02) 322-1845
팩스 (02) 322-1846
E-MAIL saminbooks@naver.com

표지디자인 (주)끄레어소시에이츠
제판 문형사
인쇄 대정인쇄
제책 성문제책

ISBN 978-89-91097-81-0 03230

값 15,000원

예수의 독설

김진호 지음

삼인

2008년 서울,
'갈릴래아 예수'의 독설을 상상한다

1987년 늦은 가을, 보름 가까이 도서관에 푹 박혀 끙끙대며 기획안을 만들었다. 이미 식어버린 내 마음속 민주주의의 열기를 책갈피 속에 투사하며 정신의 허기를 채우려는 듯이 날마다 꼼짝 않고 글과 씨름했다. 안병무 선생께 면담을 청하여 약속받은 그날을 준비하기 위함이었다. 「마태오복음」을 하느님 나라의 열망이 좌절된 공동체의 고통과 연계시켜보려는 것인데, 그 시절 우리 자신의 심정과 유사한 정서를 이 복음서에서 읽어보고 싶었다.

바라만 보기에도 벅찼던 선생에게 석사논문 지도를 부탁하려면 단단히 준비해야 했다. 이미 두어 달은 족히 고민해온 터라 논문 지도를 부탁하고자 생각을 다듬는 기한으로 남은 보름의 시간이 부족하지는 않았다. 허나 워낙 흠모해 마지않던 선생이었기에 결코 여유로울 수는 없었다.

드디어 그날이 왔다. 기억으로는 네댓 장 되는 연구계획서를, 수없이 읽어서 토씨 하나까지 너덜해진 그 기획안을 들이밀며 다짜고짜 브리핑을 시작했다.

아마 10분도 못 되었을 것이다. 선생은 내 말의 여백을 뚫고 들어와 비수 같은 한마디 말로 나의 생각을 난도질하고는 곧 자리를 떴다. "군(君)이 하기엔 너무 벅차군. 다른 걸로 준비하게."

노태우 정권이 탄생하던 그해 12월 중순, 역사의 반동적 흐름 앞에 심한 상실감에 빠져 있던 무렵, 흥겹지 않은 마음으로 크리스마스 행사를 준비해야 했다. 김지하의 희곡 〈금관의 예수〉 얘기로 시작하는 선생의 글 「예수와 민중」(『신학사상』 50, 1985 가을)을 다시 읽은 것은 바로 그때였다. 당시 〈금관의 예수〉는 피 끓는 진지함이 없는 이가 생각 없이 선택하면서도 그렇지 않은 양 자신을 가장(假裝)하고자 할 때 안성맞춤인 크리스마스용 상찬(上饌)이었다. 그래도 그날을 준비할 조금의 진지함이 남아 있을 때 자신의 위선에 대해 살짝 위안받을 만한 거리로 선생의 이 글은 꽤 쓸 만했다. 아무튼 이런 동기로 읽은 것이지만, 이 독서는 예수연구자로서 나의 이력에 하나의 전기가 되었다.

「예수와 민중」은 '교회의 예수'를 '금관을 쓴 예수'와 동일시하면서, 그 화려한 외양에도 시멘트로 처발라져 꼼짝달싹할 수 없는 박제된 예수가 거지들로 인해 해방되는 이야기로 시작한다. 거지는 금관을 벗겨냄으로써 예수를 해방시켰고, 동시에 그것은 거지의 굶주린 배를 채워주는 밥이, 아니 생명이 되었다. 여기서 해방자 예수는 동시에 해방받아야 하는 존재로 묘사된다. 신이 구원의 대상이자 주체이고 민중 또한 그러하다는, 익히 알고 있던 민중신학적 어법인데도 문득 낯선 것을 접한 것처럼 생경함이 느껴졌다. 또한 새삼스러운 놀라움과 통쾌함이 무력해진 내 영혼에 침투했다.

김지하가 구원받아야 할 예수를 '교회의 예수'로 동일시하고 구원자 예수를 민중에 의해 금관이 벗겨진 예수, 하여 '교회 밖의 예수'로 말하고 있다면, 다시 말해 교회의 예수가 아니라 민중 현장을 끌어안게 된 예수에게서 신의 해방사건을 역설하고 있다면, 안병무 선생은 이 '교회 밖의 예수', '민중 현장의 예수'에서 '역사의 예수'를 읽어낸다. 말할 것도 없이, 그 자신의 시대에 예수는 유대교 회당이나 성전 언저리에서 금관을 쓴 이로 살아간 것이 아니라 민중의 고통 현장 한가운데서 그들과 더불어 살아간 이라는 얘기다. 교회로 인해 그러한 예수가 유실되었다면, 즉 '교회의 예수'는 '역사의 예수'가 아니라 그이를 왜곡시킨, 하여 신의 해방사건을 무력화한 셈이다. 반면 민중 현장을 상상하며 예수를 바라보면, 교회로 인해 망각되어버린 예수, 곧 역사의 예수를 『성서』 속에서 읽어낼 수 있는 안목이 생긴다는 얘기다.

자주 접하다보면 이런 얘기가 상투적으로 들린다. 민중신학을 접한 지 채 2년도 못 돼서 나는 그런 매너리즘에 빠져 있었다. 한데 이 순간 머리를 스치는 생각에 스스로 놀랐다. 이 말 속에는 예수에 관한 역사적 연구가 직면했던 역사학의 위기를 넘어서는 실마리가 숨겨 있었던 것이다.

20세기가 시작할 무렵 예수에 관한 역사적 연구는 파산상태에 있었다. 그리고 세기 말까지 학문적 주제로서 거의 빈사상태였다. 하여 안병무 선생이 역사의 예수를 찾아 떠난 독일 유학길(1956~1965년)은, '아무것도 배운 것이 없다'는 과장된 귀국 발언처럼 해답을 얻을 수 없는 것이었다. 선생의 지도교수이던 권터 보른캄(G. Bornkamm) 등이 1950년대 초중반 호들갑스럽게 연구의 소생 가능성을 주장했던 것은 단지 하나의 해프닝에 지나지 않았다.

본래 예수에 대한 역사적 연구는 처음부터 '교회의 예수'와는 다른 실체로서의 '역사의 예수'를 발견하려는 취지에서 시작된 것이었다. 그것은 기독교의 주관적 이해로부터 구분된 객관적 예수, '지금 여기'의 요소를 제거한 '그때 거기'의 예수를 찾아낸다는 역사학적 문제의식의 발로이다. 물론 기독교가 주장하는 예수(교회의 예수)만이 역사학적 제거의 유일한 대상은 아니다. 좀더 확대해서 오늘날 사람들이 생각하는 예수가 아닌, 그때 거기의 예수, 즉 역사가 자신의 시대성과 분리된 예수 자신의 시대의 예수를 찾아내려는 학문적 운동이 바로 역사의 예수 연구의 목표였다. 학자들은 그 예수를 '갈릴래아의 예수'라고 불렀다.

그런데 20세기가 시작할 무렵 연구자들이 인정하지 않을 수 없었던 사실은 '갈릴래아의 예수'를 찾아 떠난 학문적 여행이 도달한 곳은 '유럽의 예수'였다는 것이다. 이렇게 '고대 팔레스타인의 예수' 대신 '모던 예수'를 발견하게 된 것을 연구사는 '실패'로 규정했고, 이런 사정은 20세기 내내 변함없었다.

1980년대 중반 이후 북미를 중심으로 역사의 예수 연구는 다시 활력을 얻었다. 연구서가 폭증한 것은 물론이고, 질적인 수준에서도 상당한 도약이 있었다. 그런데 예나 지금이나 변함없는 사실은 최근의 이 연구경향도 거의 예외 없이 현재성이 배제된 '갈릴래아의 예수'에만 몰두하고 있다는 점이다. 현재를 배제한 과거의 복원, 그것이 실현되지 못하면 연구는 실패할 운명이었다. 아무튼 달라진 것은 최근 북미 연구자들은 그것에 성공할 수 있다는 낙관적 믿음을 가지고 있고, 또 지금 당장도 상당히 근접해갔다고 생각하는 경향이 있다는 것이다.

한데 과연 그런가? 북미 예수연구 집단 중 시민사회의 주목을 받는 데 가장 성공한 '예수세미나'를 포함한 최근의 연구경향 일반에 대하여, 독일학자이면서도 북미 연구자들 사이에서 더욱 열렬히 환호를 받고 있는 게르트 타이센(Gerd Theißen)은 그것은 '갈릴래아의 예수'라기보다는 '캘리포니아의 예수'의 기조를 띤다고 비평한 바 있다. 또 '예수세미나'의 열렬한 포교사인 마커스 보그(Marcus Borg)는 이 연구집단 외부의 연구자이면서 가장 성공한 연구서를 저술한 이의 하나로 평가받는 버튼 맥(Burton Mack)을 겨냥하여, 맥의 예수가 "LA 고속도로에서 교통사고로 죽었다"는 진담 섞인 농담을 편다. 요컨대 최근 북미 연구자가 찾아낸 예수는 '유럽의 모던 예수'는 아니었지만 '아메리칸 모던 스타일의 예수'라는 얘기다.

그렇다면 지난 18~19세기의 연구를 평하던 시각에서 보면, 최근역사의 예수 연구 또한 예수연구의 부활로 평가할 수 없다는 것이다. 다만 그렇지 않다고 그들이 믿을 뿐.

한데 최근 북미의 예수연구를 포함해서 이제까지의 연구는 한결같이 예수 자신의 동시대성(과거)과 해석자의 동시대성(현재)을 날카롭게 단절시키고, 현재와 분절된 과거적 실체로서의 예수를 복원해내는 것이 바로 '역사의 예수' 연구의 핵이라고 본다. 그런 점에서 최근의 예수연구도 실패라고 평할 수 있는 것이다.

한데 안병무 선생은 「예수와 민중」이라는 짧고 허술한 글에서 놀랍게도 '교회의 예수'에 대해서 '민중 현장의 예수'를 말하는 김지하의 주장을 소재로 해서, '교회의 예수'를 극복하고자 했던 서구의 '역사의 예수'와는 다른 민중신학적 '역사의 예수'론을 펴고 있다. 서구의 역사의 예수가 해석자 동시대성(현재)을 제거한 과거의 예수를 주목한 반면, 선생의 민중신학적 역사의 예수론은 해석자의 동시대성에서 과거의 예수를 읽는 실마리를 발견한 것이다. 요컨대 이 글에서 선생은, 과거를 현재와 구분하는 역사학에 대하여 과거와 현재를 연결하는 역사학적 시선을 제안하고 있다.

너무 얘기가 길었다. 아무튼 선생의 글을 읽으면서 내가 어렴풋이 발견한 것은 역사의 예수와 오늘날 민중 현장 사이의 연계성이었다. 즉 그 연구방법론적 실마리를 찾아낸 것이다. 이것이 내가 역사의 예수에 대한 공부를 시작한 출발점이다. 물론 지금 관점에서 정리한 과거의 이야기니만큼, 설명의 세공은 이전보다 훨씬 정련된 시선을 담고 있다. 하지만 예수에 관한 역사적 연구의 가능성을 어렴풋이나마 발견한 시점이 1987년 크리스마스 어간이었고, 이 낙망의 시절에 민중신학적 예수 읽기에 관한 희망을 느끼게 됨으로써 역사가 수련생인 나와 오늘의 민중 현실, 그리고 과거의 존재인 예수 사이의 연계성을 통해 나의 영혼에 생기를 불어넣는 구원사건이 발생했다. 그리고 이것이 계기가 되어 역사의 예수에 관한 공부가 시작되었다.

읽을 책과 생각의 단서를 주는 대신 나의 말을 들어주는 선생의 교수법은 퍽 힘들었다. 모든 게 내 몫이었고, 선생은 내 생각의 구성방법에만 코멘트를 주었을 뿐이다. 당신의 생각과 다르더라도 논지의 설명력을 중시한 교수법을 통해 나는 연구사가 강제하는 생각의 질서보다는 내 나름의 생각의 틀을 찾아 긴 우회로를 비틀거리며 달려갔고, 목적지 없는 긴 여행길을 이리저리 헤매며 갔다. 그리고 덕분에 이 공부길은 그 성과와는 관계없이 내겐 자유로운 해방감을 만끽하는 신앙적 순례의 여정이 되었다.

어느덧 20년의 세월이 흘렀다. 내가 하고 싶었던 것은 최소한 예수연구의 3부작을 내놓는 것이었다. 하나는 역사의 예수 연구사, 특히 20세기 후반의 연구경향을 소개하는 것이다. 역사의 예수 연구가 빈사상태에 있던 때 허우적대며 가능한 모든 방법을 통해 실마리를 찾아 헤매던 중 갑자기 사막의 신기루처럼 나타난 북미의 연구물들을 접했다. 1980년대 끝 무렵부터다. 잔뜩 희망을 품고 탐독하다 낙담하고, 거기에서 그런 경향과는 다른 나의 방식을 찾기 시작한 공부의 여정, 그것을 책으로 소개하고 싶었다. 그 결과물이 『예

수 르네상스—역사의 예수 연구의 새로운 지평』(한국신학연구소, 1996)이라
는 엮음집이다. 여기에는 연구자로서의 방황이 고스란히 담겨 있다. 그런 점
에서 이것이 이 주제에 관한 훌륭한 책은 아닐 수 있어도, 내겐 어느 저술보
다 깊은 고민과 열정, 그리고 애정이 깃들어 있다.

두 번째는 나의 시각으로 연구사를 평가하고 대안을 모색하는 책을 내는
것이다. 내 식의 방법을 정리하고, 그 시각에서 연구사를 메타비평하는, 그
리고 그 눈으로 역사의 예수를 읽어보려는 것이다.『예수역사학—예수로 예
수를 넘기 위하여』(다산글방, 2000)는 이렇게 해서 만들어졌다. 책을 낼 당시
에는, 이 책 이상의 것을 다시는 쓸 수 없을 것이라 생각했다. 적어도 내 능력
에는 이것이 한계지점이라고 생각했다. 한데 불과 몇 년 지나지 않아 이 책
의 숱한 문제점이 발견되었다. 결국 수정판을 생각하게 되었고, 지난 2004
년 이후 조금씩 정리하여 '모던 예수'라는 이름으로 초고를 만들어 2006년
에 같은 제목으로 강좌를 열기까지 했다. 아직 정리할 게 좀더 남았지만, 곧
완성하여 공개할 계획이다.

그리고 마지막으로 생각한 것은 예수 시대 민중사를 쓰고자 하는 것이다.
예수운동이 예수의 독백적 사건이 아니라, 대중과 더불어 일으킨 사건에서
비롯된 것이고, 그것에 대한 대중의 기억을 통해 전수된 것이 예수 기억의
한 축이라면, 그러한 기억의 역사를 동시대 민중운동사의 맥락에서 정리해
보려는 것이다. 한데, 실은 내게 너무나 요원한 작업이다. 우선 체력의 한계
를 절감하는 터라 가능할지 우려스럽기까지 하다.

한데 그러한 기획과는 별개로, 또 다른 의미에서『예수의 독설』을 내놓게
되었다. 그것은 두 번째 책에서 시도한 복음서를 통한 예수 읽기가 나의 생
각을 담는 형식으로 단지 한 면만의 타당성을 지닌다는 생각 때문이다.

『예수역사학』에서 말하고자 한 것은 '모던 예수'는 역사학의 실패가 아니라 가능성을 보여주는 것이라는 데 있었다. 요컨대 과거를 현재와 단절시키는 데서 역사학이 성공하리라는 실증주의적 역사인식론을 넘어서, 과거와 현재 사이의 대면/대화를 통해 역사를 구성하는 현대적 역사학으로서 예수역사학을 재건하고자 하는 것이다. 특히 그 방법론적 가능성을 '민중 현장'과의 접속에서 찾고자 했다.

그것은 예수에 관한 대중의 기억을 담은 책인 「마르코복음」이 있기 때문에 가능한 것이다. 이 속에는 권력에 의한 민중의 고통이 예수를 기억하는 그들의 행위와 깊이 얽혀 있다. 그것은 예수 동시대에 예수를 보고 그와 함께했던 민중의 예수 기억과 연결되어 있다. 여기서 자세히 논할 수는 없지만 안병무의 민중론인 오클로스론은 그것을 입증하는 훌륭한 역사학 방법론으로 이해할 수 있다. 그리고 오늘 우리는 권력에 의한 고통의 현장을 보며 예수에 대한 바람을 갖는다. 요컨대 예수 동시대 민중사건 속의 예수 기억, 「마르코복음」의 민중사건 속의 예수 기억, 오늘 우리의 민중사건 속의 예수 기억—이 거대한 사건적 연계는 고통의 유사성에서 기억의 유사성을 찾을 수 있다는 역사학적 가능성을 시사한다.

그런 점에서 예수 읽기는 오늘 우리시대의 고통에 관한 한층 더 직접적인 읽기/이해를 예수 텍스트 읽기와 연동시키는 작업을 필요로 한다. 『예수의 독설』이 담고자 한 것은 바로 이 점에 있다. 오늘 우리시대 고통의 결이 수없이 다양하기에 그것은 하나의 거대한, 일관성 있는 스토리로는 불가능할 것 같고, 오히려 단편적인 에피소드를 통한 예수 읽기가 안성맞춤이라 생각했다. 그래서 찾아낸 것이 그간 했던 설교 중에서 관련된 내용을 뽑아서 재정리하는 방식이었다.

그런데 그러한 다양한 단편적 이야기들을 하나로 꿰는 것은 권력이다. 여기서 권력은 군대나 경찰 같은 외적 규제를 통해 실현되는 것만이 아니라는 점을 주지해야 한다. 오히려 그것은 내면적인 작동기제를 갖는다. 우리시대에는 너무나 촘촘하고 정교하게 구성되어 있지만, 예수 동시대에도 적어도 촌락 차원에서는 매우 정교했다. 관습의 형태로 실재하는 권력의 힘을 읽는 것이 중요하다는 것이다. 그리고 그것이 국가의 외적 규제력과 어떻게 연동되는지를 살피는 것이 중요하다. 이러한 권력 읽기를 통해 예수의 단편적 이야기들은 큰 틀 속에 엮인다. 그런 점에서 이 책은 예수가 동시대의 거시적/미시적인 권력과 벌인 싸움들에 주목한다. 그것은 하나하나 다양하게 나타나지만, 전체적으로 권력에 대한 독설을 통해 민중을 규제하는 규범을 희화화하거나 무력하게 하려는 것이라고 할 수 있다. 요컨대 고통의 장치에 대한 예수의 독설이 이 책의 주제인 것이다.

　나는 이 책의 원고를 지난해 부활절 직전에 출판사에 넘겼다. 실은 부활절에 맞추어 내고 싶었는데, 너무 늦게 넘어간 탓에 불가능했고, 해서 크리스마스 때에 출간하면 좋겠다는 의견을 전했다. 그러다 정권이 바뀌었고, 그 전후로 하는 한국의 지배적인 교회들의 일련의 움직임을 보면서 좀더 깊은 생각의 정리가 필요함을 느꼈다. 출판사의 일정과 나의 사정이 겹치면서 출간은 다시 미루어졌고, 이른바 실용정부가 탄생한 직후에 출간하게 되었다. 나로선 다행이다.

　'실용' 혹은 '선진화'라는 구호를 내세운 새 정부가 구성되었다. 근데 아무리 봐도 그 내용이 불명확하다. 몇 년 전 '참여'라는 말에서 느낀 생경함보다 훨씬 더하다. 아마도 현 정부의 주역들도 그런 모호함을 느낄 것 같다. 저마다 다소간 의견이 다르고, 그 다름을 두고 이렇다 할 대화나 조율이 부족하다. 또한 대화의 장에 내놓을 만큼 다듬어진 것도 없는 듯하다. 요컨대 '선진'이나 '실용'이라는 기호는 의미가 비어 있다. 그것은 이 비어 있는 기의를 채우기 위해 다중의 권력행위자들이 경합을 벌이는 가운데 현 정부가 구체화될 것이라는 뜻을 포함한다.

근데 내가 주목하는 것은 후발대형교회라고 부르는, 최근 급성장한 대형교회들의 움직임이다. 여기저기서 그 추이에 대해 여러 가지로 의혹을 던진 바 있고, 주로 이 문제가 올해 내 연구의 핵이 될 예정인데, 아무튼 나는 여기에서 한국 특유의 보수주의가 구성될 가능성에 주목한다. 그리고 이것은 박세일이 주장한 공동체적 자유주의 담론과, 그 속에 함축된 뉴라이트적 지향과 엮인다.

고통의 구조가 한국사회 속에 정착하는 배후에 일단의 한국교회의 흐름이 관련되어 있을 법하고, 그것을 나는 뉴라이트적 지향에서 실체적 흔적을 추적하고 있는 것이다. 이 책은 바로 이러한 체제의 제도화를 주목하면서 예수를 보려는 시각을 담고 있다. 향후 체제의 권력이 민중의 고통을 어떻게 구성할 것인지, 그리고 이에 대해 예수가 했을 법한 독설의 내용이 어떠한지를 드러내보려는 것이다. 다행히도 출간의 지연으로, 이런 문제의식을 일부나마 책에 담아낼 수 있는 시간적 여유를 얻을 수 있었다.

아마도 이 책을 나보다 더 꼼꼼히 읽은 이가 있다면 그는 강주한 님일 것이다. 그는 이 책의 전담 편집자다. 편집자가 원고를 섬세하고 철저하게 읽고 많은 조언을 해줌으로써 이 책은 편집과정에서 어느 정도 보완될 수 있었다.

삼인출판사에서 책이 나오게 된 것에 나는 퍽 만족스럽다. 오래전부터 알고 지낸, 출판사의 부사장이자 실질적인 운영자인 홍승권 님의 인격을 흠모하기 때문이고, 몇 차례 식사를 나누며 함께했던 삼인 식구들의 분위기에 한시적이나마 그들의 일원으로 운명이 엮인 것이 즐겁기 때문이다.

이 책에 실린 글의 대부분은 한백교회에서 한 설교에서 비롯된 것이다. 그런 점에서 한백은 이 책의 공동저자인 셈이다. 나에게 영적 자양분이 되어준 한백 식구 모두에게 감사한다. 나는 그들에게 배우고, 그들로부터 상처를 치유받아 왔다. 전직 목사인 나는 지금 그곳에서 한 사람의 신자로서 내가 얻은 것을 되갚으려 봉사한다. 이 책이 그러한 되갚음의 하나로 의미가 있었으면 좋겠다.

제3시대그리스도교연구소 회원들과 상임연구원, 그들과 함께 나의 40대 후반을 같이하는 게 너무 즐겁다. 지난 17년간 함께했던 수많은 이야기들이 소중하기에, 어느 때보다도 할 일이 많은 지금 그 일의 실무책임자로서 일하는 어깨가 버겁지만, 내가 조금은 기여한 사람으로 기억되었으면 좋겠다. 이 책을 그들 모두와 함께 나누고 싶다.

마지막으로, 우리시대의 고통에 관한 예수 읽기의 더욱 가치 있는 책의 출현을 위해 나의 책이 하나의 징검돌이 되었으면 좋겠다.

2008년 4월 4일
망원동 올빼미의 작업장에

일러두기

1. 이 책에서 인용된 『성서』 구절은 원칙적으로 『공동번역성서』를 기준으로 했지만, 필요에 따라 다른 번역본을 사용하거나 사역(私譯)을 하기도 했다.

2. 『구약성서』와 『신약성서』는 각각 『제1성서』와 『제2성서』로 표기했다. 이는 기독교가 사용하는 '구약'이라는 표기가 같은 정전을 사용하는 이슬람교와 유대교에겐 모욕적인 것으로 들릴 수 있음을 고려하여, 최근 서구 신학자들이 즐겨 사용하는 표현을 따른 것이다. 다만, 생경한 표현으로 인한 독자들의 혼란을 줄이고자 각 장마다 이들 표기가 처음 나올 때는 괄호 안에 『구약성서』와 『신약성서』를 함께 적었다.

3. 『성서』의 인명과 지명 등의 표기는 『공동번역성서』에 따랐으나, 오늘날 익숙한 것들은 외래어 표기용례에 따라 표기했다.
   (예: 팔레스틴→팔레스타인, 에집트→이집트, 바울로→바울)

글 싣는 순서

십자가와 부활

보론 I 예수의 권력비판

보론 II 역사의 예수 연구논평

탄생

사실과 진실*

예수 메시아 탄생 논쟁에 관하여

2000년 12월 어느 날, 버스를 타고 가는 도중에 전화 한 통을 받았다. 신문사 기자라고 밝힌 그는 다짜고짜 최근 일고 있는 '역사의 예수' 논쟁에 대한 나의 견해를 물었다. 움찔했다. 한동안 딴 척하느라고 신학계 논의에 주의를 기울이지 않았는데, 그간 무슨 논쟁이 있었나 싶었다. 나름대로는 역사의 예수 문제에 관해 할 얘기가 많다고 생각했는데, 최근 학계의 소식조차 모르다니…… 낭패다. 당황해하는 내게 그는 그 무렵 TV에 방영된 도올 선생 강의 얘기를 간단히 들려주었다. 그제서야 사태를 대충 짐작할 수 있었다. 교회나 열혈신자들의 항의가 방송국에 전해졌을 것이고, 이것이 기자들에게 사건거리로 읽혀졌던 것이다.

그 전화 이후에 알게 된 사실이지만, 꽤나 시끄러웠던 모양이다. '한국기독교총연합회'에서 즉각 항의공문을 방송국에 보냈고, 많은 기독교인 시청자들의 문제제기가 방송국 홈페이지에 접수되었다. 또한 기독교계 각종 언

* 이 글은 2000년 12월 10일 설교한 원고를 다듬은 것이다.

론들이 앞 다투어 강한 논조의 비난을 퍼부었다고 한다. 허나, 도올 선생의 인기와 지명도도 그리 만만치는 않았다. 적지 않은 반격이 있었고, 양 편의 입장을 펴는 논객들의 '치열한 공방'(?)이 오간 모양이다. 이런 사건을 언론이 가만둘 리 있겠는가. 『한겨레신문』과 『시사저널』 등이 발 빠르게 기사를 준비했다. 물론 언론의 문제인식은 그리 복잡할 게 없다. 별다른 노력을 기울이지 않아도 간단하게 진위를 판별할 수 있는 사태니 말이다. 게다가 가뜩이나 기독교계의 몰상식이 범사회적으로 회자되던 터라, 이 사태를 접하는 기자들의 선입견은 이미 한편으로 경도되어 있었으니, 그 공방을 다루는 기사들의 관점은 보지 않아도 뻔한 것이었다.

예상한 대로 사태의 전개는 별로 생산적이지 못했다. 교회의 반응은 신학의 지성사적 성과에 대해 몰상식한 태도로 일관했고, 이를 보도하는 언론들도 반기독교적 정서를 은근히 반영하는 수준의 기사에 그쳐버렸다. 내 판단으로는, 그런 식의 보도로 교회가 좀더 건강한 상식이 지배하는 사회영역으로 재편될 가능성은 거의 없다. 게다가 문제점을 심도 있게 전달해서 독자의 판단력을 증진시켜주는 데도 별로 기여하지 못할 것이라고 생각된다.

물론 이런 비판적 평가에서 나도 면책될 처지는 아니다. 목사로서, '역사의 예수' 테마에 관한 전문연구자의 한 사람으로서, 한 철학자의 그다지 깊이 없는 문제제기와 교회의 무분별한 반응, 그리고 전문적이지 못한 언론의 논란에 대해 대중이 기억할 만한 문제제기를 생산해내지 못했으니 말이다.

아무튼 그 당시 나는 몇 차례 설교를 통해 교인들에게 이 논점에 대한 신학적 해설을 시도한 바 있다. 이 장에서 다룰 다섯 편의 글은 그 설교들의 원고를 조금 다듬고 보충한 것이다. 이 글은 그 첫 번째 주제로, 이른바 '베들레헴 탄생론'에 관한 것이다.

도올 선생은 예수의 베들레헴 탄생에 관한 『성서』의 기술은 전혀 사실 보도가 아님을 주장했다고 한다. 이에 기독교계는 펄쩍 뛰었겠지만, 선생의 그 주장은, 학문적으로는 너무 때 지난 것이지만, 두말할 것도 없이 지당하다. 그건 논쟁점이 될 수 없는 문제인 것이다.

예수의 탄생에 얽힌 이야기를 하는 『성서』 텍스트는 「마태오복음」과 「루가복음」뿐이다. 한데, 이 두 텍스트는 공통점보다는 차이점이 훨씬 많다. 게다가 그 차이 가운데는 결코 하나로 조화될 수 없는 모순된 내용도 적지 않다. 그러니 두 본문은 서로 다른 탄생 전승의 소산이라고 볼 수밖에 없다. 여기서는 베들레헴 탄생설에 관한 주제와 관련해서만 그 문제를 이야기해보자.

두 복음서는 공히 예수의 부모를 마리아와 요셉이라고 한다. 그리고 마리아가 요셉과 관계하지 않은 상태에서 예수가 잉태되었다는 점에서도 일치한다. 이때 이 두 남녀는 아직 혼인하지 않은 상태였다는 얘기도 같다. 한데, 잉태 당시 그들이 살던 곳에 관해서는 주장이 일치하지 않는다. 「루가복음」은 그들이 나자렛 출신인데(1: 26), 인구조사 때문에 요셉의 본적지인 베들레헴으로 왔으며(2: 4), 이곳에서 예수를 낳고 나자렛으로 돌아갔다고 묘사한다.

한편 「마태오복음」의 기술은 전혀 다르다. 동방의 '마고이($\mu\alpha\gamma o\iota$, 동방박사들)'가 베들레헴으로 와서 아기 예수를 경배했다는 것이다(2: 7). (있을 수 없는 얘기지만) 당시 국왕인 헤로데가 그것을 막기 위해 갓난아기들을 학살했고, 이를 피해 부모는 이집트로 도주했다가 헤로데가 죽은 뒤에 귀국했는데, 부친 헤로데를 승계한 유대 지방의 통치자 아르켈라오스를 두려워한 나머지 그의 영지를 피해 멀리 북부의 갈릴래아의 나자렛*으로 도주하여 그곳에 살

* 이곳은 헤로데의 다른 아들인 안티파스의 영지에 속한다. 로마황제는 헤로데 사후 그의 영토를 몇 개의 영역으로 분할 상속하게 했는데, 그중 '왕'으로 상속받은 이는 세 명의 아들뿐이다. 가장 노른자위인 유

게 되었다고 한다(2: 16~23).

정리하자면, 「루가복음」은 '나자렛(유대 지방)→베들레헴→나자렛(갈릴래아 지방)'이라는 장소 이동을 따라 예수 탄생 이야기를 전개하고 있는 반면, 「마태오복음」은 '베들레헴→이집트→나자렛'의 방식으로 기술하고 있다.

또한, 두 이야기는 탄생 시기에 관해서도 견해가 전혀 다르다. 「마태오복음」은 예수가 헤로데 대왕이 죽기 직전(주전 4년)에 탄생한 것으로 묘사한다. 반면, 「루가복음」은 로마황제 아우구스투스가 인구조사령을 내릴 때 그 일이 일어났다고 한다(2: 1). 아우구스투스 때 인구조사가 언제 있었는지는 역사적으로 추적할 수 없다. 한데 그 다음 구절에선 이에 관한 보충적인 역사적 정보를 제공해준다. 그때는 퀴리니우스가 시리아의 총독으로 재임하던 시절(주후 6~9년)이라는 것이다(2: 2). 그 당시 인구조사가 있었을 법한 일이 있다. 그때는 헤로데의 영토 중 유대와 사마리아, 이두매 등을 상속받아 통치하던 아르켈라오스(주전 4년~주후 6년)가 축출되고, 로마황제가 파견한 총독이 이 지역을 관할하던 시기로, 주후 6년이었다. 새로 부임한 총독은 자기 관할지역의 조세부과를 위해 인구조사를 실시했을 가능성이 충분하다. 그런데 「루가복음」에 나오는 인구조사가 이것이라면, 그 조사지역은 나자렛이 포함된 갈릴래아 지방과는 무관하며, 따라서 다른 통치자(안티파스)의 관할지에 살던 나자렛의 두 남녀가 베들레헴으로 와서 인구조사를 했을 가능성은 전혀 없다. 아무튼 두 복음서는 예수의 탄생 시기를 각각 주전 4년과 주후 6년

대 지방, 이두매 지방, 사마리아 지방은 아르켈라오스가 차지했는데, 그는 헤로데보다 한 급 아래인 분봉왕(ethnarch)로 임명되었다. 또 다른 아들인 안티파스는 (상/하부) 갈릴래아와 사해 동편의 베레아 지방을 상속받았고, 그의 이복형제인 필립은 갈릴래아 호수 동편의 트라코니티스, 아우라니티스, 이투래아 지방을 위임받았다. 이들 안티파스와 필립은 아르켈라오스보다 한 급 더 아래인 사분봉왕(tetrarch)이었다.

으로 묘사하고 있다는 것이다.

이쯤 되면, 베들레헴 탄생설을 논하는 『성서』의 묘사를 '사실 그대로의' 역사적 정보로서 받아들이는 게 쉬운 일이 아니라는 것을 짐작할 수 있다. 실제로 「마태오복음」과 「루가복음」의 탄생 이야기 부분(7회)을 제외하고는, 『제2성서』(=『신약성서』) 전체에서 예수의 탄생지를 베들레헴으로 언급하는 경우는 거의 없다(단 한 번의 예외가 「요한복음」 7장 42절이다). 반면 예수가 나자렛 출신임을 보여주는 본문은 얼추 30개 이상이나 된다. 나자렛이라는 지명이 『제1성서』(=『구약성서』)에는 전혀 등장하지 않는 무명의 곳임을 감안할 때, 또 베들레헴이 『제1성서』에 최소한 10회 이상, 특히 그 유명한 다윗의 고향으로 등장하고 있음을 감안할 때, 전문연구자들이 베들레헴 탄생 이야기가 역사적 사실이 아니라는 데 합의하게 된 것은 당연하다고 하겠다.

자, 이제부터 우리가 주목할 것은, 그래서 『성서』가 사실을 날조하고 있느냐는 문제다. 아마도 기독교계가 내세우는 반대의 핵심은 그렇게 되면 『성서』의 가치가 훼손되며, 결국 기독교의 존립 자체가 의문시되리라는 데 있을 것이다. 한데, 그것은 '사실'과 '진실'의 차이를 구분하지 못한 결과일 뿐이다. 즉 '베들레헴 탄생설이 역사적 사실이 아니므로 그것은 날조다'라는 전제에서 그들이 벗어나지 못하고 있다는 것이다.

여기서 복음서들의 베들레헴 탄생설의 배경이 되는 「미가」 5장 1절의 본문을 보자.

그러나 에브라다 지방 베들레헴아
너는 비록 유다 부족들 가운데서 보잘것없으나
나 대신 이스라엘을 다스릴 자, 너에게서 난다.

여기에는 베들레헴 탄생설의 '사실 아닌 진실'이 시사되어 있다. 이 본문은 메시아가 베들레헴에서 낳게 되리라는 예언의 말을 담고 있다. 왜 하필 그곳이냐면, 베들레헴이 다윗의 고향이기 때문이다. 미가 예언자와 동시대(주전 8세기) 예언자인 이사야는 "이새의…… 뿌리에서" 메시아가 나올 것이라고 예언한다(「이사야」 11 : 1). '이새의 뿌리'란 다윗의 후손을 가리킨다. 이것은 미가 예언자 시대에는 이미 다윗의 후손에게서 메시아가 오리라는 기대가 널리 퍼져 있었다는 사실을 함축한다. 바로 그 기대가 예수에게 투영되었고, 그리하여 그이가 베들레헴에서 나신 것이라는 전승이 형성되었던 것이다.

미가 예언자 당시 베들레헴은 '보잘것없는' 작은 촌읍에 불과했다. 물론 다윗이 날 당시도 그랬다. 즉 그곳은 메시아가 날 만한 그런 곳이 아니라는 것이다. 요컨대 '작고 보잘것없는' 곳에서 메시아가 난다는 것이다. 이것은 '작고 보잘것없는' 신분의 사람에게서 신의 구원역사가 이루어지리라는 기대와 맞물려 있다. 동시에 이것은 '작고 보잘것없는' 사람들의 절절한 소망을 품은 자가 바로 메시아라는 대중의 염원을 반영하고 있다.

'이새의 뿌리' 운운하는 「이사야서」 11장의 계속되는 이야기는 그것을 단적으로 보여준다. 그날이 오면, 늑대와 새끼양이 한데 어울리고, 독사굴에 아기가 장난쳐도 괜찮고, 서로가 서로를 해하거나 죽이는 일이 없는 세상이 이루어지리라는 기대를 말한다. 즉, 강자에 의해 약자가 억눌림 당하는 현실과는 다른 세상, 누구나 다 행복을 누릴 권한이 지켜지는 세상, 그런 나라에 대한 꿈이 '베들레헴 메시아론' 속에 담겨 있었다는 것이다. 바로 그 기대 속에서 예수가 메시아로 태어났던 것이라고 사람들은 말하는 것이다.

바로 여기에 예수 탄생의 진실이 들어 있다. 그이의 삶과 실천 속에서 사람들은 이분이야말로 '베들레헴에서 낳을 것이라던 바로 그 메시아'라고 믿었던 것이다.

불륜의 아들, 임마누엘*

동정녀 이데올로기를 넘어서

🌿「마태오복음」과 「루가복음」에는 예수의 모친 마리아가 '동정녀'로서 예수를 낳았다고 표현하고 있다. 특히 동정녀 탄생론을 명시적으로 펴고 있는 「마태오복음」은 「이사야서」 7장 14절을 이렇게 인용하고 있다.

> "동정녀가 잉태하여 아들을 낳으리니 그 이름을 임마누엘이라 하리라" 하신 말씀이 그대로 이루어졌다. 임마누엘은 "하느님께서 우리와 함께 계시다"는 뜻이다.
> —「마태오복음」 1장 23절

이때 '동정녀'라는 뜻의 헬라어 '파르테노스($παρθενος$)'는 『제1성서』의 헬라어 번역본인 『70인역 성서』(LXX)를 따른 것인데, 흥미롭게도 『제1성서』

| * 이 글은 1995년 12월 24일 설교한 원고를 다듬은 것이다. |

는 「이사야서」의 이 어휘를 '알마(almāh)'로 쓰고 있다. '알마'라는 단어는, 기혼자든 아니든 관계없이 '젊은 여자'를 가리킨다. 「마태오복음」이 의도한 것이든 아니든, 젊은 여자에서 동정녀로의 어의 변용은 유의미한 신학적 발전을 보여주고 있다. 즉 남자와 관계하지 않은 여자야말로, 메시아를 잉태하기에 적합한 신체라는 것이다.

가톨릭의 '성모'론 내지는 성모신학의 발전은 이러한 관점을 과도하게 해석한 결과다. 예수가 메시아이며 나아가 하느님 자신일진대, 그분을 잉태한 이가 이른바 '더럽혀진' 신체를 가진 이여서는 안 된다는 전제가 여기에 깔려 있다. 이렇게 되면 이후 성모론의 전개는 뻔해진다. 요컨대 마리아는 "원죄 없이 잉태하였다"라는 주장으로 발전하게 되는 것이다.

물론 이런 주장은 『성서』나 그 어디에서도 근거를 찾아볼 수 없다. 그래서 이 문제에 대해 논란이 일자 교황 비오 12세는 지난 1950년에 이렇게 선포했다. "지상의 생애가 끝나자, 죄에 물들지 않은 하느님의 어머니요 '항상 처녀'인 마리아는 육신과 영혼이 함께 천상 영광 속으로 받아들여졌다." 여기서 우리는 오래된 가톨릭의 마리아론, 성모론의 한 명제가 재선언되고 있음을 주지해야 한다. 바로 '셈페르 비르고(semper virgo)', 즉 '항상 처녀'라는 개념이 그것이다. 예수의 탄생 전에도 그랬거니와 후에도 그랬다는 것이다. 물론 이것은 『성서』 텍스트의 증거에 기초하고 있지 않다. 그럼에도 이 기상천외한 주장은 가톨릭의 이천 년 전통에서 면면이 수호되어 오고 있는, 이른바 마리아론의 골자를 이루고 있다. 결국 이는 가톨릭의 성(性) 이데올로기를 뒷받침하는 하나의 근거로서 작동되어온 것이다.

성모론에 따르면 '처녀성'이라는 것은 '아직 죄에 물들지 않은 여성성'이라는 의미를 지닌다. 여기서 여자의 '육체'가 성적 존재성의 핵심으로 자리잡고 있다. 즉 여자라는 존재는 육체로서 해석되는 것이다. 다시 말하면 여자는 남자와의 관계 속에서만 그 존재가 확인되는 바, 남자에 의해 그 육체가 점거되기 위한 존재인 것이다. 한 남자에게 육체가 소유되고, 그 남자를 복제하기 위한 육체로서 보존된다. 그리고 육체 이외의 다른 요소는 여자에게선 존재의 한갓 부차적인 규정 요소라는 인식이 여기에 함축되어 있다. 직업이라든가 사회조직에서의 역할이라든가 의를 추구하는 실천이라든가 하는, 인간의 사회적 관계의 제 측면들은 여성과 잘 어울리지 않는 것으로 이해되는 것이다.

이런 맥락에서 동정녀신학은 육체를 통하지 않는 관계, 즉 하느님과 영적인 관계를 맺을 때만 이상적인 여성적 존재가 된다는 관념을 도출해낸다. 그것은 하느님의 아들, 곧 하느님을 복제할 육체가 되려면, 여느 남자에게 전유되지 않은 여자의 육체이어야 한다는 것을 함축한다. 물론 여기서 하느님은 남성적 이미지로 투영된다. 결과적으로 가톨릭의 성모신학은 성에 관한 신학적 이데올로기에 지나지 않았던 것이다.

그렇다면 개신교는 이 점에서 다른가? 개신교가 가톨릭의 성모신학에서 명백히 반대하는 지점은, 성모가 죄로부터 자유롭다는 것과 영혼과 육체가 승천했다는 것 정도다. 반면 예배 때마다 빠짐없이 등장하는 사도신조의 "동정녀에게 나시고⋯⋯"라는 구절에서 보듯, 개신교도 처녀 수태론을 절대 진리로서 받아들이고 있으며, 그것의 성 차별적 이데올로기를 대차 없이 공유하고 있다.

이러한 이해는 오래토록 처녀 수태의 『성서』 텍스트 해석의 준거가 되어왔다. 자연, 한 여자가 처녀의 상태로 아이를 낳았다는 텍스트는 역사적 개연성의 공간 밖으로 추방당해왔다. 여기에는 이유여하를 불문하고 처녀가 수태한다는 건 허용할 수 없다는 완고한 도덕의식이 전제되어 있다. 그러기에 마리아의 수태를 비역사화할 필요는 충분했다. 아마도 그것을 변증하려는 의식·무의식적 노력이 「마태오복음」이나 「루가복음」의 텍스트 내용 구성에 개입되었을 것이다. 그리고 이러한 성적 편견의 소산에서 빚어진 텍스트는 훗날 한층 더 적극적으로 그리스도교의 성적 규율의 이데올로기적 장치로서 발전했던 것이다.

여기서 우리는 이 텍스트를 다시 역사 속에 위치시켜 해석할 필요성에 직면한다. 역사적 개연성의 맥락을 상상하고, 그 속에서 이 텍스트를 다시 읽어보고자 함이다. 그것은 최소한 예수운동의 정신을 교회의 성적 편견의 장치로부터 해방시키는 일이 될 것이며, 나아가 오늘 우리가 여기에서 예수운동을 다시 이야기하는 이유를 설명해주는 일이 될 것이다.

처녀 수태라는 당혹스러운 현실에 직면해서, 「마태오복음」은 천사가 요셉에게 현몽함으로써 실마리가 풀리게 되었다고 말한다(1: 20~23).* "처녀가 수태하여 아들을 낳을 것인데, 그는 너희에게 임마누엘이 될 것이다." 임마누엘이라는 말은 '하느님이 우리와 함께하신다'는 뜻이다. 우리말 가운데 탄식할 때 주로 쓰는 "하늘도 무심하시지"라는 말이 있다. 사람으로서는 어찌 할 도리 없이 불의한 일, 억울한 일을 당했을 때 하는 말이다. 즉 신의 부재를 탄식하는 소리다. 임마누엘은 바로 이 말 반대편의 의미를 갖는다. 즉 감히 감당할 수 없이 강력한 세력에 의해 자행되는 그 억울한 일이 해소된다는 것을 시사한다. 그리하여 임마누엘이라는 이름을 갖는 이는 곧 메시아, 구원자인

* 한편 「루가복음」은 당혹스러운 현실에 직면한 마리아에게 천사가 현몽했다고 말한다(1: 26~38). 하지만, 처녀가 잉태한 것 자체가 남성의 관점에서 문제시되고 있다는 점에서 「루가복음」보다 「마태오복음」을 역사적으로 읽는 데 더 주목하고자 한다.

것이다.

그런데 이 메시아가 처녀에게서 잉태한다. 약혼자인 요셉은 당혹스러워한다. 이에 그는 남들에게 이 사실이 드러나지 않게 하려고 남몰래 파혼하려고 했다고 한다(「마태」 1: 19). 대다수 연구자들은 공공연히 하지 않고 남몰래 파혼하려 했다는 것을 근거로 들면서, 이것은 마리아에 대한 요셉의 배려라고 해석한다. 「마태오복음」 저자 자신도 그런 관점을 취하고 있는 것 같다. 그렇기에 이런 요셉의 행위동기를 "그가 의로웠던 탓이다"라고 말한다.

과연 그런가? 율법에 따르면, 처녀가 결혼하기 전에 남자와 관계를 맺은 것이 발각되면 사형에 처한다(「신명」 22: 20~21). 그런데 마리아가 임신을 했다면, 그것은 숨겨질 일이 아니다. 파혼당한 여자가 배가 불러 있다면 이 세상 누가 마리아의 처녀성을 의심하지 않겠는가? 다른 남자와 관계 맺은 것이 요셉에 의해 발견되어 파혼당하게 된 것이라고 믿지 않겠는가? 그렇다면 마리아는 영락없는 사형감이다. 만약 요셉이 마리아를 깊이 사랑하고 있고, 그래서 약혼녀를 배려하고자 했다면, 그가 선택할 수 있는 유일한 일은 모른 체하고 결혼하는 것이었을 터이다.

물론 간단한 문제가 아니다. 당장은 그렇지 않더라도 그가 진정 마리아를 받아줄 수 있을지 장담할 수 없는 일이었다. 또한 그 불륜의 아이를 사심 없이 자기 아들로 받아들일 수 있을지를 그 자신인들 어찌 확신할 수 있겠는가? 훗날 예수가 아버지의 아들로서가 아니라 마리아의 아들로 불렸다는 것은, 그 집안에 아버지가 부재한다는 뜻을 내포한다.

「마태오복음」에 따르면 예수가 태어난 때는, 나자렛에 인접한 성읍인 세포리스에서 반란이 일어나고 로마군의 잔혹한 점령과 학살이 있었고 이천 명에 달하는 사람들이 집단적으로 십자가에 매달려 처형당한 참상이 일어났던 시기다. 그렇다면 요셉의 부재는 전쟁이라는 역사적 맥락과 관련되어 있을 가능성이 있다. 이때 요셉이 혁명군에 가담했다면, 그래서 불의의 죽음을 맞이하게 되었다면 어떤가? 그 경우라면 요셉의 부재는 아내의 불륜과 무관하다고 할 수 있을까? 하지만 혁명군에 가담하는 위험한 결단의 배후에는 단지 민족해방이라는 이데올로기만 있지는 않았을 것이다. 마리아와 예수를 받아들이는 게 견딜 수 없이 어려웠던 내면적 고통이 그로 하여금 혁명가가 되도록 자극하는 계기로 작용하였을 가능성도 결코 배제할 수 없다.

그러니 요셉의 입장에서 파혼을 결정한 것은 심사숙고한 결과일 수 있다. 또한 약혼녀가 다른 남자의 아이를 뱄다는 사실은 남자로서 위신에 적지 않은 상처였을 수 있다. 사람들이 그를 손가락질하며 놀릴 것이 뻔하기 때문이다. 아무튼 요셉이 파혼을 결정한 것은 자기 자신만을 생각한 결과다.

「마태오복음」을 포함한 『성서』 어디에서도 마리아가 수태한 이유를 알아낼 만한 직접적인 단서를 발견할 수 없다. 다만 텍스트가 암시하는 바로는 전쟁이 그가 수태한 이유일 가능성이 있다. 아무튼 『성서』의 침묵은, 처녀가 임신하게 된 가혹한 현실, 그리고 그러한 여자에게 닥쳐올 혹독한 시련의 현실을 말하고 있는 것인지도 모른다. 이런 난감한 상황의 마리아에게선 임마누엘이란 없다. 오직 "하늘도 무심하시지"라며 탄식하는 신 부재의 상황이 있을 뿐이다.

그런데 「마태오복음」을 보면 천사가 꿈속에서 요셉에게 나타나서는 "두려워하지 말고 마리아를 아내로 맞아들이어라. 그의 태중에 있는 아기는 성령으로 말미암은 것이다"라고 한다(1:20). 오랫동안 신학은 '성령으로 잉태했다'는 말에 과도한 관심을 기울여왔다. 그래서 예수를 특별히 고귀한 존재로 해석하는 근거가 됐고, 또 마리아도 범상치 않은 여인으로 여겨져 왔다.

실제로 예수뿐 아니라 그의 모친인 마리아도 범상치 않은 존재였을지도 모른다. 하지만 문제는 성령으로 잉태했다는 천사의 꿈의 계시만으로 그것이 입증되지는 않는다는 데 있다. 거의 대부분의 사람들이 가지고 있는 태몽 속에선 특별하지 않은 어떤 아이도 없기 때문이다.

요셉은 고뇌에 시달리다 잠들었을 것이다. 그런데 천사의 꿈을 꾸었다. 그 내용은 이미 말한 것처럼 '이 아이는 하늘이 주신 아이'라는 것이다. 이스라엘의 모든 사람들은 아이, 특히 아들을 낳았을 때, 그것을 하늘의 선물로 받아들였다. 현몽한 천사는 말했다. "이 아이는 너 요셉에게 주는 하늘의 선물이다. 마리아를 아내로 받아들이라." 이때 천사의 말은 요셉의 입장에서 충고를 한다기보다는, 오히려 요셉더러 마리아의 입장이 되도록 권면하고 있는 것이다. 왜냐하면 신의 부재상황을 역전시키는 계기로서 아기가 자리잡고 있는 것은, 즉 그 아기가 임마누엘인 것은 요셉의 자리라기보다는 마리아의 자리이기 때문이다.

초기의 담론 전승자들에게 동정녀 수태상황은 생사의 위기에 놓인 한 여인의 비참한 운명에 관한 이야기로 기억되었을 것이다. 그것은 결코 남자의 성기가 닿지 않은 육체라는, 특별한 여인에게 내린 특별한 축복에 관한 텍스트가 아니다. 동정녀의 미학화는 그녀의, 그 시대 여자들의, 나아가 동시대 민중의 고난을 생략해버린다.

폭력성을 근절시키지 못한 역사의 칼날에 의해 갈기갈기 찢긴 여자가 겪어야 했던 현실은 철저히 신 부재의 상황이다. 그런데 이 초기의 전승자들은 텍스트 속에서 여인에게 닥친 세상의 불의함의 상징인 아기가 도리어 그 자신에게 희망의 상징으로 다가왔다는 것을 읽었다. 그 아기는 그녀에게, 그녀와 같은 여자에게, 아니 나아가 고난당하는 대중에게 '임마누엘'인 것이다.

바로 여기에 그리스도교의 비밀이 있다. 어제도 오늘도 그랬고, 또 앞으로도 세상은 도무지 풀리지 않는, 얽히고설킨 매듭과도 같다. '셈페르 비르고', 세상은 항상 여자에게 처녀성을 강요하면서도, 처녀성을 강간한 무모한 용기를 가진 남자를 격려하는 매듭과도 같다. 권력의 남용을 방조하고 그 자신 역시 그러한 권력의 화신으로 살았던 공안검사가 국회의원이 되고 또 국무총리가 되는 것처럼, 남에게 상처를 거리낌 없이 주곤 했던 이는 성공하고, 정직하고 약한 양심을 가진 이는 실패를 거듭하는 세상이다. 이때 예수의 가르침을 진정 추구했던 이는, 곧 진정한 그리스도인은 신 부재의 삭막한 현실을 절절하게 체감하지 않을 수 없다. 그런데 바로 그 상황에서 그들은 '희망'을 발견했다. 그리고 그것이 바로 '임마누엘', 즉 해방의 상황이라고 기뻐한다. 역설이다. 도대체 무엇이, 어떠한 인식이 이러한 역설을 가능하게 했을까?

대답은 이렇다. 그리스도교 교리의 핵심은 바로 성육신 신학에 있다. 하느님은 사람을 구원하기 위해 사람이 되었다. 그것도 왕이 아니고 학식 높은 사람도 아니고 고귀한 성직자도 아닌 천민으로 태어났다. 또 아비 없는 자식으로 태어났다. '신 없음이 가장 두드러진 곳에서 신이 함께하심'이라고 선언하고 있는 것이다. 김지하가 담시 「장일담」에서 "창녀의 썩은 자궁에서 새 생명이 탄생한다. 하느님이 탄생하는 것이다"라고 탄성을 올리는 것과 같은 맥락이다. 장일담은 감옥에서 탈출해서 수배되어 도망 다닌다. 그러다 창녀촌에 들어가서 바로 이것을 체험하고 득도를 하게 된 것이다. 또 바울은 자신이 당하고 있는 고통이 얼마나 큰지를 말하면서 희망에 차서 말한다. "우리는 언제나 예수님의 죽음을 몸으로 경험하고 있지만 결국 드러나는 것은 예수의 생명이 우리 몸 안에 살고 있다는 사실입니다"(「고후」 4: 10).

나의 나약함 속에서, 우리의 나약함 속에서, 사회의 고난에 찌든 현장에서 하느님은 인간이 된다. 마치 내가 나의 약함을 말할 때 나와 대화하는 상대방이 나에게 자신의 마음을 열듯이, 그리하여 둘은 서로 소통관계를 맺게 되듯이, 하느님이 당신의 약함을 드러내는 곳에서 우리는 하느님과 대면할 수 있고 소통관계를 맺는다는 것이다. 그리고 여기에서 살며시 '희망'이 우리 안에 들어와 앉는다.

주님 오신 날을 기리면서 온 세상이 호들갑을 할 때, 많은 교회가 불륜의 아들 임마누엘을 영광과 화려함으로 은폐하고 있을 때, 우리는 다시금 우리의 나약함을 똑바로 쳐다보는 날로 되새길 수 있어야 할 것이다. '잃었던 희망을 되찾기 위해서.'

연줄망 중독증*

처녀 탄생 논쟁에 관하여

🌿 30~40대의 남자들이 술잔을 나누고 있다. 저편 구석에 앉은 이와 맞은편의 사람은 처음 본 사람들인 모양이다. 둘은 명함을 건네며 악수를 나눈다. 명함은 상대방과 대화를 나누는 기초정보를 제공해 준다. 그곳에 적힌 상대의 소속, 직위 등에 관한 이야기가 대화의 물꼬를 터준다. 하지만 많은 이야기를 나누기엔 그 일에 관한 지식이 모자란다. 이제 상대의 성씨와 가족에 관한 얘기가 다음 주제로 오른다. 가족관계는 어떻게 되는가, '본'이 어디며 무슨 '파'인가, 조상 중에 어떤 분이 계신가 등등, 마치 상대방의 가족사가 매우 궁금하다는 듯 진지하게 질문을 주고받는다. 이윽고 군대 얘기가 이어지고, 출신학교, 고향 등에 관한 '호구조사'가 이어진다. 이렇게 '정밀한' 조사를 하다보면, 적어도 어느 하나쯤은 서로를 묶어주는 결속의 고리가 발견된다. 순간 둘은 그 간격을 적어도 '십 리'는 좁히게 된다. 그리하여 이제 그들은 더 이상 '남/넘'이 아니다.

| * 이 글은 2000년 12월 17일 설교한 원고를 다듬은 것이다. |

한국사회를 상징하는 가장 대표적인 특징의 하나가 바로 '연줄주의'라는 데 이견이 있는 사람은 별로 없을 것이다. 누구든 자신의 행위를 선택하는 데 가장 중요한 동기의 하나가 바로 '더 좋은' 연줄망을 갖고자 하는 데 있다. 학교를 선택하고 배우자를, 아니 배우자의 가문을 선택하고자 사람들이 노심초사하는 것도 바로 이러한 행위전략과 상당히 밀접하게 관련된다고 해도 지나친 주장이 아니다. 그것은 연줄망이 삶의 불확실성을 줄여주는 일종의 안전장치로서 유효하다는, 사람들의 집합적인 생각 때문이다. 물론 이러한 생각은, 뜬금없이 나타난 것이 아니라 이런저런 직·간접 경험을 통해 학습된 관념임에 분명하다. 그래서 사람들은 일상대화에서까지 연줄망 찾기 게임에 몰두하는 것이다.

한겨레니 단군의 자손이니 하는 민족동질성을 강조하는 무수한 말들이 난무하건만, 연줄주의가 뿌리 깊게 삶 구석까지 침투한 것은, 사람들이 민족의 연대감이라는 것을 그다지 신뢰하고 있지 않다는 것을 반증한다. 실제로 민족주의는 삶의 '안전망'을 제공해주지 않았다. 물론 그 점에서는 국가도 예외가 아니다. 제3공화국 이래 '총화단결'이라는 범국가적 구호는 전 국토의 모든 곳으로, 모든 연령 속으로 두루 퍼졌건만, 그럼에도 사람들은 '국민권'이라는 허울 좋은 자격증으로 안전한 삶이 구가되리라는 기대를 거의 조금도 하고 있지 않다. 이제 우리는 누가 먼저라고 할 것도 없이 연줄망 중독증 환자가 되어버렸다.

예수 탄생의 세 번째 이야기를 하려는 나의 출발점은 '연줄망 중독증'에 걸린 우리의 자기진단에 있다. 그런 관점에서 「마태오복음」의 '처녀 수태'에 관한 한 구절을 보자.

마리아가 아들을 낳을 터이니 예수라 하여라. …… 이 모든 일로써 주께서 예언자를 시켜, "처녀가 잉태하여 아들을 낳으리니 그 이름을 임마누엘이라 하리라" 하신 말씀이 그대로 이루어졌다.

—「마태오복음」 1장 21~23절

도올 선생이 TV 강의에서 예수가 동정녀에게서 태어났다는 것은 불가능하며, 어쩌면 로마군의 사생아인지도 모른다고 주장했다. 이 두 개의 주장 가운데 앞의 것은 의문의 여지가 없을 터이고, 둘째 것은 낡은 견해지만 성서학 내에서도 제기된 바 있으니 토론거리는 된다. 하지만 교회로선 이런 주장을 도무지 받아들일 수 없었다. 교회의 신앙은 현대인의 일반적 상식과 분리된 채 고대적 믿음을 그 형식 그대로 고수해왔기 때문이다.

'동정녀'란 성관계를 맺지 않은 여자를 말한다. 성관계 없이 임신하는 것은 현대 의학기술에 의해서나 가능한 일이라는 점을 부인할 사람은 없다. 그럼에도 교회가 예수는 그렇지 않았다고 생각하는 근거는 무엇일까? 그들이 현대 생물학적 상식에 반대해서가 아니다. 말할 것도 없이 그것은 '예수만의 예외'라는 신앙과 관련되어 있다. 즉 예수는 신의 아들이기 때문에 (일반적인 인간과는 달리) 그렇게 태어나는 것이 '예외적'으로 가능했다는 믿음이다. 이것은 이 신앙이 신화에 기반을 둔 것임을 보여준다.

신화란 사실과 허구 사이에서 양자택일해야 하는 대상이 아니다. 그것은 우리시대와는 다른 방식의 실재에 대한 묘사양식의 하나다. 신화는 분명 존재하는 것(실재)이지만, 그것이 사실에 기초한 것인지 본래부터 허구적인 것인지를 캐묻는다고 그 의미가 밝혀지지는 않는다는 것이다. 그런데 도올 선생과의 논쟁에서 교회는 자신의 동정녀 수태신앙이 '사실'이어야만 한다고 주장한다. 요컨대 교회의 이 신앙은 '사실에 기반을 둔 신화만'을 믿고 있는 것이다.

한데 문제는 그것을 입증할 도리가 없다는 데 있다. 도올 선생의 의심은 이러한 교회신앙의 약점을 바로 짚고 있다. 교회는 자신의 신앙을 변증하기 위해 독선 이외의 어떠한 증거도 제시할 수 없기 때문이다. 물론 그렇다고 마리아의 잉태가 로마군에 의한 것이라는 증거도 없기는 마찬가지다. 물론 시대정황상 그것이 전혀 불가능한 것은 아니다. 더구나 「마태오복음」이 가정하는 탄생 시기인 주전 4년의 경우엔, 그 가능성이 좀더 높아진다. 당시 나자렛이 인접한(불과 5~6킬로미터 거리의) 도시 세포리스는 그 시기에 로마군에 의해 철저하게 파괴된 지역이기 때문이다.

또 「루가복음」처럼 주후 6년이라고 봐도, 로마군에 의한 수태가 전혀 불가능하다고 할 수는 없다. 하지만 그 역사적 개연성은 매우 낮다. 아무튼 도올의 도발적 발언은 교회의 신앙에 깊은 상처를 주었지만, 그것이 사실이냐 아니냐를 묻는 몇몇 언론과 교회의 호들갑은 그리 가치 있어 보이지 않는다. 오히려 예수의 그 이야기를 전한 이들의 신앙과 바람을 읽는 것이 한결 적절한 역사적 물음일 것이다.

이러한 관점에서 우리는 이 신앙이 '신화에 기반을 둔 것'이라는 점을 유념할 필요가 있다. 앞서 말했듯이 예수 탄생신앙은 "그것이 사실이냐 허구냐"라는 물음으로는 아무것도 말해주지 않는다. 따라서 그런 질문은 동정녀 수태신앙이 우리에게 아무런 의미도 없는 것이 되고 마는 꼴이 된다. 우리가 이것을 신화로 본다는 것은, 사람들의 어떤 바람이 예수에게 투영됐으며, 예수는 이러한 그들에게 어떤 이로 비춰졌는가를 보아야 한다는 것이다. 즉 그 신화적 신앙은 예수에 대한 당시 사람들의 염원이 무엇이었는지를 말해준다.

이제 『성서』 텍스트로 돌아가보자. 「마태오복음」은 마리아의 처녀 수태를 「이사야서」의 예언의 말과 연결시키고 있다. 하지만 두 구절을 잘 읽어보면 작은 차이가 드러난다. 「이사야서」의 다음 구절을 앞서 인용한 「마태오복음」 1장 21~23절과 비교해보라.

> 그런즉, 주께서 몸소 징조를 보여주시리니, '젊은 여인'이 잉태하여 아들을 낳고, 그 이름을 임마누엘이라 하리라.
>
> ─「이사야서」 7장 14절

여기서 보듯 「이사야서」의 '젊은 여자'가 복음서에선 '처녀'로 바뀌었다. '젊은 여자'로 번역된 히브리어 '알마(almāh)'는 나이가 많지 않은 여자를 가리킨다. 그녀가 기혼이든 미혼이든 그것은 상관없다. 반면 '처녀'로 번역된 「마태오복음」의 '파르테노스($\pi\alpha\rho\theta\varepsilon\nu\sigma\varsigma$)'는 '알마'의 '한' 헬라어 번역 형태로서, '미혼의 여자'를 뜻한다. 많은 사람들은 이 미묘한 차이는 단지 오역의 결과일 뿐이라고 보려 한다. 하지만 이 속에는 예사스럽지 않은 깊은 뜻이 담겨 있다.

「이사야서」에서 이 예언의 말은 그 의미를 해석하는 게 여간 어렵지 않다. 그 예언의 의미를 두고 많은 논란이 있어왔는데, 주된 가설에 따르면 그것은 곧 등극할 왕인 히즈키야(주전 727~698년)를 말한다는 것이다. 즉 아하즈 왕(주전 742~727)의 친(親)아시리아 정책에 대해 줄곧 강력한 비판을 서슴지 않았던 이사야 예언자는 왕의 아들 히즈키야에게 '임마누엘'의 기대, 곧 희망을 걸었다는 것이다. 그렇다면 이때 '젊은 여자'는 아하즈 왕의 왕비이거나 아니면 그의 친애를 받던 여인이라는 뜻이며, 따라서 그녀는 결코 처녀일 수 없다. 한데 「마태오복음」에서 마리아는 분명 기혼상태에서 예수를 수태한 것이 아니다. 그러니 이사야 예언자의 히브리어식 표현을 그대로 옮겨놓을 수는 없는 것이다. 다행히 『70인역 성서』(LXX)라는 유력한 헬라어 번역본에서 이를 '처녀'로 번역하고 있었기에, 저자는 그것을 선뜻 취하였던 것으로 보인다.

한데 그 표현 속에 담긴 의미는 단지 이것으로 끝나지 않는다. 아비 없는 자식은 유대사회에서 고아를 뜻한다. 그것은 그 아이가 사회에 '정상적으로 속해 있지 못한 자'라는 것을 말한다. 그냥 비정상적으로 덧붙여진 존재에 불과하다. 즉 그는 유대사회에 귀속되지 못한 존재로 태어났다는 것이다.

누구의 아들로 불릴 수 없는 존재, 그래서 그는 태생적으로 유대인의 정상적 연줄로부터 배제된 존재다. 그러니 「이사야서」처럼 왕의 연줄을 지닌 존재는 당연히 아니다. 그는 율법에 고고한 학식을 지닌 율법학자의 연줄망에서 난 이도 아니고, 어떤 영웅의 후예도 아니다. 그에게선 아무런 연줄도 찾아볼 수 없다.

한데 「이사야서」가 '젊은 여자'에게서 난 아이가 임마누엘, 곧 '희망의 원천'이라고 말하고 있는 것처럼, 「마태오복음」은 '처녀'에게서 난 아이, 곧 그 무연고의 존재, 어떠한 귀속성도 형성할 수 없는 배제된 존재로서 메시아가 이 땅에 도래했다고 한다. 바로 여기에 중요한 신앙의 비밀이 들어 있다.

모세는 『제1성서』뿐 아니라 『제2성서』, 나아가 무수한 외경 텍스트들에서 절대적으로 중요한 인물로 추앙된다. 그럼에도 그의 후예는 거의 등장하지 않으며, 역사적으로 어떤 유의미한 역할도 하고 있지 않다. 레위의 족보가 어떠니, 다윗의 가지에서 무엇이 나온다느니 할 때, 야훼신앙의 원조격되는 인물 모세는 아무런 연줄망의 근거도 제공해주지 않았던 것이다. 마찬가지로 기독교 신앙의 출발점에 선 존재, 야훼신앙의 기독교적 전기가 되었던 존재, 바로 그 예수는 어떠한 연줄망과도 무관하게 우리에게 다가온 것이다. 그래서 그는 '성령'으로 온 존재라고 말하고 있다.

연줄망 중독자인 우리는 그가 처녀에게서 아비 없이 난 존재임을 고백하면서 기독인이 된다. 이때 처녀 수태신앙, 그 신화적 신앙은 우리의 중독증에 대한 해독제로서 우리에게 다가온다.

진리와 편견*

크리스마스라는 구별짓기 문화를 넘어

❊해마다 연말이 되면 대학입시 전쟁이 최고조에 이른다. 한 대학과 다른 대학이 갈리고, 몇 개 명문대학과 비명문대학이 갈리고, 서울의 주요 대학과 지방대학이 갈리고, 대학에 들어갈 수 있는 이와 못 들어가는 이가 갈린다. 이러한 구별짓기 장치는 크리스마스라는 소비의 축제와 결탁하면서 더욱 효력을 발휘한다. 크리스마스를 함께 보낼 파트너를 고를 때의 당당함, 연인이나 가족에게 값비싼 선물을 사는 능력, 행복하고 화려한 이 축제의 주인공 등등. 이 모든 것은 한 대학 혹은 몇 개 명문대학 출신자들의 전유물처럼 여겨진다. 그래서인가 '볼 것 없는' 대학 출신자가, 혹은 대학도 '못 나온' 자가 화려한 축제의 주인공일 경우, 왠지 모르게 부자연스럽다는 생각을 갖게 된다. 부모 덕에 그런 것일까, 아니면 사기성이 농후한 근성 때문일까 등등, 순조롭지는 않았을 그의 내막을 상상하게 되는 것이다.

물론 구별짓기 문화는 대학과 관련된 담론현상만은 아니다. 그렇게 큰 노

* 이 글은 2000년 12월 24일 설교한 원고를 다듬은 것이다.

력을 기울이지 않더라도 우리문화 곳곳에서 숱하게 많은 구별짓기의 흔적들을 찾아낼 수 있다. "개천에 용났다!"라는 말이 시공을 초월해서 널리 회자될 수 있는 것은 바로 이러한 사회적 습성과 무관하지 않다. 요컨대 그가 어디 출신인지의 문제가 인간 존재로서 품격을 결정하는 강력한 잣대가 된다는 인식이 우리를 사로잡고 있다는 것이다. 이렇게 해서 편견은 우리의 삶 속에 구축된 진리들―품격의 준거로서―과 연결된다.

아르헨티나의 위대한 작가 보르헤스의 단편소설 「알렙」*에서, 저자의 가공적 상상력의 산물인 '알렙'은 직경 2~3센티미터 정도의 '작은' 구체(球體)다. 한데, 소설에 따르면, 그 속에는 '웅대한' 우주가 들어 있다. 인간이 경험할 수 있는, 아니 상상할 수 있는 한계의 구석구석까지, 심지어는 인간 존재 외부의 신비의 영역에까지 온갖 것이 그 안에 응축되어 있다.

마치 보르헤스 자신의 자전적 경험처럼 기술되는 이 소설은 줄곧 지루한 말장난으로 일관하다가 줄거리의 절정에 이르러 화자인 '나'가 구체를 통해 우주의 온갖 것을 보는 이야기를 한다. "나는 눈을 감았고, 눈을 떴다. 그리고 나는 '알렙'을 보았다. …… 바로 여기서 작가로서의 나의 절망이 시작된다"(228쪽). 그는 자신이 본 것을 묘사할 만한 언어의 한계, 언어를 통한 묘사의 전제조건인 경험의 한계를 절감했다는 것이다. 보통 책 두 쪽 분량쯤 되는 불과 45줄의 묘사에서 '보았다'는 단어가 무려 38번 나온다(230쪽 9행~233쪽 2행). 무수히 반복되는 '보다'라는 동사는 시공을 초월하는, 역사와 신화를 넘나드는, 실재한 것과 상상 가능한 것과 상상조차도 불허한 것들에 관한 묘사들을 이끌고 있다. 바로 '알렙'은 우주인 것이다.

* 호르헤 루이스 보르헤스, 황병하 옮김, 『알렙―보르헤스 전집 3』(민음사, 1997)에 수록.

한데 그것은 불과 2~3센티미터의 구체일 뿐이고, 지구에 속한, 아르헨티나에 속한, 부에노스아이레스에 속한, 화자의 요절한 애인 베아트리스의 집 지하실 한켠에 들어 있을 뿐이다. 여기서 공간의 혼란이 초래된다. '알렙' 속엔 우주가 있지만, 그 '알렙'은 우주 안에 있다. 작가 자신이 이렇게 묘사하고 있는 것처럼 말이다.

> 나는 모든 지점들로부터 '알렙'을 보았고, 나는 '알렙' 속에 들어 있는 지구를, 다시 지구 속에 들어 있는 '알렙'과 '알렙' 속에 들어 있는 지구를 보았고 ……(232쪽).

『제1성서』의 에제키엘이나 「요한묵시록」 저자의 환상기(幻想記) 같은 알렙 묘사를 보면서, 나는 오히려 인도사상의 핵심이라고 할 수 있는 '우파니샤드' 철학, 그리고 그중의 정수인 '범아일여(梵我一如)사상'을 떠올렸다. '내가 그것이고, 그것이 곧 나 자신인, 나는 우주 안의 작은 실재이지만 동시에 내 안에 우주가 있다'는 성찰 말이다.

한데, 소설 끝 부분에 저자는 후기를 달고 있다. 형식상, 소설의 '알렙' 체험이 있은 지 2년이 지난 3월 1일(1943년)에 썼다는 기록에서, 그는 '알렙'이 존재한다는 혹은 존재했었다는 것을 받아들이지만, 자신이 체험했던 그 알렙은 '가짜'였다는 생각을 발설하고 마는 것이다(236쪽). 여기서 한 번 더 반전이 일어난다.

일상적 공간관, 즉 작은 것은 큰 것 속에 내포되어 있을 뿐이라는 관념을 뒤엎어버리고, 작은 것 속에 큰 것이 내포되어 있다고 말하더니만, 그러한 '범아일여'적 공간에 대한 자신의 체험은 '착각'이었다는 것이다. 진짜는 따로 있다고 말이다.

착각은 '편견'의 소산이다. 우리는 편견으로, 편협한 눈으로 세상을, 나아가 우주를 읽는다. 우리의 편견 속에 세상이 들어 있고, 우주가 들어 있는 것이다. 대학이라는 구별짓기 장치를 통해 우리는 세상의 진리를 상상해내고, 우주의 법칙을 단정짓는다. (예쁜 혹은 잘생긴) 외모라는 구별짓기 장치, (날씬한 혹은 건장한) 체형이라는 구별짓기 장치, 무슨 가문, 무슨 직업, 무슨 종파……

이러한 편견들 속에서 우주가 들어 있다. 이러한 편견들 속에서 우리의 존재가 구성된다. 이러한 편견들 속에서 우리들 삶의 습성이 형성되는 것이다. 나는 여기서 『성서』 구절 하나를 떠올렸다.

> 그가 나타나엘을 찾아가서 "우리는 모세의 율법서와 예언자의 글에 기록되어 있는 분을 만났소. 그분은 요셉의 아들 예수인데 나자렛 사람이오" 하고 말하였다. 그러나 그는 "나자렛에서 무슨 신통한 것이 나올 수 있겠소?" 하고 물었다. 그래서 필립보는 나타나엘에게 와서 보라고 권하였다.
> ―「요한복음」 1장 45~46절

이 텍스트는 '필립보'와 '나타나엘'이라는 두 제자의 대화로 구성되어 있다. 대화내용을 봐선 둘은 유대사회의 상당한 식자층에 속하는 사람들인 듯하다. 요컨대 그들은 그 사회의 눈으로 세상을 보는 데 가장 훌륭하게 표현할 수 있는 능력을 갖춘 사람들이라는 것이다.

그런데 이들의 대화 속엔 적어도 두 개 이상의 편견이 담겨 있고, 그것이 그들의 대화를 지배하고 있음을 유념하라. 대화의 첫 부분은 나타나엘을 설득하려는 필립보의 말로 이루어져 있다. 그는 '예수가 율법서와 예언서에 기록된 그분'이라고 한다. 예수가 메시아라는 것을 알려주기 위해 필립보가 제시한 논거는 그가 기적을 일으켰다느니 무슨 말씀을 했다느니 하는 것이 아니라, 텍스트적 근거를 제시하는 것이다. 마치 사회학자가 1980년 광주를 연구하면서 서양의 저명한 고전적 학자의 관점을 끌어오는 모습을 연상케 한다. 여기서 그는 그 저명한 학자의 권위에 의존해서 자신의 사건 해석의 설득력을 높이려 하는 것이다. 필립보는 그런 투로 메시아를 이야기하고 있다.

그런데 여기에 이어지는 대사에서 첫 번째 편견이 나온다. 권위 있는 『성서』의 텍스트가 증거하는 이는 바로 '요셉의 아들 나자렛 예수'라고. 「요한복음」이 지어진 때가 1세기 끝 무렵이니, 예수가 아비 없이 태어난 존재라는 것은 당시엔 이미 널리 알려지고도 남았으리라. 이미 「요한복음」과 동시대 사람들은 예수가 다윗의 계보에 있다는 것을 굳이 말하지 않아도 그이가 메시아라는 고백을 아무런 거리낌 없이 할 수 있었다. 더구나 이 책의 지리적 배경은 유대가 아니라 소아시아다. 비유대적 문화권에서 이 책이 저술되었고 통용됐다는 얘기다. 그런데 엉뚱하게도, 그 사실을 누구보다도 잘 알고 있을 저자가 필립보의 입을 통해서 예수가 요셉의 아들이라는 대사를 말하게 하고 있는 것이 아닌가. 그렇다면 필경 이런 표현은 저자의 의도적인 구성과 관련이 있을 수 있다. 아마도 독자는 이 표현에서 쉽사리 그 편견을 읽어냈을 것이다.

대화의 두 번째 부분은 나타나엘의 반응이다. 그는 "나자렛에서 메시아가 날 수 있느냐"고 반문한다. 그것은 『제1성서』나 어떤 랍비 문헌에도 나자렛이 메시아적 존재의 탄생지로 언급된 적이 없다는 것을 말하는 것이다. 역시 식자층답다. 한데 여기에 두 번째 편견이 드러난다. 그는 메시아의 자격을 갖춘 이의 법칙, 즉 메시아적 진리를 이야기하는 것이다. 메시아라면 이런 자격을 구비하지 않으면 안 된다는 것이리라. 가령, 다윗의 고향인 베들레헴에서 난다거나, 예루살렘 출신이라거나 하는 것과 같은 식이다. 메시아라는 자가 왕실에서 태어나거나 율법학자의 집에서 태어나거나 해야 한다는 유대인들의 일반적 관념을 그는 대표하고 있는 것이다.

대다수의 유대인들은 습성적으로 그런 메시아관을 가졌다. 다만 그것을 표현할 수 있는 언어의 기술만 차이가 있을 뿐이었다. 그래서 메시아가 아비 없는 자식으로 났다는 건 하나의 역설이다. 그래서 메시아 탄생을 축하한 이가 동방에서 온 이방인들(「마태오복음」)이라거나 천박한 목동들(「루가복음」)이라거나 하는 것 또한 역설이다. 그래서 메시아가 태어난 곳이 왕궁이나 귀족의 아름다운 규방이거나 율법학자의 권위가 묻어 있는 서가 앞이 아니라, 마구간이었다는 것은 커다란 역설이 아닐 수 없다. 그래서 그 메시아가 나자렛 사람 예수라고 불리는 것 자체는 중대한 역설이었던 것이다. 여기서 예수 메시아론은 일체의 구별짓기 관념을 전복시키고 있다.

대화의 세 번째 부분은 필립보가 나타나엘을 다시 설득하는 부분이다. 그는 간명하게 말한다. "와서 보라!" 여기서 그는 율법서나 예언서에서 고증해 보라고 요청하고 있지 않다는 점을 유념하라. 습성화된 구별짓기 문화의 편견적 진리를 말하는 것도 아니다. 그것은 '네 눈으로 직접 체험하라'는 것이다. 편견으로 미리 진리를 예단하지 말고, 그를 대면하며 진리를 겪으라는 것이다. '알렙'은 존재하나, 편견의 눈으로 본 '알렙'이 가짜였다면, 진짜 '알렙'을, 어디에 있는지 모르는 진짜 '알렙'을 찾으려면, 편견의 안경을 벗고 우리의 눈으로 그 진리를 대면해야 한다는 것이겠다.

소비의 축제 크리스마스. 산타클로스 전설이 있고, 아름다운 멜로디가 울려 퍼지는 캐럴이 있고, 화려찬란한 성탄 장식이 넘쳐나는 축제. 인종과 지역과 이념의 장벽을 넘어 온 인류에게 주어진/질 보편적 구원신화가 난무하는 축제. 그러나 실은 그 이면에 구별짓기의 잔인한 미소가 가장 적나라하게 실현되는 축제. 빈곤과 풍요로 불행과 행복이 양단되는 축제가, 대학입시가 한창인 시절이면 늘 다시 돌아온다. 이날을 기리는 우리는 어떤 '알렙'을 향하고 있는가? 우리가 축하하는 메시아의 얼굴을 통해 우리는 어떤 세계, 어떤 우주, 어떤 모습의 나 자신을 보고 있는 것인가?

절대악 '이후'의 세상에는
무엇이 있을까?*

✻ 인류의 긴 역사를 통해서 탄생한 무수한 '진리들'은 '절대악'을 증오하는 열정들 속에서 탄생했고 전개되어왔다. 그리고 '절대악 이후'의 세상에 대한 묘사를 통해서 희망을 간직해왔다.

혹자는 '절대악 이후'를 '절대선의 세상'이라고 말한다. 그렇다면 우리는 절대선의 세계를 말하는 것이 가능할까? 그 세계는 우리가 사는 세계 '밖'에 있는 것인데도 말이다. 그 세계는, 우리의 세계 속에서 탄생했고 그 속에서 전개되어온, 그리하여 우리 삶의 세계를 반영할 뿐인 언어의 '외부'에 있는데도 말이다.

우리가 아는 한, 이 세계의 어떤 언어도, 그러한 세계, '절대선의 세계'를 그려내지는 못했다. 종교개혁도, 프랑스혁명도, 러시아혁명도, 신자유주의적 이데올로기도, 팍스 아메리카나 이데올로기도, 그 어떤 구원론적 담론도 말이다. 오히려 강력한 선의 이데올로기의 주역들은, 그 주장이 더욱 강렬한

* 이 글은 2001년 12월 10일 설교한 원고를 다듬은 것이다.

진리의 열망으로 불타 있을수록, 그들이 증오해 마지않던 저 절대악의 얼굴과 너무나도 흡사한 모습을 사람들에게 노출시키고야 말았다.

크리스마스 이야기, 그리스도 탄생의 담론은 바로 절대악 이후 세계에 대한 그리스도교 신앙의 언어다. 도대체 그날에 관한 담론은 무엇을 말하고 있을까?「죽음의 푸가」로 유명한 비극적 시인 파울 첼란(Paul Celan)*의 자전적 시 한 편은 그것에 관한 중대한 비밀의 실마리 하나를 제공해준다.

밤으로 삐죽거리는
꽃들의 입술,
서로 얽혀 있는
가문비나무 줄기
말라 잿빛인 이끼, 흔들리는 돌,
끝없는 날갯짓을 위하여 깨어 있는
얼음산 위의 까마귀들,

여기가
우리가 다달아 멈춰선 곳.

그들은 그 시간의 이름을 부르지 않으리라,

---

* 파울 첼란은 1920년 루마니아에서 출생한 유태인으로, 본명은 파울 안첼(Paul Antschel 또는 Ancel)인데, 1947년 그의 첫 번째 시에서 자신의 이름을 거꾸로 쓴 Celan이라는 필명을 사용한 이후, 이 이름으로 계속 활동했다. 그의 모든 시는 독일 파시즘에 대한 고통스러운 기억과 관련되어 있으며, 프랑스에서 활동하면서도 파시즘의 언어인 독일어로만 시를 썼다. 쉰 살 되던 1970년, 센강에 몸을 던져 자살했다.

송이를 헤아리지 않으리라,

방파제로 달려오는 물살을 좇지 않으리라.

그들은 세계 속에 따로따로 서 있다,

각자 자기들의 밤 곁에,

각자 자기들의 죽음 곁에,

무뚝뚝하게, 맨머리로,

모든 가까운 것과 먼 것으로 서리 덮여 허옇게.

그들은 태초로부터 이어져 온 죄에서 벗어난다,

여름같이, 부당하게 존재하는

어느 말을 통하여 죄에서 벗어난다.

너는 안다, 말 하나에 —

주검 하나.

그것을 씻자,

그것에 빗질하자,

우리 그 눈을

하늘 향하게 하자.

— 파울 첼란, 「밤으로 삐죽거리는 — 한나와 헤르만 렌츠 부부를 위하여」*

* 파울 첼란, 김영옥 옮김, 『죽음의 푸가』(청하, 1989), 44~45쪽.

수용소 마당으로 모든 유태인들이 불려나왔다. 전 수용자들이 두 편으로 나뉜다. 좀더 긴 대열은 가스실로 들여보내질 사람들, 그리고 좀더 짧은 대열은 밖으로 노무자로 팔려갈 사람들이다. 스무 살이 갓 넘은 그는 긴 대열로 배치된다.

병사들이 그 수를 세느라 정신없는 틈에 그는 슬쩍 자신의 대열을 이탈하여 다른 줄 속에 들어간다. 그리고 대신에 재수 없는 한 사람이 긴 대열로 옮겨진다. 저 편으로 옮겨가라는 장교의 말 한마디로 살아남게 되어 안도했던 사람은 가스실로 보내지게 된 것이다.

이때 가까스로 살아남은 청년이 훗날 위대한 시인이 된 파울 첼란이다. 그는 자신의 어느 시에서도 나치의 폭력에 대한 증오를 잊을 수 없었다. 그는 그 폭력을 증언했고, 그것을 고발했다. 그리고 그 폭력의 세상 '너머'를 꿈꾸었다. 작가로서 그는 주로 프랑스에서 활동했고, 독일에서 산 적은 한번도 없었다. 그렇지만 그의 모든 시는, 자신의 부모를, 누이와 형제를, 그리고 친구와 이웃을 죽인 독일 사람들의 언어로 쓰였다. 그 학살을, 그 폭력을, 그 절대악을, 그 주체할 수 없는 악마성을 잊지 않기 위함이었다.

앞서 인용한 시는 바로 그것을 보여주는 하나의 예에 불과하다. 어쩌면 부제에 명기된 부부(한나와 헤르만 렌츠)는 그 수용소에서 죽임당한 사람들인지도 모른다. 그렇다면 이 시는 그들을 위한 조사요, 그 수용소에서 죽임당한 모든 이들을 위한 조사이기도 하다. 그리고 나아가 권력의 악마적 폭력성에 의해 죽임당한 모든 이들을 위한 조사일 것이다.

"밤으로 삐죽거리는 / 꽃들의 입술 / 서로 얽혀 있는 / 가문비나무 줄기 / 말라 잿빛인 이끼, 흔들리는 돌, / 끝없는 날갯짓을 위하여 깨어 있는 / 얼음산 위의 까마귀들", 바로 이곳이 자신을 포함해서 희생당한 모든 이들이 "다

달아 멈춰선 곳"이다.

독일군 장교는 그들을 학살하라고 명령한다. 시인은 그것을 이렇게 묘사한다. "말 하나에 — / 주검 하나."

'말'이라는 것은, 인간이 언어를 사용하게 된 이래 무수히 난무하게 된 우리를 둘러싼 소리의 일부, 즉 일상이다. 그런데 누군가는 그 소리에 희생자가 된다. IMF 때 국가재건을 위한 고용조정 계획을 발표하는 고위 경제관료의 무표정한 '말' 속에서 수천, 수만, 아니 수십만 명의 사람들이 대책 없이 내몰린 무직자의 대열로 편입된다. '쉽볼렛'이라고 '말'해보라는 윽박지름에 '십볼렛'이라고 '말'한 에브라임 사람들은 길르앗 사람들에게 도륙당한다.* 제국주의의 심장부에 해방의 폭탄세례를 주자는 반제국주의적 테러리스트의 '말' 한마디로, 그 심장부에서 잡역부로 일하던 수많은 흑인, 멕시칸, 그리고 모슬렘들이, 그리고 그들에 의존해서 생계를 연명하는 그네들의 가족들이 사지가 찢겨진 시신으로 무너진 건물 속에, 냉혹한 자본주의의 생존 전쟁의 공동묘지 속에 매몰된다. 테러와의 성전(聖戰)을 선포한 제국주의적 테러리스트의 수괴인 조지 부시의 '말' 한마디로 세계에서 가장 연약한 나라의 백성보다 더 많은 수의 폭탄이 그곳 사람들의 머리를 분쇄시켜버린다. 말 한마디에 주검 하나, 아니 무수한 주검들이 난무한다.

이런 희생자들을 향한 조사가 바로 파울 첼란의 시인 것이다. 한데, 독일군 장교의 말 한마디에 생사를 달리하는 그 경계선에서 그는 결코 벗어날 수 없었다. 그는 그 폭력의 경계선을 바꿀 힘이 없었다. 그는 그 절대적 악마성의 현실을 부정할 수 없었다. 왜냐면 그는 그런 세상에 수용된 일개 포로에

---

* 이 용어는 「판관기」 12장 1~6절의 길르앗 전투의 참혹함을 시사하는 단어이지만, 또한 독일군의 비엔나 입성에 대한 파울 첼란의 참혹한 기억을 담은 시의 제목이기도 하다.

불과하기 때문이다. 그는 죽임당하지 않기 위해 죽음의 대열을 이탈해서, 팔려나가는 대열로 옮겨간다. 독일군의 전쟁능력을 강화하기 위한 희생자의 대열이다. 그리고 그가 그 대열로 옮겨가는 순간, 다른 사람이 그 죽음의 대열로 호명된다.

여기서 파울 첼란은 '말 하나에 주검 하나'를 낳은 폭력의 세계, 바로 그곳의 일원일 뿐인 자기 자신을 저주한다. 때문에 그는 외부의 악마성을 저주하면서, 동시에 그것에 공모하고 있는 자기 자신을 저주하지 않을 수 없었다. 첼란은 폭력을 비판하면서도 그것을 말하는 자신의 언어가 폭력으로 물들어 있는 자기 자신을 직시한다. 그는 자신이 악을 저주하는 자라고 해서, 그것을 고발하고 그것을 증언하기 위해 일하는 위대한 시인이라고 해서 결코 자신을 용납하지 않았다.

그는 살아남음으로 해서, 폭력적인 권력과 타협함으로 해서, "태초로부터 이어져 온 죄에서 벗어"날 수 없는 자가 된다. 하여 그는 끊임없이 따라다니며 괴롭히는 상흔을 떨치지 못한 채, 쉰 살의 나이에 센강의 물살 속으로 자신의 기구한 운명을 흘려보낸다.

그가 저주해 마지않던 절대악은 역사의 무대 저편으로 사라졌건만, 그 너머엔 '절대선'은 없었던 것이다. 그의 시 전체는 바로 이것을 증언한다. "나는 독소가 피어나는 것을 본다 / 모든 말과 형상 속에서."* 절대악 이후에도 절대선은 없다고, 아니 모든 말 속에는 독소가 있다고.

신은 이집트 파라오의 학정을, 그 절대악을 부정하며 탈출한 이들에게 자신의 형상을 만들지 못하도록 명한다. 절대선은 결코 제도화될 수 없음을 말

---

* 최문규, 「'분열된 사유 음악' : '쉽볼렛'으로서의 시적 텍스트」, 『문학이론과 현실인식』(문학동네, 2000), 243쪽에서 재인용.

하는 것이다. 누구도 절대선을 자처할 수 없다고 말이다. 심지어 자기 자신 조차도. 크리스마스는 바로 그 신이 스스로를 부정하는 사건이다. 무한자가 유한자가 되는 것, 바로 이것이 크리스마스 아닌가?

신의 자기 부정, 무(無)의 선언이 바로 크리스마스의 뜻인 것이다. 신이 자신의 욕망을 해체시키는 것, 악을 증오하면서도 악의 반대인 자신을 절대화하는 것을 동시에 부정하는 '자기 해체의 선언'이다. 그것은 절대선의 의미로 채워진 희망의 선포의 메시지가 아니라, 진리를 유보하는 희망, 끝없이 유예된 해방의 자리에 바로 희망의 원천이 있다고 선언하는 것이다.

구원자 예수, 그가 왔지만, 세상은 여전히 절대 진리로 채워진 세상이 아니다. 세상은 여전히 악으로 가득하다. 심지어 그리스도의 진리를 담보하고 있다고 주장하는 이들에게서 가장 독내 나는 악마성이 자라나고 있다. 절대 진리를 사칭한 자, 그러한 욕망에 차 있는 자기 자신까지도 허용치 않는 신앙이 바로 크리스마스의 원초적 담론인 것이다.

시작

아버지의 이름으로?

예수가 왔다

🌿 한 포악한 왕이 있었다. 그는 자신이 지고의 절대자라고 믿었고, 또 번번이 그것을 확인하고자 했다. 혹 누가 고의든 실수든 간에 왕 자신이 생각하는 스스로의 품격을 조금이라도 손상시킨다면, 왕은 이 사람을 결코 용서하지 않았다. 점차 신하들은 '어떻게 하면 이 왕에게 지존무상다운 격식을 차릴 수 있을까'만을 궁리하게 되었다. 그래서 날마다 열리는 어전회의 때마다 왕의 등장을 기리는 특별한 요식절차가 벌어졌고, 점점 길고 복잡해져 갔다. 우선 왕이 등장할 때 불리는 수많은 칭송의 노래들이 있었다. 그중에는 이런 노랫말이 있다. "지고하신 왕, 백성의 단 한 분이신 아버지, 진정한 구원자시여, 어서 납시오소서. 세상의 모든 골짜기가 메워지리다."

그런데 그의 포악성이 절정에 이르렀을 때, 모반이 일어난다. 왕의 암살을 기도하는 사람들은 안성맞춤의 기회를 바로 이 복잡한 요식행사에서 잡는다. 감히 누구도 쳐다볼 수 없도록 베일이 쳐진 용상 앞에는 모살당해 목 베인 왕 대신 가짜 왕이 등장한다. 하지만 아무도 그것을 알아차릴 수 없었다. 얼마 후, 가짜 왕은 자신의 쿠데타를 위한 안전한 모든 조처를 다 취한 후에 백성과 만조백관 앞에 '왕의 죽음'을 선포한다.

새 왕은 베일을 걷어치우고, 백성 앞에 당당히 자신의 위용을 드러내 보인다. 큰 키에 우람한 체구를 갖춘 그가 푸른빛 보석이 박혀 번뜩이는 황금 칼을 차고 성루 위에 올라설 때 온 백성은 경탄에 마지않는다. 누군가에 의해 시작된 칭송소리가 어느새 합창으로 변한다. "옛 임금님이 언덕이면 새 임금님은 태산, 옛 임금님이 강이면 새 임금님은 바다……." 왕은 우쭐해짐을 느낀다. 그리고 얼마 안 가서 신하들은 새 왕을 위해 또다시 어전회의에 앞서 매일 이런 노래를 부르게 된다. "지고하신 왕, 백성의 단 한 분이신 아버지, 진정한 구원자시여, 어서 납시오소서. 세상의 모든 골짜기가 메워지고, 세상의 모든 산과 언덕이 눕혀지리다."

장난스레 만들어본 가상의 이야기다. 하지만 단순한 창작이라기보다는 권력자와 그를 둘러싼 사람들(그 자신도 권력추구자이며 그렇기에 권력에 복종하는 자세가 몸에 밴 사람들) 사이에서 흔히 있을 법한 상황에 대한 풍자다.

여기서 『성서』 구절 하나를 인용해보겠다. 사실은 이 구절을 보면서 위의 이야기를 상상해낸 것이다.

이것은 예언자 이사야의 책에 기록된 말씀대로였다.
"광야에서 외치는 이의 소리,
너희는 주의 길을 고르게 하여라.
모든 골짜기는 메워지고

높은 산과 작은 언덕은 눕혀져

굽은 길이 곧아지며

험한 길이 고르게 되는 날

모든 사람이 하느님의 구원을 보리라.'"

—「루가복음」 3장 4~6절

이 선포의 주인공은 누구일까? 나는 오랫동안 '예수'라는 모범답안만을 알고 있었다. 그런데 문득 이런 상상을 떠올리게 되었다. 하느님의 백성을 향해 요한이 푸른빛 가죽 도포자락을 휘날리며 이렇게 선포한다. "너희는 주의 길을 고르게 하여라. 모든 골짜기는 메워지고 높은 산과 작은 언덕은 눕혀져 굽은 길이 곧아지며 험한 길이 고르게 되는 날 모든 사람이 하느님의 구원을 보리라." 그러자 예수가 보석 같은 푸른빛 눈을 번뜩이며 세상을 향해 유유히 걸어나온다.

그야말로 주인공인 예수의 등장 장면다운 모습이 아닌가. 전능하신 절대자 하느님의 아드님이 이 세상에 행차하시는 길인데 이 정도는 돼야 하지 않겠는가. 우리의 머리칼 수도 익히 헤아리신 분이 아닌가. 수십 억 인류의 운명을 개개인마다 예정하고 있다는 분 아닌가. 복잡다단한 인간의 폐부 속에 감추어진 속내마저 다 통달하고 있다는 분 아닌가. 그러니 『성서』에 언급된 요한의 칭송으로도 결코 충분한 환영사는 못 될 것이다.

나는 지금 빈정대고 있다. 만일 본문의 의미가 이런 것이라면, 서두에 언급한 이야기에 나온 왕과 우리의 구세주 하느님/예수는 도대체 무엇이 다른가. 하느님/예수는 자기 자신의 권력을 맘껏 행사하고픈 욕망에 굶주린 권력 중독자와 무엇이 다른가. 또 우리의 신앙은, 왕의 권력에 빌붙어 호의호식하며 아부가 몸에 밴 신하들의 태도와 무엇이 다른가. 사실 그리스도인이라고 자임하는 많은 사람들도 하느님의 권력 주변에 빌붙어 그가 가끔씩 던져주는 '떡고물'을 받아먹으려고 갖은 아양을 떨어대며 확실히 알지도 못하는 찬양노래나 지껄여대고 있지 않은가. 이들의 신앙동기는, 하느님이 자기에게 아부하는 백성에게만 준다는 '값싼 축복'을 받아먹는 데 있지 않은가. 이들의 신앙동력은, 하느님이 앵무새처럼 신조만 중얼거리는 자기 백성을 위해 예비해놓았다는 '대리석 바닥의 90평 아파트' 같은 천당에 살 장밋빛 꿈에서 오는 것이 아닌가.

교회는 언제부터인지 '축복', '천당' 운운하는 이런 신앙이나 서로 얘기하면서 기나긴 세월을 복권추첨일 기다리듯 보내왔고, 그러는 동안 어느덧 그리스도인들은 모든 면에서 절대권력의 추구자가 되어버렸다. 그래서 절대권력의 횡포에 대해서는 그토록 관대한 반면, 착취당하는 자의 항거에 대해서는 온갖 폭언을 숨기지 않고 힐난하는 데 앞장서는 게 신앙인다운 심성이 되어버렸다. 그 결과 역사 속 어마어마한 대학살극의 다수는 그리스도교의 꺼질 줄 모르는 광기의 소산이었고, 비극적인 전쟁들 배후에도 대부분 그리스도교의 빗나간 신앙이 도사리고 있었다. '하늘에 영광 땅엔 절망!'

게놈프로젝트 운운하면서 복제인간 얘기가 장안의 화젯거리로 빠짐없이 등장하고 있을 때, 어떤 정신 나간 사람이 '복제하고 싶은 인물과 복제하고 싶지 않은 인물선호도'를 조사했다고 한다. 그 결과는, 복제하고 싶지 않은 인물 1위가 김영삼 당시 대통령이고, 복제하고 싶은 인물 1위가 박정희 전 대통령으로 나왔다고 한다. 이것은 아마도 오늘날 혼돈의 원인을 사람들이 '부권 상실 현상'으로 해석하고 있다는 뜻일 게다. 아버지의 권위를 회복해야 지금의 총체적 난국을 극복할 수 있다는 것이겠다.

이런 조사를 1987년쯤 했다면 그 결과는 사뭇 달랐을 것이다. 그때만 해도 사람들의 머릿속엔 현재의 위기는 '권위주의적 정부의 과도함' 탓이었다는 생각이 지배했을 테니 말이다. '부권 상실'이 위기의 요체가 아니라 '부권의 과잉'이 문제라는 얘기다. 그런데 몇 년 사이에 상황은 이토록 바뀌었다. 아니 사실은 1987년의 담론은 '일시적인 태풍' 같은 것일 뿐이었다. 광풍이 지나가자 사람들은 점차 다시 옛 주인의 집 안으로 들어가게 되었고, 옛 주인의 질서에 익숙한 사람들처럼 되어버린 것이다.

사람들을 지배하는 질서의 근저에는 '아버지의 이름'이 있다. '아버지의 이름'은 안정과 영원(지속성)을 상징한다. 이것을 반대로 말하면, 변화와 청산(단절)의 문제는 '아버지의 이름'을 부정해야 한다는 것을 의미한다. 그래서 역사적으로 변화와 청산이 시대의 화두로 떠오를 땐 부권의 상징인 왕의 '머리 베기'를 시행한다. 하지만 사람들은, 제대로 변화하지도 못했고 그럴 듯한 청산이 수행되지 못했음에도, 곧바로 다른 부권의 상징인 왕을 추대한다. 그리고 새 왕은 또다시 옛날처럼 안정과 질서의 광폭한 수호자를 자처하게 된다.

복제하고 싶은 인물선호도 조사결과는 바로 이런 상투적인 역사의 흐름을 너무나도 전형적으로 잘 대변한다. 그리고 그리스도교는 바로 이런 역사의 흐름에 가장 잘 적응한 대표적인 종교의 하나였고, 나아가 이런 대세를 유포하는 가장 열렬한 주창자로서 존립해왔다. 그들은 골짜기가 메워지고 산이 눕혀지는 태도로, 즉 순종적 자세로 절대권력자 예수를 대하듯, 세계의 권력자도 그렇게 맞이한다.

그런데 예수는 어땠을까? 분명 예수의 등장은 '변화와 청산을 갈구하는 민중의 메시아 대망'과 관련되어 있다. 앞서 인용한 「루가복음」 3장의 구절은 바로 이런 눈으로 바라보아야 한다. 아버지의 이름으로 세상을 지배하는 태산 같은 권력의 횡포 앞에 무력하게 서 있는 대중을 향해 예언자는 선포한다. "산이, 그 도도함이 눕혀질 것이다." 아버지의 이름으로, 그 추상 같은 엄포로 고난의 천 길 질곡을 향해 추락하는 대중을 향해, 그 하소연을 향해 예언자는 선포한다. "골짜기가, 그 수치가 메워지리라." 스포트라이트는 곧 무대 위로 등장할 예수를 향하고 있지만, 예수의 등장을 기리는 이 찬양의 노랫말의 참된 주연은 변화를 진정 바라는 자, 권력의 역사의 진정한 청산을 갈망하는 자, 곧 민중인 것이다.

신은 세계의 중심이고자 하지 않았다. 곧 권력의 진원이 되려 하지 않았다. 신은 오히려 세계의 중심이라고 찬양하는 자를 비웃듯, 세계의 변두리로 도래했고, 변두리 사람들의 절망의 옷을 입고 태어났다. 다시 말하면 신은 권력의 중심이라는 자신의 존재의의를 스스로 분쇄했고, 자신에게 부여된 아버지의 이름을 포기했던 것이다. 도리어 그는 자신이 탈중심임을 선포하며, 이 세상 어디에도 중심은 없고 높고 낮음도 없고 귀하고 천함도 없는 평등한 세상임을 실천하는 자로 세상으로 왔고 인간이 되었다고 선언하는 것이다.

우리가 권력 부재를 안타까워하며 또다시 '아버지의 이름'으로 절대권력을 갈구할 때, 신은 당신에게 부여된 그 이름을 내동댕이치며 우리 세계의 일원으로서, 우리의 동료로서, 우리의 가장 비천한 얼굴로서 우리 앞에 다가와 있다.

악마의 유혹 1*

군사주의적 신앙에 관한
짜릿한 가학성의 기억에 대하여

      ❋ "전쟁은 살아 계신 하나님께 속한 것이다." 한 기독교계 신문에 실린 기사제목**이다. 이게 도대체 무슨 소린가? 반전·평화사상은 기독교 신앙의 근간이 아니던가? 군 계통의 신문이라면 모르겠지만, 기독교계 신문에서 어떻게 이런 기사제목이 올라올 수 있을까? 그래도 전쟁을 미화하는 기사를 쓰기야 하겠나 싶었다. 그런데 아무리 봐도 제목엔 물음표가 붙어 있지 않았다. 어법상 전쟁 옹호 입장임이 분명하다. 분명, 전쟁'도' 하느님의 섭리에 속한다는 주장인 듯하다. '별 정신 나간 놈 다 있군' 하는 꼬인 심사로, 기사를 읽기 시작했다.

    제목 바로 위에 "양심적 병역거부에 대한 성경적 견해"라는 조금 작은 문구가 눈에 들어왔다. 옳거니, 이 엉뚱한 제목의 정체는 '여호와의 증인'에 대한 비판적 견해였던 것이다. 자신들이 이단시하는 종파를 비판하려고 전쟁

---

* 이 글은 2001년 6월 24일자 설교원고를 수정 보완한 것이다.
** 『연합공보』 95호, 2001년 6월 13일자.

까지도 옹호하고 있다.

　지난 2000년 2월 말에 열린 '제주 국제인권 학술대회'에서 한인섭 교수 (서울대 법대)가 처음 거론한 이래, 『한겨레 21』에서 줄기차게 다룸으로써 은 폐됐던 사실 하나가 비로소 우리에게 어느 정도 알려졌다. 바로 '여호와의 증인' 신자들이 지난 수십 년간 지속적으로 병역거부자라는 이유로 군 교도 소에 수감되어왔다는 것이다. 이 잡지에 따르면, 2001년 2월 당시 집총거부 로 교도소에 수감되어 있는 사람이 1,317명이며, 그들은 모두 예외 없이 '여 호와의 증인' 신자다. 이 종파의 한국지부인 '워치타워 성서책자협회'의 주 장에 따르면, 1990년대 이후 매년 500명 이상의 청년들이 집총을 거부한다 는 이유로 교도소로 끌려가고 있다. 물론 출소한 이후 병역기피자라는 경력 때문에 정상적으로 사회에 복귀할 수 없었던 사람들의 숫자는 이보다 몇 십 배는 많을 것이다.

　이 정도라면 이 문제는 의당 대책을 강구해야 할 사회적 의제임이 분명하 다. 그럼에도 그동안 군사정권 아래서 뿐만 아니라 민간정부가 들어선 이후 까지도 이 사실은 철저히 은폐되어왔다. 그것은 우선, 한국전쟁이라는 유례 를 찾아보기 힘든 무차별 살육전을 경험한 사회에서 병역거부 행위를 도저 히 양심적 선택으로 이해할 수 없었던 집단적 병리증세가 우리를 지배해왔 기 때문일 것이다. 또한 미국식 냉전주의를 본국보다 더욱 격정적으로 받아 들인, 식민주의적인 극단적 모방욕망이 전쟁의 기억을 더욱 파행적으로 되 새기게 함으로써 병역거부, 나아가 전쟁거부의 담론에 대한 은폐의 정치는 한층 강화되었다. 그런 이유로 대다수 국민은 '국방의 의무'를 국토방위를 위한 필수불가결의 국민적 과제라고 믿어 의심치 않을 뿐 아니라, 일체의 예 외를 허용치 않는 배타적 원칙주의의 태도를 갖게 되었다. 그러니 병역거부는 어떠한 이유로든 이해될 수도, 용납될 수도 없는 것이라는 얘기다.

이러한 국민적 집단심리 아래서 병역거부자에 대한 '상식의 폭력', 일상 속에서 자연스러움을 가장한 무의식의 폭력이 절제되지 않고 자행되었다. 물론 정부에 의한 공공연한 배제의 정치가 가혹하게 작동되는 상황에서 시민사회가 폭력의 주체로 나설 필요는 없었다. 무관심만으로도 그 가학성을 충분히 표현할 수 있었던 것이다. 결국 시민사회의 묵인 아래, 한 소종파의 반폭력주의적인 종교적 양심은 국가폭력에 의해 무자비하게 짓밟혀왔다. 또한 종교와 양심의 자유라는 초실정법적인 요소를 국방의 의무라는 실정법적 요소에 종속시킨 사법부의 반인권적인 군사주의적 판단은 이러한 국가폭력을 법적으로 정당화시켜왔다. 그리하여 최소한 일만 명 이상의 사람이 타인에게 상해를 입혔기 때문이 아니라, 상해를 줄 수 있는 일에 동참할 수 없다는 신념 때문에 수감자가 되어야 했다. 그리고 이후에 그들은 공적 활동에 치명적인 제약을 받으며 살아가고 있다.

다시 돌아가서 앞서 언급한 신문의 논조를 좀더 살펴보자. 기사에는, 이단 종파라는 '여호와의 증인'의 이러한 행동에 대한 보수주의적 기독교계의 입장이 실렸다. 그 요지는, 세상의 다른 모든 것과 마찬가지로, 전쟁 또한 하느님이 주관하는 것이므로 거부해야 할 이유가 없다는 것이다. 때로는 오히려 '의로운 전쟁'의 수행을 위해 적극적으로 참여해야 한다고 주장하기까지 한다. 이 기사와 함께 기획된, 「죄를 징벌하는 하나님의 거룩한 전쟁」이라는 글을 기고한 성서학자 김정우 교수는 『제1성서』(=『구약성서』)를 들먹이면서 하느님 편에 선 전쟁은 필요하다는 논증을 하였다.

나는 여기서 실낱같은 가능성마저 포기한 종교의 누추한 얼굴을 본다. 도대체 어떤 전쟁 치고 명분 없는 전쟁이 있었단 말인가? 모든 전쟁은, 적어도 당사자들의 주장에 따르면, 거룩한 전쟁이 아니었던가? 또한 전쟁 중에 추악한 과정으로 뒤범벅되지 않은 전쟁이 어디에 있단 말인가? 도대체 죄를 징벌하는 하느님의 거룩한 전쟁이란 무엇인가? '죄'라는 게 누구에게나 자명하게 인식될 수나 있는 것인가?

한국전쟁은 하느님의 거룩한 전쟁인가? 그것은 이 땅에서 '빨갱이'를 박멸하려는, 하느님의 '응징의 전쟁'인가, 아니면 미제국주의의 앞잡이를 축출하려는 '인민의 해방전쟁'인가? 어떤 이가 성실하든 않든, 효녀/효자든 아니든, 이웃에게 어떤 사람이든 등등, 이 모든 다른 요소들은 불문에 붙이고 단지 미국의 이념이나 소련의 이념 중에 하나를 선택함으로써 심판대에 올라서야 했던 전쟁에서 하느님의 정의는 얼마나 자명한가? 도대체 어느 시선으로 봐야 죄를 징벌하는 대리인과 징벌의 대상인 죄인이 명확하게 구분될 수 있다는 것인가?

김 교수는 말한다. "생명과 영토, 민족과 국가를 지키기 위한 방어적인 전쟁은 정당하"다고. 요컨대 그는 침공 이외의 전쟁은 정당하다고 말하는 것 같다. 얼핏 보면 타당한 주장인 듯하다.

하지만 좀더 생각해보자. 과연 방어와 침공은 반대개념인가? 도대체 한편은 방어만 하고 다른 편은 공격만 하는 전쟁이 어디에 있단 말인가? 방어를 위한 수비와 방어를 위한 공격, 수비를 위한 방어와 공격을 위한 방어가 무수히 교차되는 것이 실제의 전쟁이 아닌가? 누가 시작했든 상대방이 항복할 때까지 계속 공세를 멈추어서는 안 되는 것이 실제의 전쟁 아닌가? 또 그 시작이라는 것이 어느 시점부터 계산한 것인지, 명확하게 규정하는 것이 가능한 것인가?

미국의 '미사일 방어전략(NMD)'은 표면상 적의 핵탄두를 요격하는 미사일 방어망을 구축하는 데 초점이 있다(D는 '방어'를 뜻하는 defence의 약자다). 그렇다면 이것은 정당한 전쟁행위에 해당하는가? 한데 이 분야의 세계적인 권위자 윌리엄 하퉁(William D. Hartung)과 마이클 시아로커(Michelle Ciarrocca)에 따르면, "NMD 체제 배치결정은 미·러 양국 각각 1천 기의 핵탄두 감축을 제의한 러시아 푸틴 대통령의 제안을 수포로 만드는 한편, 중국과 러시아의 새로운 핵무기 생산을 자극할 수 있다"고 한다.* 즉 그것은 방어의 성격보다는 사실상 선제공격의 성격을 띠며, 탈냉전 시대로의 이행에 찬물을 끼얹었으며 새로운 냉전질서로 세계를 이끌어내는 결과를 초래할 것이라는 견해다. 그것은 말할 것도 없이, 지난 반세기 동안 세계 곳곳에서 전쟁을 통해 그 잔혹한 고통의 역사를 통해 어마어마한 부를 축적해온 군산복합체의 이해관계와 너무나도 밀접하게 맞물려 있지 않은가?

또 9·11사건 이후, 미 대통령 부시는 '테러와의 전쟁'을 선포하면서 "지속적이고 광범위한 전쟁을 수행하겠다"고 선언했다. 그리고 테러리스트를 '박멸'하기 위한 미국의 대 아프가니스탄 폭격이 시작된 지 불과 일주일 후 『뉴욕타임즈』는, 750만 인구 가운데 절반 이상이 아사 위기에 처해 있다는 보도를 했다. 빈 라덴과 부시는 각기 자신들이 거룩한 전쟁을 수행하고 있다고 주장했는데, 도대체 어느 편의 행위가 정당한 것인가? 김정우 교수는 무슨 수로 여기서 정당한 것을 가려낼 수 있다는 말인가?

어느 모로 봐도 국민의 병역의무라는 것은 국가존립을 위해 필요한 조건일 뿐 신학적으로 정당성을 갖는 조건일 수는 없다. 교회가 국가의 신하일 수 없다는 얘기는, 하느님으로부터 부여받은 인권을 국가가 침해할 때, 교회

---

* 이삼성 외, 『한반도의 선택』(삼인, 2001), 101~102쪽.

는 인권을 위해 국가에 저항할 의무가 있다는 것을 뜻한다. 그런 점에서 국가의 존립을 인권보다 우선시하는 신학은 더 이상 신학이 아니다. 그것은 군사주의라는 신의 신학이지, 하느님의 신학일 수는 없다. 이에 대해서는 뒤에서 좀더 이야기하겠다.

기든스(Anthony Giddens)에 따르면, 근대적 국가의 발전과정은 역사적으로 '전쟁의 산업화'라는 제도화와 밀접히 연관되어 있다고 한다. 그것은 무기제조·기계설비 기술과 더불어 사회적 조직화와 교통·통신기술 등 복합적인 산업화를 수반한다. 그리고 이러한 제도화는 국민징병제를 기반으로 하는 국민국가를 탄생시켰다. 이후 근대사회는 이들 국민국가를 단위로 하는 경쟁으로 점철되었다고 할 수 있다. 국민국가가 경계(국경) 내의 인적·물적 자원을 총동원하여 경계 외부의 사회체제들과 경쟁을 하는 데 국민총동원은 필수불가결한 조건이었다. 그것은 사회적 통합의 기술이 발전함에 따른 결과였지만, 동시에 이러한 필요성은 더욱 발전된 통합의 장치를 낳았다. 아무튼 징병제는 이러한 국민통합의 메커니즘으로써 대단히 효과적인 장치임에 틀림없다.

국민의 핵심적 의무로서의 병역의무라는 이데올로기는 바로 이러한 맥락에서 형성·발전하였다. 시민권 개념의 발전에 이러한 병역의무의 제도화가 내포되어 있음은 물론이다. 과거 왕과 귀족의 전쟁 시대에 병사는 왕이나 귀족의 사병이나 다름없는 존재였다면, 전 국민을 징병대상으로 삼는 근대적 총동원사회에서는 시민적 참정권이 국민에게 그 대가로 주어졌던 것이다. 요컨대 민주주의의 제도화는 국민징병제와 밀접한 연관을 맺고 있는 것이다.

한데 동시에 국민총동원체제의 한 수단으로서의 국민징병제가 시민적 참정권이라는 의도하지 않은 선물을 국민에게 선사한 것처럼, 또한 의도하지 않은 비용을 지불하지 않을 수 없게 만들었다. 그것은 무엇보다도 국민은 군대적 기준에 의해 규율된다는 것이다. '지혜로움'은 군대의 이미지가 아니다. 그것은 직업군인의 영역인 군 엘리트의 전유물이었고, 국민병사, 나아가 전 국민은 '강한 남성'의 이미지로 동화될 것을 끊임없이 요구받았던 것이다. 이것은 당연히 신체에 대한 정치를 낳았다. 즉 비정상적인 신체를 가진 장애인과 허약한 신체를 가진 여자는 불완전한 시민권을 갖는 것이 당연시되었다. 이렇게 '군대적 기준'이라는 감시의 시선 아래 전 국민이 스스로를 규율하는 사회, 이러한 규율사회의 이데올로기를 나는 '군사주의'라고 본다.

아무튼 이러한 국민징병제와 연동된 시민권의 사회, 강한 남자의 관점으로 국민을 규율하는 군사주의사회는 병역의무 불이행자에 대해 국가가 시민적 불이익을 가하게 되는 사회적 알리바이가 되었다. 여기에 국민국가체제에서 병역의 의무가 국가의 인권침해의 문제로서 이해되어야 하는 지점이 있다. 그것은 크게 두 차원을 갖는다. 그 하나는 '성과 장애'가 불완전한 시민의 조건으로 작용하는 것과 관련된다. 이는 병역의무에서 배제된 자에게 가해지는 시민적 불이익의 차원이다. 다른 하나는 병역의 의무를 방기한 자에게 가해지는 시민적 불이익으로서, 종교나 양심에 따른 병역거부가 여기에 위치한다. 이렇게 병역의무의 정치는 소수자를 만들어냈고, 차별과 배제를 제도화했으며, 이러한 일에 시민권을 볼모로 시민사회를 공범화했다.

전쟁은 적을 파괴하여 무력화함으로써 욕망을 실현시키는 기제다. 그런 점에서 인류문명이 제도화한 경쟁의 수많은 모델 가운데서, 전쟁은 가장 가학적인 수단과 결합된 방식이었다. 이러한 이유로 기독교 신앙은 초기부터 이미 전쟁을 비판의 대상으로 삼아왔다. 전쟁으로서만 구축될 수 있고 전쟁으로서만 유지되는 아우구스투스의 평화, 로마의 평화에 대해서 초기의 기독교인은 예수의 평화를 선언했다. 로마의 평화가 힘에 의해 적을 무력화함으로써 이룩된 전쟁 억지의 정치라면, 예수의 평화는 적에 의해 무력화된 이들, 그 칼에 의해 희생당한 이들의 염원 속에서 생성된 것이다. 그래서 그것은 힘의 남용을 경계하는 전쟁 억지의 정치인 것이다.

콘스탄티누스 황제의 로마제국이 기독교를 포용하고, 교회가 로마의 패권주의에 동조하는 주후 4세기 이전까지 교회는 이러한 반군사주의적 신앙을 지켜왔다. 수많은 기독교인 병사들이 살생에 대한 거부 때문에 순교했으며, 거의 대부분의 교부들은 로마의 군사주의를 비판하거나 최소한 침묵하였다. 그러나 콘스탄티누스 이후 군인 순교자는 더 이상 나타나지 않았으며, 교회는 탈영자에 대한 처벌법을 제정하여 황제의 군사주의에 공조했다. 오늘날 교회가 군 선교라는 이름 아래 군목·군종제도를 운영하고 있는 것은, 콘스탄티누스 이후의 전통에 따른 것이지, 기독교 신앙의 기초에 근거한 것은 전혀 아니다.

그렇지만 안타깝게도 대부분의 기독교체제는 평화주의적 신앙의 뿌리를 계승하려 하지 않았다. 오직 소수 종파들만이 그것을 지켜왔던 것이 사실이다. '여호와의 증인'만 보더라도, 독일의 주류 기독교가 히틀러를 칭송하던 시절, 그들은 병역거부로 인해 1만 명 이상이 수감되었고, 개중 사망한 사람이 거의 3천 명에 달한다.

그리고 종교적 소수자에 대한 이러한 차별과 배제의 정치는 우리나라에서 지금까지 계속되고 있다. 교회는 이단시된 종파를 보호하려 하지 않았을 뿐 아니라, 치졸하게도 평화주의적 신앙의 전통을 자신들이 지켜오지 못한 것에 대해 부끄러워하기는커녕 왜곡된 신앙을 통해 전쟁과 군사주의를 찬양하고 있다. 그렇다면 그러한 신학은 반야훼주의(anti-Jahwism) 신학일 뿐이다.

최근 미국은 세계를 신냉전주의의 소용돌이 속으로 몰아가고 있다. 그들이 오랫동안 유지해왔던 군사적 패권주의는 미국판 전쟁신학, 즉 반야훼주의 신학에 의해 뒷받침되고 있다. 그럼에도 미국과 미국의 교회들은 폭력을 응징하기 위해, 세계의 평화를 위해 힘의 정치는 더욱 강화되어야 한다고 믿고 있다. 이렇게 로마의 평화는 21세기 벽두부터 '미국의 평화'라는 담론으로 강력하게 부활했다. 그러한 군사주의가 전 세계 속에 차별과 배제의 정치를 강화할 것이며, 시민사회 또한 더욱 왜곡시킬 것이다. 이미 우리나라에는 정치사회에서 보수주의가 득세하고 있고, 시민사회에서 자폐적 민족주의가 활성화되고 있다. 소수자의 인권이 더욱 보호받지 못하는 사회가 되어가고 있다. 그럼에도 군사주의가 퍼뜨리는 테러 없는 평화, 안전한 일상생활이라는 장밋빛 이데올로기에 많은 사람들이 동화되고 있다.

나는 여기서, 「마태오복음」에 나오는 유혹 이야기에서 국가의 신화에 대한 예수의 비판을 간략히 요약해보려 한다. 왜냐면 이 텍스트는 그런 국가의 이데올로기, 메시아주의의 허구성을 말하고 있기 때문이다.

악마는 예수를 이렇게 세 가지로 유혹한다.

(1) "당신이 하느님의 아들이거든 이 돌더러 빵이 되라고 해보시오."

(2) 악마는 예수를 거룩한 도시로 데리고 가서 성전 꼭대기에 세우고 "당신이 하느님의 아들이거든 뛰어내려 보시오" 하고 말하였다.

(3) 악마는 다시 아주 높은 산으로 예수를 데리고 가서 세상의 모든 나라와 그 화려한 모습을 보여주며, "당신이 내 앞에 절하면 이 모든 것을 당신에게 주겠소" 하고 말하였다.

— 「마태오복음」 4장 1~11절

첫째, 돌을 빵으로 만들 수만 있다면 아마도 빈궁한 이의 식량문제는 더 이상 문제가 되지 않을 것이다. 둘째, 성전 꼭대기에서 뛰어내리면 신이 받아준다는 것, 그것은 신이 그의 편이라는 뜻이겠다. 즉 신을 독점하는 자가 되라는 유혹인 것이다. 셋째, 세상 권력을 주겠다는 유혹. 만약 그렇다면 하느님 나라가, 신권사회가 실현된 것이 아닌가?

하지만 여기서 「마태오복음」은 식량과 종교와 온갖 권력자원의 독점을 추구하는 국가권력을 빗대고 있다. 그것은, 그러한 독점은, 복음서에 따르면 '화려하기까지 하다.' 즉, 사람들에게 권력독점은 횡포로서 느껴지기보다는 아름다운 것이고, 선한 것처럼 인식된다는 것이다. 오늘날의 미국 교회들처럼, 그리고 오늘 우리의 교회들처럼.

이 텍스트의 저자는 유대전쟁 직후 팔레스타인 인근도시에서 형성된 한 유대인 공동체에서 이런 말을 하고 있다. 폭력이 가장 절정에 달한 시기가 지났지만, 사람들은 아직 그 상흔에 시달리고 있었다. 게다가 지리적 배경은 로마에 의해 동원되어 전쟁터로 내몰렸던 팔레스타인 이북의 인근지역이다. 그 주민은 남의 나라 전쟁터에 끌려가 죽음을 맞이할 뻔했던 사람들이거나 그들의 가족이었다. 그들은 아직 분이 풀리지 않았다. 또한 그들은 자신의 칼날이 누군가를 베었을 때의 그 몸서리치는 상황을 잊을 수 없는 사람들이다. 동료나 적의 몸에서 터져 나온 핏덩어리가 자신의 몸으로 튀겼을 때의, 아직 채 식지 않은 그 끈끈한 액체의 비린내를 기억에서 도무지 지울 수 없는 이들이었다. 그 무기 부딪치는 소리, 병사들의 함성, 아우성, 비명소리가 여전히 귓가를 맴돌며 날마다 숙면의 방해를 받고 있던 사람들이었다. 그렇지만 그들을 동원한 로마를 향해 분풀이할 만큼 힘 있는 위치에 있지 못한 사람들이었다. 그런 이들에게 유대인은 전쟁의 원인 제공자이자 모든 파괴적 결과를 책임져야 할 존재들이었다. 전쟁의 트라우마(정신적 상흔〔傷痕〕)를 가진 지역주민들에게, 이주노동자로 그 사회의 하층에 편입된 유대인은 자신의 고통을 표출할 공통의 표적, 바로 희생양이었다. 결국 이곳에 이주한 외국인 노동자들인 유대인에게 이 지역의 삶은 폭력과 증오로 가득한 땅에서 생존을 위해 실타래 하나를 겨우 붙잡고 살아가야 하는 처절함 그 자체였다.

이런 운명의 사람들에게 로마는 증오의 대상임에 분명하다. 하지만 동시에 로마의 힘은 동경의 대상이다. 그래서 교회는 그 권력의 화려함에 빗대서 하느님 나라를 상상하곤 했다. 다만 악한 존재가 그 권력을 쥐고 있는 탓에 그들이 자신을 억압했던 것이라고 생각했다. 이것은 선한 존재가 권력을 장악한다면 상황은 그 정반대가 되리라는 기대를 전제한다. 그리하여 교회는 선한 권력의 주체가 되기를 욕망했던 것이다.

결국 「마태오복음」이 말하고자 한 것은, 예수는 권력과 동맹을 맺는 존재가 아니라 그것에 저항한 존재라는 것이다. 그것은 권력의 정당화, 정치의 미학화를 비판하는 것이기도 하다. 그런 점에서 군사주의를 미학화하는 신학은 결코 예수의 신학이 아니라, 예수에 의해 극복되어야 하는 신학인 것이다.

악마의 유혹 2

타인을 배려하지 않는 효율성 체제의
달콤함에 대하여

> 🌿 악마는 다시 아주 높은 산으로 예수를 데리고 가서
>
> 세상의 모든 나라와 그 화려한 모습을 보여주며
>
> "당신이 내 앞에 절하면 이 모든 것을 당신에게 주겠소" 하고 말하였다.
>
> ─「마태오복음」4장 8~9절

급한 일이 있어 택시를 탔다. 시청 앞을 지나는데, 별나게 많은 교통경찰들이 도로에 쫙 깔려 있었고, 경찰 오토바이 십여 대가 도열해 있는 것이 보였다. 택시기사는 '귀빈'이 곧 지날 것임을 짐작했고, 교통통제 전에 그곳을 지나칠 수 있는 것을 다행으로 여기는 눈치가 역력했다. 물론 한시가 급한 내 입장에선 훨씬 더한 안도의 숨을 내쉬어야 했다.

자연스럽게 얘기는 자기가 경험했던 교통통제에 관한 얘기로 옮겨갔다. 환영객으로 동원됐으면서도 불평할 줄 몰랐던 학창시절 얘기나, 공항에도 도착 안 한 대통령을 맞이하기 위해 세종로 앞길을 통제했던 전두환 정권 시

절 얘기 등 짧은 시간 동안이지만 여러 이야기가 오갔다. 교통통제란 우리에겐 참으로 낯익은 문화였다. 비록 지금은 많이 달라지기는 했지만, 여전히 귀빈이 지나갈 때면 그곳 경찰들은 비상상황에 돌입하고, 교통통제 관행은 되풀이된다.

'교통통제'란 왜 해야 할까? 그곳을 지나는 이의 단순한 권위 때문이라면, 독재정권 시절이라면 모르되, 지금에는 전혀 국민을 설득할 수 있을 것 같지 않다. 아마도 그의 직무가 다른 이의 것보다 더욱 중요한 것이라는 국민의 동의를 전제하면서 이런 관행은 정당화되었을 법하다.

사람들 각자는 자기 이익을 위해서 분주히 살아가지만, 그들은 사익이 아니라 국민의 공공적인 이익을 대변하는 일에 종사하는 자들이니 다른 보통의 사람들보다 더욱 중요한 업무를 수행하고 있다는 것, 이것이 바로 공직자의 업무 일체를 관장하는 고위 공직의 귀빈을 위한 교통통제에 국민이 자발적으로 동의하는 이유겠다. 그들이 부패한 권력이라는 낙인이 찍히지 않는 한, 국민은 그들을 위해 어느 정도의 개인적인 불편을 감수할 각오가 되어 있는 것이다. 그들이 자신의 업무를 '더 효과적'으로 수행하는 데 방해가 될 수 있는 일체의 장애물을 제거하는 것, 교통통제란 바로 이런 맥락에서 시행되는 것이 아닐까.

이렇게 교통통제의 이유에 관한 수긍할 만한 근거를 억지로 생각해내다 불현듯, 며칠 전 대학 동기동창생들과 나눈 대화를 떠올렸다. 한 친구는 자신의 아들을 조기유학시킬 계획을 이야기했다. 세계화 시대에 뒤처지지 않는 존재로 만들고 싶다는 생각에서 그는 아들이 가장 효과적으로 자신의 미래를 위해 준비할 수 있는 기회를 제공해주고 싶다고 했다. 아들에게 있을 법한 일체의 장애물들을 제거하는 것, 그는 아들의 인생에서 시행착오를 없애기 위한 일종의 교통통제를 기획하고 있었고, 그것을 위해서 가장 필요한 선택이 조기유학이라고 믿고 있었던 것이다.

사실 내 친구의 꿈이란 게 별난 사람의 별난 꿈이 아니다. 우리 주변의 수많은 부모들이 실제로 그런 계획을 가지고 자식을 위해 자신이 어떤 희생을 해야 할지를 각오하며 살아가고 있다. 그리고 이것은 이른바 영어 잘하는 아이를 만들기 위해 혀를 수술시키는 부모의 광기를 낳는 근거일 것이다. 시행착오 없는 인생을 살게 하기 위해서, 남들보다 유리한 고지를 먼저 점령할 수 있도록 장애물을 없애주기 위해서…… 이른바 교통통제!

이런 유의 교통통제 의식이 널리 퍼져 있다. 장애물을 제거하여 가장 효과적으로 일을 수행하는 것을 우선하는 문화다. 시행착오를 두려워하며, 남보다 빨리 남보다 큰 것을 성취하는 것을 존중하는 문화다. 이것은 세계가 과거와는 비교할 수 없을 정도로 심화된 경쟁의 정글 속으로 급속도로 편입되어간다는, 세계화의 현실에 대한 미래학적인 진단에 힘입어서 더욱 강화되는 추세다.

20세기 가장 위대한 사회학자의 한 사람인 막스 베버(Max Weber)는 자본주의적 근대사회가 이러한 효과적인 업무 수행능력을 통해 '더 많은' 발전을 이룩했고, 그리하여 인류에게 많은 이익을 부여함과 동시에 바로 그것 때문에 세계는 암울한 위기에 처해 있다는 사실을 지적한 바 있다. 그는 경쟁사회의 승자들을 '가슴이 차가운 관료들'이라고 묘사했다. 이들이 지배하는 세상, 이들을 지배자로 만드는 세상에 대한 따가운 문명비평인 것이다.

바로 그렇다. 교통통제 문화는 한 가지 중요한 것을 보지 못하고 있다. 어디든 장애물 없이 통과하는 귀빈은, 장애물이 필연적으로 존재하는 세상에서 타인을 배려하는 인식을 품어야 할 이유가 없다. 교통통제는 모든 사람이 매일매일 겪는, 그리하여 서로를 존중해주어야만 자신도 존중받을 수 있다는 일상적 현실로부터 그들을 차단한다. 자식을 경쟁사회의 승자로 만들려는 부모의 욕망, 그 시행착오가 제거된 인생을 선물해주고픈 부모의 교통 통제 욕구는, 인생은 승리해서 남을 누르기보다는 서로를 존중하고 배려하는 관계를 통해서 살아가는 것이라는 사실을 자녀에게 가르치지 않는다. 이기는 방법만을 강조하는 효율성 문화는 세상을 더 아름답게 만드는 것에 관한 생각을 마비시키는 악마의 유혹이다.

광야에서 예수를 시험한 악마의 유혹의 요체는 바로 이런 것이었다. 영웅적인 능력을, 남보다 탁월한 권위를 통해서 무엇을 이룰 수 있다는 믿음, 더 빠르게, 더 손쉽게 세상을, 세상의 논리를 이겨보겠다는 욕망, 장애물 없는 대로를 달리는 왕의 마차에 올라타려는 욕망. 이것이 바로 악마가 예수에게 던진 유혹의 미끼였던 것이다.

예수의 실천은 바로 이러한 유혹을 넘음으로써 시작된다. 예수를 따르는 우리의 신앙과 삶은 바로 이런 문명의 유혹에 순순히 동조하지 않으려는 저항의 몸짓에서 출발하는 것이다.

기적

도시의 경계 밖, 그곳에 노숙인들이 있다*

🌿 「마르코복음」에는 다음과 같은 구절이 나온다.

예수께서 곧 그를 보내시면서 "아무에게도 말하지 말고 다만 사제에게 가서 네 몸을 보이고 모세가 명한 대로 예물을 드려 네가 깨끗해진 것을 그들에게 증명하여라" 하고 엄하게 이르셨다. 그러나 그는 물러나서 이 일을 널리 선전하며 퍼뜨렸기 때문에 그때부터 예수께서는 드러나게 동네로 들어가지 못하시고 동네에서 떨어진 외딴 곳에 머물러 계셨다.

— 「마르코복음」 1장 43~45절

이 본문은 예수가 갈릴래아의 어느 지역에서 '나병환자'를 고쳐주면서 일어난 일화를 담고 있다. 예수는 그에게, 먼저 사제에게 가서 깨끗해졌음을

* 이 글은 1999년 2월 21일자 설교원고를 수정 보완한 것이다.

증명받으라고 권한다. 그런데 이 일이 널리 알려지고, 이로 인해 예수는 더 이상 사람들이 사는 동네로 들어갈 수 없게 되었다고 한다.

이상한 일이다. 심각한 질병을 고쳐주고 환자를 자활하게 했는데, 훈장을 주기는커녕 도리어 미움을 사게 된 것이다. 도대체 이런 일이 어떻게 있을 수 있을까? 도대체 이런 사악한 사람들이 있다니…….

그런데 본문은 마을사람들의 고약스러움에 대해 별 관심이 없는 것 같다. 너무 담담하게, 마치 사람들의 반응은 당연한 것이라는 듯 태연하게 말한다. 여기서 우리는 이 수수께끼가 본문의 핵심적 문제임을 깨닫게 된다.

우선 '나병'이라는 것을 얘기해보자. 그것은 오늘날 말하는 의학적 개념의 문둥병(한센병, leprosy)이 아니다. 추정컨대 신체에 혐오스럽게 돋거나 혹은 전염성이 강한 피부질환과 관련된 신체적 증상을 가리키는 것 같다. 물론 이런 표현도 너무 현대 의학적인 어법이다. 『성서』의 '나병'은 현대 의학의 지식보다는 사람들의 경험에 의해 검진되었고, 병리적 원인보다는 종교적 원인으로 해석되었다.

아무튼 고대 이스라엘의 나병은 최악의 질병으로 여겨졌고, 따라서 죽음에 비견되는 저주의 징표와 같은 것이었다. 그래서 나병환자는 공동체 안에 머물 수가 없었다. 심지어 사람들과 마주쳐서도 안 된다. 보기만 해도 다른 사람에게 그 천형(天刑)을 오염시킬 것이기 때문이다. 그래서 나병환자는 사람들이 사는 곳은커녕 인적이 많은 도로 근방에 얼씬거려서도 안 된다. 혹 저 멀리 인기척이 들리면 나병환자는 자신이 부정 탄 사람임을 소리쳐 알려야 한다. 결국 그들은 사람들의 생활공간의 외부로 쫓겨난 사람들, 아니 삶의 공간인 세상에서 격리된, '이미 와버린 죽음'을 간직하며 사는 사람들이다.

그런데 그런 사람이 예수에게 다가와서 자신을 고쳐달라고 애원한다. 예수였기에 망정이지 보통 사람이라면 경을 칠 일이다. 과연 메시아를 자처할 만한 대단한 자부심을 엿볼 수 있다. 하느님이 징벌한—천형을 받은—사람을 거리낌 없이 마주할 수 있는 이, 그 사회의 건강 관리체계를 대수롭지 않게 여기면서 경계를 넘나들 수 있는 이, 그분은 도리어 그이를 '측은히' 바라본다.

치유된 자는 과연 어떻게 됐을까? 추정컨대, 그는 분명 다시 내쫓김 당했을 것이다. 어쩌면 나병환자들 사이에도 낄 수 없는 존재가 되었을지도 모른다. 그렇다면 그는 어느 곳에도 '속'하지 못한 사람이 된 셈이다. 『성서』는 나병 걸린 이가 있으면 그를 격리시키고, 그가 나으면 사제의 검진을 받은 후 다시 사회에 복귀시키라고 한다(『레위』 14: 2~32). 그러나 실상은 그렇지 못했다.

배제는 일단 제도화되면 관성이 생긴다. '제도화'는 어떤 행위를 권장 또는 규제하는 정치적 기구뿐 아니라, '의식의 관성화'까지도 포함한다. 즉, 어떤 행위의 옳고 그름에 대해 보상/처벌하는 정치적 장치가 있고, 사람들이 이 장치의 판정과 습관적으로 동일한 가치판단을 할 때, 사회는 그 행위에 대해 제도화되었다고 말할 수 있다는 것이다. 나병은 신의 저주이기에 그를 사회로부터 격리시켜야 한다는 사회정치적 형벌이 내려졌고, 사람들도 그런 사람을 불결의 상징으로 여겨 회피하는 것, 심지어 질병에 걸린 그 자신조차도 이런 사고에 종속되어 자기 자신을 저주하는 것, 바로 이것이 제도화된 나병문제인 것이다.

그런데 나병이 나았다고 하자. 그리고 사제가 그를 정결하다고 판결했다고 하자. 이것은 사회정치적 형벌의 해제를 의미한다. 하지만 사람들의 습성화된 관성은 여전히 그를 포용할 수 없는 것이다. 만약 사람들의 관성조차 그리 쉽게 해제될 수 있다면, 이 문제에 관한 정치사회적 제도는 있으나마나 한 것이 된다. 사람들이 공공연히 위반할 것이기 때문이다. 그래서 다시 거꾸로 정치적 기구는 여간해선 그런 사람에게 복권결정을 내리려 하지 않는다. 그러므로 제도의 개혁을 위해서는 무수한 세월과 희생을 대가로 치러야 한다. 가령, 우리사회에서 공산주의 활동으로 수감된 사람들의 사면은 법제뿐 아니라 사람들의 적개심이 해소되지 않는 한 불가능한 일이다. 적어도 법제상으로 불이익이 거의 없는 장애인에게 여전히 사회적 편견이 견고히 자리잡고 있는 것처럼 말이다.

만약 치유받은 나병환자의 운명이 그렇게 됐다면, 그를 측은해하던 예수는 분명 실수한 셈이다. 어쩌면 당신 자신에 대한 자부심이 너무 강해서 사회의 견고한 편견을 너무 쉽게 생각했을지도 모른다. 아무튼 이런 행위의 결과는 예수 자신에게도 난처한 상황을 가져다주고 말았다. '보아서도 안 되는 불경한 이를 만나 치유까지 해주었으니, 그 작자야말로 악령의 힘으로 기적을 일으키는 자일 거야', 아마도 사람들은 이렇게 예수를 기억하게 되었을지도 모른다. 배제당한 자를 복권시키는 일, 격리의 해제를 선포하는 일, 그것은 정말로 근본적인 개혁을 필요로 하는 것이다.

오랫동안 노숙자 진료를 해왔던 한 의사는 노숙자에 대한 우리 언론의 센세이셔널리즘을 비판했다. 예컨대 한 신문은, 노숙자들이 일반인보다 2.5~3배 정도 결핵에 걸려 있을 확률이 높다는 대한결핵협회의 발표를 인용하면서 노숙자들의 심각한 질병오염 가능성(유병률)을 보도했다. 이러한 보도는 사람들에게 노숙자와 접촉하는 것에 대한 혐오감을 심화시키는 결과를 낳았다. 결과 산출방식의 문제점에도 불구하고, 다른 전문가들에게 자문을 구하지도 않은 채, 그 결과를 단순 인용하여 높은 수치를 언급함으로써 독자의 무분별한 상상력을 자극시킨 꼴이 되고 말았다는 것이다. 유병률이 산업보건정책에 영향을 미치는 중요한 자료라는 점을 감안하면, 이것은 언론의 센세이셔널리즘의 폐해가 얼마나 심각한 결과를 초래할 수 있는지를 시사한다는 것이다.

한편, 노동 및 실업문제 등에 비해 노숙자문제에 대한 언론의 태도가 지나치게 소홀한 것이 아니냐는 나의 물음에 그는 자기가 접했던 몇몇 사람의 이야기를 근거로, 아마도 노숙자가 대중에게 혐오스러운 존재이기에 그런 게 아니냐고 대답했다. 농촌이나 3D 업종에 일자리가 부족한 터에 노숙이라는 건, 게으름과 나태의 소산일 뿐이라는 대중의 일반적인 가치판단에 영합하는 언론의 소심증적 폐해의 단초일 거라는 얘기다. 우리사회에서 가장 파급력이 강한 의제설정의 매체는 이렇게 문제를 해결하기보다는 문제를 심화시키고 있다.

어쩌면 오늘날 노숙자문제는 『성서』의 나병처럼 제도화된 배제의 새로운 항목으로 채택되고 있는지도 모르겠다. 사실 일제시대 이후 최근까지도 우리사회에는 문둥병자 등과 같은 여러 부류의 사람들을 격리수용하여 도시의 경계 밖으로, 생활영역 외부로 밀쳐내왔다. 그 결과 그들은 적어도 우리 삶의 공간에선 거의 망각된 존재가 되었다. 혐오의 대상이 사라진 것이다. 그런데 그 빈자리를 채워주는 새로운 존재로 오늘날 노숙자들이 등장하고 있는 것은 아닐까, 사람들의 배제주의적 가학성을 채워줄 대상으로 바로 그들이 채택되고 있는 경로에 있는 것은 아닐까, 하는 것이다. 그러는 사이 사람들의 가슴속엔—심지어 노숙자 자신의 가슴속에서도—노동할 수 없는 인간, 노동하기 위해 삶을 기획하지 못하는 인간은, 수혜대상은 될지언정 도시거주자의 권리(시민권)를 행사할 수는 없는 '폐인'으로 낙인찍히게 된다.

또다시 '노동은 신성한 것'이라는 해묵은 논제가 되살아난다. 한국기독교

교회협의회(KNCC)가 최근 제작한 『경제백서』에서도, 노숙 혹은 유랑의 문제는 전혀 고려되지 않은 반면, 노동문제에 대해서는 많은 분량을 할애했다. 이 주장이 말하고자 하는 숨은 뜻의 유의미성을 의심하는 것은 아니지만, 그 주장을 하기 위해 또 다른 많은 사람들의 삶이, 그네들의 존재가치가 폄하된다. 이런 사회에선 노동만이 최고의 가치 있는 삶이며, 그래서 노동하지 않는 존재는, 개별 사람들의 이런저런 사정을 불문하고, 불완전한 존재 혹은 폐인으로 치부되는 것이다.

여기서 노동이란 상품을 생산하는, 즉 상품의 가치를 생산하는 능력을 말한다. 그런 점에서 주부의 가사일이나 학생의 공부 따위는 엄밀한 의미에서 노동이 아니다. 바로 여기에서 성차별·아동차별의 사회경제적 근거가 도출된다. 조신한 여성은 집안에 들어앉아 있어야 한다거나, 아이들은 학교나 집에서 공부나 해야 한다는 판단의 근거도 바로 이런 노동의 숭고성에 대한 지나친 신뢰에 기초한다. 더구나 노동하지 못하는 인간, 노동할 가능성도 없는 인간, 노동사회에서 폐인일 뿐인 인간, 즉 (재노동화할 수 없는) 노숙자는 천형을 받은 죄인으로 규정되어 마땅한 것이다.

예수의 패기어린 '객기'는 사람들의 환영을 받지 못했다. 그러나 사람들의 배제주의적 관성에 도전함으로써, 예수의 문제제기로 인해 배제된 이들의 자활을 원천적으로 봉쇄하고 있는 체제의 가학성이 폭로되고 말았다. 이제 분명해진 것은 '나병환자가 유죄가 아니라, 그 사회가 유죄라는 것'이다. 그런 점에서 우리 주위에서 벌어지고 있는, 또 우리 안에서도 점점 확산되어갈지도 모르는 배제주의적 관성화에 도전하지 않는다면, 아니 그것을 공공연히 위반하지 않는다면, 우리가 온정어린 행위를 한다 하더라도 그 속에 은폐된 우리사회와 우리 자신의 가학적 욕망은 계속 숨을 곳만 찾고 있을 것이다.

출입구*

중풍병자에게 열린 '다른 문'

🌿 갈릴래아의 가파르나움 읍락은 예수를 추종한 베드로 형제나 요한 형제 같은 핵심 제자들의 고향이기도 하지만, 갈릴래아 지방에서 일어난 예수운동의 활동 근거지이기도 했다. 「마르코복음」 2장 1~12절의 이른바 '중풍병자의 치유 일화'는 예수의 갈릴래아 활동 초기에 있었던 한 에피소드다.

한 집이 있다. 어느 날 그 집에 예수 일행이 들어간다. 문맥상 그 집은 폐가는 아닌 것 같고, 집주인도 이름을 갖고 있었을 테지만, 우리는 그의 이름을 알지 못한다. 복음서가 말하고 있지 않음으로써, 본문을 읽는 독자는 그 집의 주인에 대해 전혀 주목하지 않게 된 탓이다. 해서 독자들은 주인 없는 집, 즉 주인에 아랑곳하지 않고 드나들 수 있는 집처럼 생각하기도 한다. 요컨대 사람들은 본문을 읽으면서 이 집을 누구에게나 열려 있는 집으로 여기게 된다는 것이다. 복음서의 본문은 말한다. 예수에게로 '많은' 군중이 찾아

* 이 글은 1999년 10월 10일자 설교원고를 수정 보완한 것이다.

와서 그 집은 빽빽이 채워졌다고.

허나 그렇다고 그 집의 출입구가 아무에게나 열려 있는 것은 아니다. 분명 세리나 창녀는 그곳엘 들어가지 못했을 것이다. 사람들의 따가운 시선을 모를 리 없었을 테니 말이다. 완력이 부족한 어린아이도 그 빽빽한 곳을 비집고 들어갈 수는 없었겠다. 그러므로 이 집의 대문은 닫혀 있다. 사지를 자유로이 움직일 수 없는 중풍병자에게도 마찬가지다. 그/그녀가 설사 예수를 간절히 필요로 하더라도, 가벼운 호기심으로 구경나왔을지도 모를 건장한 남자들을 헤집고 들어갈 문은 없다. 이때 문은 필요에 따라 개방되는 게 아니라, 현실적인 능력에 따라 개방되는 속성을 갖는다.

> 그러나 사람들이 너무 많아 예수께 가까이 데려갈 수가 없었다. 그래서 예수가 계신 바로 위의 지붕을 벗겨 구멍을 내고 중풍병자를 요에 눕힌 채 예수 앞에 달아 내려보냈다.
> ―「마르코복음」 2장 4절

복음서의 텍스트는 인용구절처럼 그 중풍병자가 지붕을 뜯고서 예수에게 다가갔다고 말한다. 이때 뜯겨진 지붕은 '또 하나의 출입구' 역할을 한다. 그의 능력으로는 정문을 통해 들어갈 수 없었지만, 그의 간절한 바람은 또 다른 출입구를 찾아낸 것이다. 이때 그에게 열려진 문, 지붕은 모두에게는 닫힌 것이었고, 다만 들어가려는 간절한 의지를 가진 그에게만 개방되어 있다. 그렇다면 우리는 이런 결론을 내릴 수 있을 것이다. 출입은 누구에게나 개방된 것은 아니지만, 들어가려 애쓰는 이에게는 허용된다고.

한편 그 집의 문은 예수를 포함한 일행에게 개방되었으나, 그것이 예수운동에만 개방된 집은 아니라는 사실을 유념해야 한다. 그 문을 통해서 동네유지도 들어갔을 것이고, 로마군대가 드나들었을지도 모른다. 거지도 들어갈 수 있었을 테고, 부자도 마찬가지였겠다. 연령에 관계없이, 계급에 관계없이, 그리고 종족에 관계없이 그 집은 동일하게 '열린 출입구'를 갖고 있다. 또 다른 예언자들과 그의 추종자들도 그 문을 드나들었겠다. 필시 집주인은 하느님 나라를 위해 일하는 의인들을 '기꺼이' 받아들이는 사람이었을 것이다. 그중의 하나가 바로 예수가 아니었을까. 요컨대 예수가 들어간 집이라고 해서 예수만이 독점하는 건 아니라는 말이다. 하느님이 사랑하시는 모든 이에게 '기꺼이' 열려진 문을 가진 집이 바로 그곳이었으리라는 것이다.

본문에 나오는 집은 그런 집이며, 또한 이것은 우리가 얼마든지 발견할 수 있는 보통의 집 가운데 하나다. 그렇다면 그 집안에서 일어난 치유의 사건은 예수사건의 결과이지만, 다른 의인(義人)의 능력에 힘입어 병자가 일어나고 집에 축복의 기(氣)가 감돌게 되는 일이 발생하지 말라는 법은 없다. 곧 그 집에서 일어난 해방사건은 사람들의 염원과 하느님의 들음이 마주침으로 일어난 사건이며, 그러한 만남이 있는 곳에서 이러한 사건은 항상 열려 있다는 것이다.

거짓의 일상을 전복하는 '기적의 시간'

기지촌 매춘여성에 관한 민중신학적 기억하기

🌿 예수의 삶과 실천이 축약된 『성서』 구절을 얘기하라면, 아마도 "하느님 나라가 가까이 왔다"는 선포의 말이 제격일 것이다. 여기서 '가까이 왔다'라는 '때'에 관한 지시어는 그중에서도 핵심어라 할 수 있다. 예수의 실천은 모든 유대인들이 바라 마지않았던 '그 나라'의 도래가 임박했다는 데서 출발하며, 그런 임박성과의 관련 속에서 그의 선포가 메시아적 의미로서 받아들여졌다.

그런데 여기서 '때'의 의미가 당시 사람들에게 명약관화하게 이해되지는 않았음이 분명하다. 많은 사람들은 이 세상의 참상에 더 이상 참을 수 없었다. 그 모든 것이 청산될 날이 오기를 갈망했고 또 그렇게 되리라고 믿었다. 개중에 어떤 사람들은 정말 마지막 순간이 눈앞에 다가온 양, 아니 '이미' 도래한 양, 모든 것을 버리고 하느님 나라의 일에 매진했다. 반면 다른 사람들은 그날이 '이미' 도래했다는 것을 믿을 수 없었다. '아직'은 더 기다려야 한다고 생각했다. 또 어떤 사람들은 '하느님 나라가 와야 한다'는 사실에는 막연히 동의하지만, 구체적으로 그 나라의 도래를 주장하는 것에는 못 참겠다는 듯 예민하게 반응하는, 마치 세상을 미혹시켜 어지럽히는 생각으로 취급하는 사람들도 있었다. 이런 이들 중 많은 사람은 주로 분에 겹게 권력을 쥐고 있던, 그래서 변화보다는 안정을 바라는 사람들이었다.

다른 방식으로 '때'에 관한 당시의 이론(異論)들을 이야기할 수도 있다. 한편으로, 마지막 때의 갈망을 적극적으로 '쟁취'하려는 이들이 있었다. 이들은 그 나라를 자신들이 염원하는 어떤 구체적인 목표, 가령 로마군대를 쫓아내고 다윗의 나라를 재건하는 것과 연관시켜 이해하는 사람들이다. 그러나 다른 한편으로, 그때를 수동적으로 '기다리는 것'으로 생각하는 이들이 있었다. 이러한 태도는 많은 경우 저항의 수단을 전혀 갖고 있지 못한, 무기력함에 처한 사람들의 생각일 것이다. 이런 이들 가운데는 종종 그러한 절망적 갈망을 몸으로 체현하는 이들도 있었다. 질병은 그렇게 억눌린 몸의 항의하는 절규였다. 혹은 좀더 사변적이어서, 인간의 행동 자체의 폭력성을 직시하면서 그것으론 안 되고, 그 나라는 (사람의 힘에 의해서가 아니라) 오직 신에 의해서만 도래할 수 있다고 믿는 경우도 있었을 것이다.

위와 관련되지만 또 다른 방식이 있다. 그때의 갈망을 염원하는 것의 최종 지점으로 여기는 경우를 생각할 수 있다. 그들은 그 나라를 이러저러한 모습으로 설명하려 한다. 반면 자신들 삶의 체험을 통해 그때를 갈망하는 사람들도 있었다. 그들에게 그 나라는 현재의 절망적 경험을 반전시키는 장소에 지나지 않는다.

그렇다면 역사는 '시간'을 둘러싼 싸움터인지도 모르겠다. 한 시대의 사람들은 자신들의 이상향을 서로 엇비슷한 모양으로 그린다. 비록 그것에 각기 다른 이름을 붙이기도 하지만 말이다. 마치 오늘날 누구는 자신의 염원을

'자유주의적 이상'에 따라 말하고, 다른 누구는 '사회주의적 이상'에 기초해서 주장하는 것처럼. 그러니 그 이상향의 내용보다, 그것의 도래 시간에 관한 서로 다른 이해가 더욱 첨예한 갈등을 일으키는 문제인 듯하다. 이 글에서 나의 관심은, 마지막 때에 관한 예수의 시간 이해는 어떤 것인가에 있다.

보리슬라프 페키치(Borislav Pekic)의 소설 『기적의 시간』*은 이런 '시간' 이해와 갈등을 연결시킨 통찰력을 보여준 소설이다. 얼핏 보면 이 책은 복음서에 나오는 예수의 기적들이 실제는 어떠했는지를 복원하려는 의도를 가진 책처럼 보인다. 통상적으로는 그렇게 복원해왔지만, 실은 이런 것이었다는 투다. 하지만 그의 설명들은 역사적 가치를 지니고 있다기보다는, 우리시대 사람들의 경험에 더욱 호소력을 지니게 하기 위해 가공한 소설가의 상상력이 돋보이는, 이른바 '사실적 허구'다. 이런 사실적 허구 속에서 기적에 관한 일상적인 통념이 현실적인 경험과는 얼마나 어긋나 있는지를 드러냄으로써 전통적 해석을 희화화한다. 그런 점에서 '패러디 소설'이라고 하는 게 적합할 것이다.

페키치가 '야브넬의 기적'이라는 제목으로 다루고 있는 글의 배경이 되는 『성서』텍스트를 인용하면서 그의 예수 기적 이야기에 대해 살펴보자.

그때에 나병환자 하나가 예수께 와서 절하며 "주님, 주님은 하고자 하시면

---

* 이 책은 이윤기의 번역으로 1993년 출간되었는데, 후에 개정판이 나오면서 제목이 『기적의 시대』(열린책들, 2006)로 바뀌었다. 이것은 영역본의 제목인 The Time of Miracles를 반영한 것이겠다. 하지만 수전 손택(Susan Sontag)이 『은유로서의 질병』(이재원 옮김, 이후, 2002)에서 지적한 것처럼 질병은 신체에 대한 은유를 낳음으로써 편견과 배제의 '일상의 시간'이 구성된다. 그녀는 이 책에서 그러한 일상의 가치를 구성하는 '의미들'을 해체하고자 하는 기적의 해석자 역할을 맡고 있다. 손택의 이러한 관점을 페키치의 소설 읽기에 개입시킨다면, 과거에 있었던 기적들에 대한 패러디라는 무미건조한 표제보다는 '기적의 시간'이라는 표현이 제목으로 더욱 적절해보인다.

저를 깨끗하게 하실 수 있습니다" 하고 간청하였다. 예수께서 그에게 손을 대시며 "그렇게 해주마. 깨끗하게 되어라" 하고 말씀하시자 대뜸 나병이 깨끗이 나았다. 예수께서는 그에게 "아무에게도 말하지 마라. 다만 사제에게 가서 네 몸을 보이고 모세가 정해준 대로 예물을 드려 네 몸이 깨끗해진 것을 사람들에게 증명하여라" 하고 말씀하셨다.

— 「마태오복음」 8장 2~4절

　여기서 '야브넬'은 가공의 지명인데, 내용과는 아무런 관계없는 단순한 장소에 불과하다. 그에 따르면 야브넬은 '구'야브넬과 '신'야브넬, 둘로 나뉘어 있는데, 전자는 일반인들이 거주하는 비옥한 오아시스이고, 후자는 성읍에서 축출당한 사람들이 살고 있는 황량한 곳이다. 물론 가공의 설명이지만, 성읍의 안과 밖을 나누고, 밖의 일정한 곳에 불결한/불결해보이는 피부질환자나 죄인들을 거류하게 한 것은 사실에 기초하고 있다. 또 '안과 밖'의 기준을 '정결한 성읍'과 '부정한 성읍'이라는 이데올로기적인 용어로 표현한 것도 사실에 기초한 허구에 속한다. 요컨대 구야브넬은 '포용'의 공간이고, 신야브넬은 '배제'의 공간이다. 삶의 공간은 이렇게 둘로 나뉘었다. 그러나 이둘은 동시에 하나로 연계되어 있다. 왜냐면 그 둘은 하나의 논리, 즉 '정결함'이라는 논리에 의해 통합된, 중심-주변으로 구성된 하나의 사회적 통합체이기 때문이다.

　소설에 따르면 예수는 신야브넬, 즉 부정한 이들의 마을로 들어간다. 이곳에서 그는 한 '문둥병자'를 만난다. 에글라라는 여자로, 시신을 씻는 직업을 가진, 역시 부정한 이로 평가받은 우리야라는 남자의 아내다. 그리고 그녀는 이 치명적 질병에 걸리기 전의 남편인 전령관 여로보암을 가슴속에 깊은 그리움으로 간직하고 있다. 지금의 남편을 싫어하는 것은 아니지만, 그럼에도 여로보암을 향한 애절한 열망은 필경 온전한 육체에 대한 선망과 겹쳐 있다. 그런데 이러한 선망이 있는 한, 그녀는 정결-부정의 사회적 통합체 속에 구속되어 있다. 비록 그녀가 이 사회의 주변부 끝자락으로 내몰린 채 희망 없는 고통의 삶을 살아가고 있을지라도 말이다.

그녀는 예수에게 자신의 소원을 갈구한다. 이 저주받은 신체로부터 해방되고 싶다고. 타인에게서 멸시받을 뿐 아니라, 자기 스스로를 능욕하게 하는 주변부의 일상에서 탈출하고픈 욕망이다. 하여 정상성에 포함되고픈 갈망이다.

예수는 그녀의 소원을 들어주었다고 한다. 한데 무엇을 들어준 것일까? 주변부에서 중심부로 들어가게 해주었다는 것인가? 비정상이라는 조롱으로부터 해방시켜주었다? 아무튼 '기적'이 일어났다. '부정함'이라는 평가를 받던 원인은 씻은 듯이 제거되었다.

페키치의 깊은 통찰력은 여기서부터 드러난다. 그녀는 건강한 이가 되었으나, 구야브넬 성읍, 즉 '정결의 성읍'은 그녀에게 일어난 기적을 인정하지 않는다. 전 남편 여로보암조차도 말이다. 에글라에게 도래한 '기적의 시간'은, 여로보암을 포함한 구야브넬 성읍의 사람들에게 '아직 아니'라는 것으로 해석된 것이다. 여기서 '아직'은 '곧 나을 것'이라는 뜻이 아니라, 그때를 '끝없이 지연'시키는 언술이다. 편견이란 그만큼 견고하고 질긴 것이라는 얘기다. '정결의 성읍'이라는 편견의 장치는 사람들의 무의식 깊은 곳까지 이미 침투해 있었기에, 그것을 벗어나는 기적의 시간은 논리상으로는 존재할 수 있어도 사람들의 느낌 속에서는 불가능한 것이었다. 마을사람들은 그녀에게 일어난 기적을 오히려 악마적 '사술(邪術)'의 소산처럼 받아들인다.

에글라는 다시 쫓겨난다. 여전히 '부정한 자'로……. 그녀가 갈 곳은 신야브넬에 있는 남편 우리야의 집뿐이다. 그러나 그녀가 마을에 당도하자 이번에는 신야브넬, 그 '부정의 성읍' 사람들이 그녀를 배척한다. 그녀는 이미 자신들과는 다른 사람임에 분명했기 때문이다. '부정'이라는 인식표를 가슴에 담고 있던 사람들은 건강한 그녀를 만난다는 것 자체가 '신성모독'으로 여겨졌던 것이다. 남편 우리야조차도 그녀를 거부한다. 이번에는 그녀가 '정결하다'는 이유로 말이다. 그녀에게 일어난 '기적의 시간'은 여전히 신야브넬의 사람들에겐 아무것도 아니었다. 그들은 에글라와는 다른 시간 속에 살고 있었던 것이다. 두 성읍을 나누는 경계선은 그 주민들을 정결한 이와 부정한 이로 나누고 있었지만, 또한 그들은 같은 시간대에 살고 있는 동시대인이었다. 곧 정결-부정의 차별의 논리가 작동하는 일상의 시간이 그들을 하나로 묶어놓고 있었던 것이다. 결국 에글라는 아무도 없는 척박하고 심중한 골짜기에서 홀로 살게 된다.

페키치는 여기서 '기적의 시간'과 '일상의 시간'을 대립시킨다. 그런데 페키치가 보여주는 일상의 시간은 구야브넬과 신야브넬을 나누고 또 하나로 엮고 있는 시간이다. 즉 정결과 부정의 논리에 의해 축복을 누리는 자와 저주받은 자를 가르며, 그러한 축복-저주의 인식론 아래 두 마을을 하나의 통합체로 묶어내는 시간이다.

일상의 시간은 이 분화와 통합을 절대화하고 정당화한다. 비록 육체적 또는 정신적인 전염병을 일반사회로부터 분리시키는 것이 어느 정도는 필요하다 할지라도, 그것이 구야브넬과 신야브넬이 갈리는 데 필요했던 원인이었다 할지라도, 『제1성서』(=『구약성서』) 율법의 분리명령이 가진 의의가 전혀 잘못된 것은 아니라 할지라도, 그것이 극복되는 현실마저도 인정하지 않는 고집불통의, 완고한 일상의 시간의 모습은 결코 정당화될 수 없다. 요컨대,

세상은 끊임없이 변화하고, 그 속의 사람들도 지속적으로 변화하는데, 그것들 중 어느 것은 절대 변해서는 안 된다는 전제를 가지고 있는 편견들이 지배하는 시간, 그것이 바로 페키치가 비판하는 '일상의 시간'인 것이다.

그는 '기적의 시간'을 이 완고한 '일상의 시간'이 무너지는 것으로 말한다. 아니 어쩌면 '완고한 일상'의 세계 속에 침투하여 그것을 유연하게 바꾸는 역할이 그가 '기적'에 부여한 의미인지도 모르겠다. '차이'는 엄연히 존재하고, 그 차이에 따라 때로는 '분리'되기도 하고, 어떤 경우는 '격리'시켜야 할 필요도 있겠지만, 그것이 변화될 때 다시 격리가 분리로 바뀌고, 분리가 차이로 회복되는 순간을 그는 '기적의 시간'이라고 부르는 것이라는 얘기다. 나아가 차이를 차별화시킨 일상의 시간을 전복시키는 시간이 바로 기적의 시간이라는 것이다.

재미한국인 학자 캐서린 H.S. 문의 『동맹 속의 섹스(Sex Among Allies)』는 1997년 출간되자마자 수많은 논평과 찬사를 받았으며, 전 세계적으로 '군대 매춘'에 관한 가장 위대한 저술의 하나로 꼽히고 있다. 다음은 이 책 머리말의 첫 단락이다.

남한에서 자란 어린시절, 나는 '좋은' 한국 여성과 '나쁜' 한국 여성이 있다는 것을 일찍부터 배웠다. 아마도 내가 네다섯 살 때였을 것이다. 나는 희생적인 어머니이면서 신의 있는 아내이기도 한 나의 할머니처럼, 존경받고 칭송받으며 본보기가 되는 여성들이 있는 반면, 곁눈질당한 채 결코 거론조차 되지 않는 여성들도 있다는 것을 알게 되었다. 나는 그들의 짙은 아이라이너를 결코 따라 해서는 안 되었고 군복 입은 외국인과 나란히 걷는 그들의 걸음걸이도 흉내 내서는 안 되었다. 그 외국인들은 한국에 배치된 미국병사(GI)

였고, 여성들은 기지촌 매춘여성이었다.*

　여기서 '좋은'과 '나쁜'이라는 표현은 남한사회가 여자를 두 부류, 즉 '포용의 대상'과 '배제의 대상'으로 구별짓고 있다는 것을 보여준다. 이때 이 구별은 그녀의 신체가 미국 남자(미국병사)에 의해 점령된 것이냐의 여부에 달려 있다. 즉 근대의 민족주의와 가부장주의적 기준이 정결함과 부정함을 가르는 요건이라는 것이다. 이것은 근대화가 미국에의 예속화와 맞물려 전개됨으로 말미암은 하나의 정신병리적 현상으로 해석된다. 가부장제와 민족주의의 전통적인 결속을 반영하는 '수신제가치국평천하'의 이데올로기는 미군(미국)에 의해 유린되는 가족과 국가를 지켜내는 데 철저히 무력했다. 여인의 강간은 곧 민족의 강간이었다. 그러나 이 땅의 가부장들은 가족도, 민족도, 그 어느 것도 지켜낼 수 없었다. 상처 입은 가부장성, 그 전통적 민족주의 정체성은 미국이 아닌 다른 분노의 대상이 필요했다. 미군의 여자, 즉 기지촌 매춘녀가 바로 이러한 '전가된 분노'의 대상이었다. 그리하여 근대판 가부장제와 민족주의의 결속이 새로운 질서의 준거로 자리잡게 된 것이다.

　이러한 새로운 배제의 틀은 '기지촌'이라는 장소적 개념으로 표현되었다. 즉 기지촌은 또 하나의 '신야브넬'이었다. 저자의 표현대로 하면 그곳은 "미국도 한국도 아닌 곳"이다. 비록 미국과 한국이 위계적으로 서열화된 불평등한 관계에 있음에도, 이 두 나라가 공히 정상인들의 세계라면, 열등한 정상인이 우등의 정상인을 질시하거나 혹은 동경하는 식으로 엮여졌음에도 기본적으로 정상인들만의 동질적 공간이라면, 기지촌은 정상인들의 세상에서 쫓

* 캐서린 H.S. 문, 이정주 옮김, 『동맹 속의 섹스』(삼인, 2002), 19쪽.

겨난 사람들, 곧 비정상인들의 세계라는 점에서 전적으로 이질적인 구별된 공간이었다.

정상인의 가치관에서 볼 때, 기지촌 매춘이란 단순히 직업적인 선택의 결과로 볼 수는 없다. 그것은 한 남자에게만 허용해야 할 몸을 누구에게나 상품으로 제공하는 일, 그것도 동족이 아닌 외국인에게 몸을 파는 행위, 곧 '해서는 안 되는 일'로서 사회적으로 인식되었기 때문이다. 그래서 그곳은 마지막까지 보류해야 할 장소이며, 들어가지 않으려 최후의 순간까지 저항해야 할 장소였다. 결국 기지촌은 할 수 없이 '떠밀려' 가는 곳이며, 따라서 이곳의 여자는 주체가 없는, 주체화되어서는 안 되는 존재이고, 말의 대상일 수는 있어도 말하는 주체가 되어서는 안 되는, 침묵의 존재, 곧 '하위주체(sub-altern)'인 것이다.

여성학자 김은실은 김기덕 감독의 영화 〈수취인불명〉(2001)에서 이러한 침묵의 정치를 읽어낸다.* 여기서 기지촌의 매춘녀인 '엄마'는 한때 동거했다가 홀로 미국으로 귀국해버린 흑인병사를 향해 수없이 편지를 보낸다. 이 편지들은 영화의 중핵이다. 거기에서 문제가 제기되고 줄거리가 이어지며, 그녀와 혼혈아인 그녀의 아들이 겪는 파국적 결말이 도출된다. 그러므로 그녀의 편지들은 이 영화가 재현하는, 결코 여과되지 않은 채 영화 전반을 강타하고 있는 폭력적 세계 속으로 관객을 유인한다. 즉 영화는 그 편지들을 통해서만 관객에게 말을 걸 수 있고, 대화의 장 속으로 관객을 끌어들일 수 있다.

---

* 김은실, 캐서린 문, 정유진 (좌담), 「국가의 안보가 개인의 안보는 아니다—미국의 군사주의와 기지촌 여성」, 『당대비평』 18 (2002 봄), 100쪽.

그런데 문제는 그녀의 편지 내용은 영화 끝까지 침묵 속에 방치되고 있다는 점에 있다. 흥미롭게도 영화 마지막엔 그 흑인병사로부터 단 한 통의 편지가 날아온다. 편지의 수취인이어야 할 그녀와 그녀의 아들이 이미 죽어버린 뒤에 말이다. 이제 그 편지는 더 이상 의미가 없다. 그래서 허공으로 날아가 버린다. 그런데 공교롭게도 훈련 중인 미군병사가 편지를 주워 읽는다. 듣는 이 없는 편지이며, 더 이상 불필요한 편지다. 더구나 그것을 관객에게 들려주는 이는 아무 생각 없이 읽어가는 미군병사다. 그녀의 고통이 절절하게 배어 있을 여자의 편지는 끝내 내용을 공개하지 않은 채 침묵 속에 허공으로 날아가지만, 흑인병사의 편지는 허공으로 날아가더라도 관객을 향해서 내용을 발설하고 있다. 그런 점에서 김은실은 이 영화의 이야기가 결코 편지를 쓴 여인의 이야기일 수 없다고 한다. 오히려 그것은 그녀를 침묵하게 만든 세상 소리의 반영일 뿐이다.

한편 재미 연구자 김현숙은, 안정효의 소설 『은마는 오지 않는다』가 이런 여인들의 강요된 침묵 배후에 도사리고 있는 세상의 욕망을 반영하고 있음을 발견한다.* 미군에 의해 강간당하고, 바로 그런 이유로 마을사람들에게 멸시의 대상이 되어버린 언례는 결국 마을에 생긴 기지촌의 성노동자로 '전락한다'. 한 아들의 어머니이자 기지촌의 매춘녀, 소설은 끝내 그녀를 구성하는 이 두 주요 요소를 모순적인 것으로만 기억한다. '어머니'는 숭고한 개념이기 때문에, 기지촌 매춘녀는 결코 '어머니'여서는 안 된다는 것이다. 그녀가 '지아비'로 표상되는 한 남자가 아닌 숱한 익명의 남자에게 몸을 팔 뿐 아니라 그 몸의 정복자가 외국인이라는 점에서, 가부장제적이고 민족주의적

---

* 김현숙, 「민족의 상징, '양공주' ─진보적 또는 대중문화 텍스트 속의 노동계급 여성의 재현」, 일레인 김·최정무 편저, 박은미 옮김, 『위험한 여성』(삼인, 2001) 참조.

인 기준에서 그녀는 어머니여서는 안 된다는 전제가 소설을 지배하고 있는 것이다. 여기에는 언례가 아들과 함께 살아가기 위해 몸부림치는 현실은 은폐되어 있다. 미군에게 강간당한 여자가 살아갈 다른 방도를 선택을 할 수 없도록 강제한 사람들의 편견 또한 가려져 있다. 요컨대 그녀 자신의 목소리는 삭제되어 있고, 민족주의와 가족주의로 치장된 편견의 질서만이 그녀를 묘사하는 틀이 되고 있는 것이다.

소설은 결말부에서 이 갈등적인 두 요소의 해소를 그리고 있다. 그것은 언례가 "헐렁한 저고리와 펑퍼짐한 몸뻬바지"를 입음으로써, 즉 매춘녀이기를 포기하고 어머니 본연의 이미지에로 돌아감으로써 가능해진 것이다. 물론 이것은 또 하나의 현실 왜곡이다. 왜냐면 기지촌 매춘이 막다른 길에서 선택된 비루한 극한적 삶의 양식인 한, 그것에서 벗어나는 선택에는 자의적인 의지의 기회가 극히 제한되어 있을 것이기 때문이다. 민족주의와 가족주의로 포장된 세상의 편견의 질서는 그녀에게 그러한 선택의 기회를 여간해선 주지 않는다. 그럼에도 이 소설은 기지촌 매춘녀가 과거를 버리고 선과 악을 나누었던 장벽을 뚫고나올 때, 기성의 질서로 구축된 세계는 그녀를 아무런 거리낌도 없이 받아준다는 것을 전제하고 있다. 마치 예수의 기적 수혜자들이 몸/영혼이 회복되어 세상 안으로 들어갈 때 그들이 세상으로부터 아무런 저항 없이 받아들여지리라고 믿는 기독교인들의 천진한 믿음처럼. 하지만 페키치가 냉소하고 있듯이, 정상성의 질서 밖으로 추방된 이들을 받아주는 일상의 시간은 존재하지 않는다.

기지촌 여성 인권운동가인 정유진은 이런 추방된 여인이 질서 속으로 받아들여지는 한 가지 경로를 실례를 들어 보여준다.* '윤금이 사건'이 바로 그것이다. 윤금이 씨는 1992년 10월 미군병사 케네스 마클에 의해 잔인하게 살해당한 기지촌 매춘여성이다. 이 사건 이후 그녀는 더 이상 '양갈보'가 아니었다. 아니 그녀는 '민족의 딸'이 되었다. 한번도 동일시해보지 못한 거룩한 칭호다. 언례처럼 어머니가 되더라도 결코 '어머니'여서는 안 되는 존재, 부모가 있더라도 부모에게 돌아갈 수 없는 존재다. 캐서린 문의 책에는 기지촌 매춘녀인 소냐 엄마가 소개되어 있다.** 그녀에게는 소냐를 포함해서 각기 아버지가 다른—인종적으로도 다른—네 명의 아이들이 있었는데, 그녀의 친정 가족은 그녀나 그녀의 아이들을 가족의 일원으로 받아주지 않았다. 가문을 부끄럽게 한다는 이유에서다. 소냐 엄마는 민족의 딸은커녕 자기 부모의 딸도 될 수 없었다.

그런데 윤금이는 민족의 딸이 되었다. 그러나 그것은 그녀가 죽임당함으로써만 가능했다. 일상의 시간 속에서 그녀는 양갈보였고, 저주의 딸이었다. 그것은 그녀가 죽기 전까지는 추호도 변할 수 없는 사실이다. 그러나 잔혹하게 죽임당한 그녀의 시신이 미군의 만행을 고발하는 순간 기적이 일어났다. 그녀는 민족의 딸이 된 것이다. 더러운 여자가 아니라 숭고한 여자가 된 것이다.

어떻게 이런 일이 가능할까? 정유진에 따르면 그것은 미군(미국)에게 유린된 여자를 민족과 동일시한 결과다. 이것은 앞서 말한 김현숙의 논리와 만난다. 다시 얘기하면, 민족을 지키는 가부장들은 그것을 '수치'스러운 것으로 기억했지만, 미국은 결코 보복의 대상일 수 없었기에, 그러기엔 너무 강한 존재였기에, 수치스러운 모멸감에 의한 분노를 타인을 향해 전가했다는

---

* 정유진, 「민족의 이름으로 순결해진 딸들?—주한미군 범죄와 여성」, 『당대비평』 11 (2000 여름), 231쪽 이하.
** 캐서린 H.S. 문, 이정주 옮김, 『동맹 속의 섹스』(삼인, 2002), 25~26쪽.

것이다. 정유진은 그것을 이렇게 말한다. 우리는 윤금이를 그녀의 '고통'을 통해서 기억하기보다는 민족의 '수치'라는 관점에서 기억했다고. 그 결과 죽임당한 윤금이는 민족의 숭고한 딸이 되었지만, 그 비정상의 유배지에서 벗어나 정상인의 땅으로 귀향할 수 있었지만, 그러한 구호는 다른 '윤금이들', 여전히 기지촌에서 미군의 범죄 아래 가장 취약하게 노출된 여자들을 기억하게 할 수 없었다는 것이다.

여기서 나는 『성서』의 유명한 설화인 '레위인의 죽임당한 첩'의 이야기를 떠올린다(「판관기」 19~21장). 한 레위인이 베냐민 지역의 기브아 땅에 들어갔는데, 그곳 사람들의 배타적 공격성을 피하려고 자신의 첩을 그들에게 내어주었다. 밤새 그녀는 윤간당했고, 남편이 잠든 집 문고리를 잡은 채 죽은 듯 실신해 있었다. 「판관기」 본문은 그녀가 죽었는지에 관해 아무런 정보를 주지 않는다. 단지 남편이 아침에 일어나 문 앞에서 쓰러져 있는 그녀를 보고는 "이제 가자"라고 말했다는 것만 언급되어 있을 뿐이다. 그녀의 고통을 떠올리며 통곡하는 장면이나 그녀의 갈가리 찢긴 몸과 마음을 돌보는 모습은 본문에서 생략되어 있다. 아니 그것은 그의 관심이 전혀 아니다. 단지 그는 그녀의 '망가진 육체'를 나귀에 싣고 고향으로 가서는 몸을 조각조각 잘라 이스라엘 지파들에게 보냈다. 여기에는 남자의 수치심과 분노만이 드러날 뿐, 죽임당한 여자에 대한 기억은 철저히 은폐되어 있다.

이 천인공노할 일에 온 지파가 궐기하여 응징해주기를 선동하는 것이다. 이야기는 갑자기 에브라임 지파 헤게모니 하의 이스라엘 지파동맹과 막 부상하고 있는 유력한 지파인 베냐민 지파 간의 전쟁으로 확산되고, 종족 간 대량살상의 이야기가 이어진다. 오늘날 전 세계의 헤게모니 국가인 미국이 세계의 지지 아래 아프가니스탄을 공격한 것처럼, 사사로운 듯이 보였던 한

범죄사건은 이스라엘 지파동맹 차원의 문제로 해석된다.

「판관기」 마지막 부분에 이 이야기가 위치하고 있다는 점은 그에 대한 하나의 힌트를 준다. 당시는 '아직 왕이 없던 시절'이다(「판관」 19: 1). 그러나 사울의 경우에서 볼 수 있듯이 베냐민 지파는 권력분산의 정신을 지키려는 지파동맹 전통을 위험스럽게 넘나들고 있는 새로운 헤게모니 세력이었다. 그리고 바로 그때 벌어진 레위인의 사건은 베냐민 지파를 향한 지파동맹의 응징을 위한 명분이 되었다. 지파동맹의 숭고한 정신을 위한 '거룩한 전쟁'의 흔적이 여기에 엿보인다. 하지만 그 뜻이 아무리 숭고할지라도, 여기에는 처절하게 죽임당한 희생자의 고통에 대한 기억은 보이질 않는다. 『성서』조차도 종종 이러한 가해자의 시선에 의한 폭력 이야기를 담고 있는 것이다.

윤금이가 민족의 딸이 되는 기적의 시간은 단지 그녀에게만 일어난 사건이었다. 죽임당한 뒤에야 그 사건은 일어났다. 역설적이게도 미군 범죄가 그녀에게 기적을 선사했던 것이다. 하지만 여전히 일상의 시간은 '다른 윤금이들'을 둘러싸고 있다.

그러므로 우리의 일상의 시간이 해체되지 않는 한, 기적의 시간은 오지 않는다. "저 돌들이 어느 하나도 제자리에 그대로 얹혀 있지 못하고 다 무너지고 말 것이다"(「마르」 13: 2). 예수의 이 종말론적 격노는 다시 우리시대의 구호임이 분명하게 드러났다. 우리는 희생양의 고통을 은폐하는 '일상의 시간'에 정복당해 있기 때문이다. 미국만이 폭력의 주체는 아니다. 그에게 예속된 식민지 백성들 또한 동일한 논리를 통해 '다른 식민지'에 폭력을 행사한다. 기지촌은 미국과 식민지 한국이 공모하여 만들어낸 또 하나의 식민지다. 바로 그러한 논리에 의해 지탱되는 일상의 시간은 미국만이 아니라 우리의 공모 속에 하느님의 시간에 의해 대체되지 않고 지금까지 지연되고 있다.

예수는 "하느님의 나라가 다가왔다. 회개하라"고 선포한다(「마르」 1: 15). 거짓 일상을 전복하려는, '기적의 시간'을 주장하는 자를 향하여 주는 하느님의 메시지다. 그것은 우리가 체계적으로 망각해왔던 희생양의 고통의 소리를 다시 기억하지 않는 한,* 그 나라, 그 나라의 시간, 기적의 시간은 전면적 파국이 올 때까지 결코 도래할 수 없다는 것을 뜻한다.

---

* 민중신학은 희생양의 은폐된 소리를 기억해내는 일에서 '회개'의 신학적 의의를 발견한다.

벽 속에서 벽을 넘어서

하혈하는 여인의 존재의 벽을 넘는 기적

🌿 대학시절 학교 근처에 '벽'이라는 카페가 있었다. 자주 가본 곳은 아니지만, 당시 카페들이 대체로 그랬던 것처럼 실내는 컴컴하고, 칸막이로 좌석들 간의 시야를 차단한 내장을 하고 있었다. 이 카페의 특징이라면 칸막이가 다른 데에 비해서 좀더 두터웠다는 정도다.

일단 들어서면 나갈 때까지 특별한 노력을 기울이지 않으면 다른 사람의 얼굴을 볼 수도 없었고, 그래서인지 내 기억엔 이곳에 온 사람들은 나지막이 대화를 나누곤 했던 것 같다. 아마도 이런 곳을 선호하는 부류란 대개 연인들일 것이다. 친구들끼리는 이렇게 조용한 분위기보다는 왁자지껄하게 떠들고 웃을 수 있는 공간을 선호하지 않았을까. 그리고 어쩌면 아직 서먹서먹한 연인 사이라면 자칫 이런 폐쇄된 공간이 둘 사이의 벽을 더욱 높일지도 모르겠다.

재밌는 현상이다. 서로간을 차단하는 벽이 어떤 사람들에겐 서로의 벽을 더욱 낮추거나 허물 기회를 주니 말이다. 또 같은 벽 안에 있더라도 다른 부류의 사람들은 여기에서 서로간의 벽을 확인할 뿐이다. 벽은 서로의 대화를 막기도 하지만, 어떤 경우엔 더욱 친밀하게도 한다.

전설적인 프로그레시브 록밴드인 핑크 플로이드의 음반 중에 저 유명한 〈벽(The Wall)〉(1981)이 떠오른다. 실은 음반보다는 그 이듬해에 알란 파커가 만든 같은 제목의 뮤직비디오가 내겐 더 익숙하다. 1990년쯤에 친구가 준 비디오테이프로 처음 보았는데, '핑크'라는 이름의 가공의 가수가 안고 있는 '존재의 벽'에서부터 사회구조 구석구석에 숨 막히게 세워진 체제의 벽, 이념의 벽, 질서의 벽, 인습의 벽 등이 담고 있는 폭력에 관한 상징적 묘사로 치밀하게 구성된 드라마다.

한데 이 줄거리의 상당 부분은 이 그룹의 싱어이자 작곡가이기도 한 로저 워터스 자신의 '벽' 이야기와 얽혀 있다고 한다. 제2차 세계대전에 참전한 아버지의 전사, 아들에 대한 어머니의 집착과 과잉보호, 어린시절에 받은 학과 위주의 융통성 없는 학교교육, 아내의 외도, 그리고 가수라는 상품으로서만 그를 대하는 주변 사람들의 도구주의적 태도 등, 무수한 벽들 속에 둘러싸인 핑크는 깊은 고독의 수렁에 빠져 있다. 그는 온 세상의 식물과 동물, 무생물, 그리고 만나는 사람 모두와 '벽 없는' 친근감 속에 살고 싶었으나, 점점 세상이 쌓아놓은 벽들 속에 갇혀버린다. 그러는 가운데 그는 스스로 벽을 쌓지 않고는 그 공허감을 견딜 수 없게 된다.

의도한 것이 결코 아님에도 첩첩이 쌓인 벽 속에서 헤어날 수 없어 고독한 그는 스스로 더 높은 벽을 쌓음으로써만 존재를 확인한다. 그리고 때로 상상 속에서 자신에게 벽을 쌓은 세상을 향해 혹독한 보복을 가한다. 세상이 그에게 가한 폭력을 배가시켜 더욱 잔혹한 것으로 되돌려주는 꿈을 꾸는 것이다. '벌레'로 상징되는 세계의 권위주의의 모습에 괴롭힘당하던 그는 상상 속에서 파시스트가 되어 세상에 복수한다. 나치즘을 연상시키는 '망치제국'의 원수로서, 그는 시내를 활보하며 닥치는 대로 사람들에게 테러를 가하고 여인을 강간하고 반대자들을 처형한다. 세상의 벽은, 벽의 폭력 앞에 무력한 사람들 내면에 파시스트를 키워간다는 것을 이 뮤직비디오는 보여주고 있는 것이다.

아마도 누구나 벽을 가지고 있을 것이다. 그것은 세상이 쌓아놓고 우리를 가두어버린, 그래서 우리를 고독한 존재로 남아 있게 한 것이지만, 또한 우리는 벽을 적극적으로 쌓음으로써 세상의 침공으로부터 자신의 보호막이자 은신처를 얻기도 한다. 한데 만약 우리가 쌓은 이 벽이 허물어진다면 어떻게 될까? 핑크 플로이드의 〈벽〉에선 그것은 형벌이었다. 핑크의 죽음을 상징하는…….

종교는 오래전부터 고백의 문화를 발전시켜왔다. 가령 가톨릭의 고해성사는 고백을 통해서 일시적으로 자신의 벽을 허물게 한다. 내가 속한 교회에서는 공중기도 대신에 '삶의 고백'이라는 독특한 기도시간을 예배 중에 마련했다. 한데 이 경우도 고백을 통한 '벽 허물기'라는 취지에선 대동소이하다. 다만, 가톨릭의 그것이 한 사람에게 은밀히 하는 것이라면, 우리의 것은 회중 모두에게 하는 것이 다를 뿐이다. 성당엔 고해성사를 하는 밀폐된 공간이 있다면, 우리는 눈을 감아주는 것으로 고백을 하는 사람에게 자신의 벽을 허무는 데 약간의 도움을 준다.

물론 누구도 이 의식에서 자신의 벽을 다 허물어뜨리진 않는다. 스스로가 허용할 만큼의 벽만을 허물어뜨릴 뿐이다. 하지만 세상살이 모든 것이, 완전한 것, 궁극적인 것이라고 상상하는 그것에서 어느 정도 거리가 있는, 일종의 그림자 같은 게 아닐까? 아니 어쩌면 지금의 부분적인 것이 실제이고, 궁극이라는 것이 그림자일지도 모른다. 아무튼 부분적이라 하더라도 이 고백의 의식에서 어떤 사람들은 자신의 벽을 무너뜨리라는 강요에 어려움을 겪는다. 반면 또 어떤 사람들은 이 의식에서 부분적이나마 벽을 허무는, 고독이 해방되는 약간의 쾌감을 체험하기도 한다.

벽을 쌓는 일은 때로 우리의 존재를 지탱시켜주는 삶의 기술이기도 하고, 그것을 허무는 일 또한 첩첩이 쌓인 인간사의 유용한 테크닉이기도 하다. 이 말은 어떤 벽도 절대불변의 것일 수는 없다는 것을 보여준다. 벽을 허무는 것도 쌓는 것도 경우에 따라 필요하기도 불필요하기도 한 것이다.

여기서 벽에 관한 상상을 불러일으키는 『성서』 구절을 인용해보자. 이 본문은 온통 벽으로 쌓인 고독한 세상에서 예수의 대화법을 보여준다.

> 그 여자는 자기 몸에 일어난 일을 알았기 때문에 두려워 떨며 예수 앞에 엎드려 사실대로 말씀드렸다. 예수께서는 그 여자에게 "여인아, 네 믿음이 너를 살렸다. 병이 완전히 나았으니 안심하고 가거라" 하고 말씀하셨다.
> —「마르코복음」 5장 33~34절

예수는 어느 신실한 회당장의 죽어가는 딸을 고치기 위해 서둘러 길을 가고 있다. 많은 군중이 혼잡하게 그의 뒤를 따른다. 매우 소란스러운 분위기였던 듯하다. 그때 한 여인이 조심스레 그의 옷자락을 만진다. 그 옷자락에서 신령스러운 기(氣)가 자기에게 전이되기를 바라면서.

이 여인은 12년 동안 하혈증상으로 고통스러워하던 이였다. '열둘'이라는 숫자는 하나의 상징이다. 회당장의 딸이 열두 살인데, 그 아이가 바로 그 순간 죽는다. 이스라엘에서 '열둘'이란 완전수를 의미한다. 하나의 순환고리의 출발이자 끝이며, 따라서 '열둘'로서 하나의 완성이 이루어진다. 미성년자는 하나의 열두 순환으로 성인이 되고, 개개의 각 지파는 열둘로서 한 민족을 이루며, 열둘의 배수는 궁극적인 세상—하느님 나라—의 구원받을 이들의 수이기도 하다. 이런 맥락에서 본다면 열두 해를 앓았다는 것은 이 질병이 그녀의 존재를 온통 사로잡고 있는 견고한 벽임을 의미한다.

이스라엘에서 여인의 하혈은 '부정(不淨)'을 상징한다. 그런 때에 여인은 남성과 가까이 해서는 안 된다. 그렇다면 12년간, 아니 존재의 전체를 하혈로 괴롭힘 당하던 여인은 자손을 얻을 수 없는 셈이 된다. 부정을 저지르지 않는 한 말이다. 이스라엘사회에서 불임이란 존재의 박탈을 의미한다. 결국 아들이 있건 없건 그녀는 그 사회에서 추방당한 셈이다.

그런 세월이 한두 해가 아니라 인생 전체라면, 이 벽은 너무나 엄청난 심판이다. 그녀는 그것을 고치려 애쓰는 가운데 가산을 다 탕진했고, 그만큼 삶의 희망도 탕진당했다. 어쩌면 사람을 만나는 것조차 두려웠을지도 모른다. 그녀는 스스로 벽을 쌓았고, 그 벽 속에서 자신을 가두어버렸다.

그런 여인이 예수 앞에 나타난 것이다. 벽을 허물고 싶었으면서도 감히 나설 수 없어 스스로의 벽 안에 머물러 있는 모순된 모습으로 말이다. 그러나 예수는 빠져나간 기를 알아차리고 그녀에게 돌아선다. 순간 그녀는 두려움에 휩싸인다. 벽을 허물어뜨림으로 말미암은 세상의 보복에 대한 두려움이며, 사람들 앞에 자신의 치부/벽을 공개하고만 부끄러움에 대한 두려움이다.

이때 예수는 엄청난 선언을 한다. "그대의 믿음이 그대를 구원했소"라고. 예수의 기적행위에서 이런 표현은 병행 본문을 빼면 단 네 번 나온다. 본문 외에, 한 번은 창녀에게(「루가」 7: 50), 한 번은 거지에게(「마르」10: 52), 그리고 또 한 번은 나병환자에게(「루가」 17: 19). 모두가 죄의식에 깊이 사로잡혀 자신의 행위를 죄악시하는 벽이 높이 쳐진 가운데 한 행위들이다. 의롭기는 커녕 정죄받아 마땅하다고 평할 것이 뻔한 세상의 벽, 그리고 스스로도 그렇다고 고백하는 스스로의 벽에 갇힌 그녀에게 해방선언을 하는 것이다. 당신의 행동이 당신을 구한 것이라고. 옷깃만 만져도 병이 나을 수 있는 놀라운 능력을 위세하기보다는 그녀에게 공을 돌리는 것이다. 그녀를, 그녀의 벽을 배려한 것이다. 그 벽을 스스로 무너뜨릴 수 있도록. 그러고는 예수는 말한다. "평안히 가시오." 요컨대 벽이 이제 그녀를 괴롭히지 않을 것이라는 뜻이겠다. 아니 그렇게 되기를 바란다는 뜻이기도 하다.

누가 그에게 세례를 주었을까*

야이로의 딸을 사랑한 청년의 이야기

✻ 그는 눈을 꼭 감고 있었다. 뭔가를 말해야 하는데, 나를 거절하는 의지가 분명해보이니 도무지 할 말이 떠오르지 않았다. 거의 애원하는 눈초리로 그를 바라보며 쩔쩔매는 나에게 한 치의 허점도 보이지 않으려고 저렇게 완벽하게 냉혹한 연기를 하는 듯도 했다. 조금만 움직여도 힘든 탓에 억지로 쉬는 숨 외에는 미동도 않는 이의 무표정한 얼굴에서, 아니 살짝 일그러진 표정 외에는 어떤 다른 단서도 남기지 않는 일관된 모습에서, 단지 가느다랗게 뜨던 눈을 감은 것뿐인데, 어떻게 저렇게 단호한, 범접할 수 없는 강한 의지를 표현할 수 있는지 놀라울 따름이었다.

나보다 더 당혹해한 이는 내 후배였다. 후배는 끊임없이 말을 걸며 그의 감은 눈을 뜨게 하려 노력했지만, 끝내 그는 낯선 손님을 배려할 의지가 없어 보였다. 후배는 그가 수면제를 먹은 탓에 잠에서 깨지 못 하는 모양이라고 변명했지만, 잠자는 연기라고 하기엔 너무 어색한 모습이었다. 아무리 봐

* 이 글은 2008년 2월 3일자 설교원고를 수정 보완한 것이다.

도 그것은 명백한 거절이었다. 미안해서 어쩔 줄 몰라 하는 후배와 한 시간 남짓 이야기를 나누다, 어색한 배웅을 받으며 그냥 돌아서야 했다.

그다지 절친하지 않은 후배가 나를 찾은 것은 자신의 후배에게 세례를 주었으면 좋겠다는 부탁 때문이었다. 그는 말기 암환자였고, 치료 가능성은 없는 상태였다. 이젠 온 몸에 퍼진 암세포로 식사도 불가능한 상태였고, 거의 잡히지도 않은 혈관을 통해 포도당과 진통제를 주사 맞는 것이 그가 몸으로 받아들이는 유일한 외부의 물질이었다.

동시에 그가 받아들이는 외부의 사람은 그의 선배이자 나의 후배인 그이, 하나뿐이었다. 그는 어머니를 제외한 가족 누구도 보려 하지 않았고, 친구와 친지들의 방문도 거절했다. 해서 6인용 병실을 드나드는 숱한 사람들 중 그를 찾은 이는 그의 보호자로 교대하며 병실을 지키는 어머니와 후배, 단 둘 뿐이었다.

근데 며칠 전 그가 내 후배를 붙잡고, "형, 나 좀 살려줘!"라고 말했다고 한다. 후배는 '붙잡고'라고 말했지만, 그에게 그럴 힘은 없었을 것이다. 손을 잡은 것은 후배였을 테고, 그는 단지 가느다란 손가락을 살짝 움직였을 것이다. 누구도 알아차릴 수 없는 미미한 표현을 읽어내는 것은 단지 후배뿐이었다.

아마도 후배가 들은 그의 말도, 다른 이는 알아들을 수 없는 지극히 가느다란 소리일 뿐이었겠다. 얼핏 보면 그냥 입술이 떨리는 것에 지나지 않았을 테지만, 후배는 그 모습에서 삶에 대한 그의 간절함을 느꼈다. 두 사람의 교신능력은 놀라웠다. 외부인 중 오직 한 사람만을 받아들일 만큼 철저히 폐쇄적이었던 까닭에 가능한 교감이었을 것이다.

"형, 나 좀 살려줘"라는 소리에 후배는 펑펑 울었다고 한다. 아무것도 할 수 없는 자신의 무력감에 울었고, 남에게 부탁이라곤 않던 그가 저렇게 간절히 애원하는 모습에 울었다. 후배는 갑자기 종교적인 결심을 한다. 저 친구에게 세례를 주어야겠다고 말이다. 별로 신실한 기독교인이 아니었음에도, 세례를 받으면 영생을 얻는다고 말했던, 자기가 다니는 교회 목사의 말이 순간 떠올랐던 것이다.

오랫동안 연락이 없다가 나를 보자고 한 것은 그의 세례를 의논하기 위해서였다. 그는 교회에 다니는 걸 굉장히 싫어했다고 한다. 어떤 사연이 있는 것 같다고 했지만 후배 역시 그 사정을 알지는 못했다. 장로였던 그의 부친이나 목사인 그의 친형과의 어떤 좋지 않은 사연이 있는지도 모른다는 추정이 후배가 말할 수 있는 유일한 단서였다. 그렇게 많은 얘길 나누었고, 남들이 보지 못하고 듣지 못하는 것을 감지할 만큼 깊은 사이인 이에게조차 끝내 하지 않은 말 중에 그가 교회를 싫어하는 이유가 포함되어 있었던 것이다.

장로의 아들이고 목사의 동생이라면 아마도 세례를 받았을 거라고 말했지만, 후배는 그 사실을 알지 못했다. 설사 그랬다고 하더라도 그것은 영생을 얻을 만한 세례는 아니었을 거라며 나를 설득했다. '영생을 얻게 하는 세례'를 주는 비법을 나는 알지 못하고, 또 그런 종교적 표현을 거의 믿지 않는다. 이렇게 신실한 구석이라곤 없는 '엉터리 목사'인 나는 몹시 당혹스러웠지만, 죽음을 앞둔 말기 암환자에게 세례를 해달라는 후배의 부탁을 매정히 거절할 수는 없었다. 하지만 '영생을 주는 세례'라는 내게 부여된 임무는 결국 실패로 돌아갔다.

얼마 전 그의 부음소식을 듣고 장례식장을 찾았다. 그의 아버님도, 형님도, 그를 가깝게 알고 지냈던 사람들도, 병원에선 만날 수 없었던 이들 모두가 그곳에 있거나 다녀갔다. 나는 세례의 '세'자도 말하지 못했는데, 장례식장엔 그를 위한 추도예배 주보지가 떨어져 있었고, 발인예배 안내장도 발견할 수 있었다. 빈소엔 '성도 아무개'라는 문구도 박혀 있었으며, 하얀 꽃송이가 활짝 웃는 그의 영정 앞에 나란히 누워 있었다. 내가 그를 병실에서 잠깐 보았을 때의 얼굴에선 도무지 상상할 수 없는 웃음이 눈에 박힌다. 마치 내가 실패한, 영생을 주는 세례를 이미 받았으니 걱정 말라고 말하는 듯이 그는 밝게 웃고 있다.

그의 웃는 얼굴 앞에 꽃을 놓고 기도를 하면서도 나는 가벼운 고민거리를 마음에서 놓지 못했다. 목사인 그의 형님과 인사를 나눠야 하는데, 슬픈 표정을 지어야 할지 영정사진의 얼굴처럼 웃어야 할지 판단이 서지 않았던 것이다. 요절한 아들/동생의 빈소에서 아버지/형은 울지 않았고, 밝은 표정으로 문상객들과 담소를 나누고 있었다. 마치 아들이 영생을 얻었으니 이날은 잔칫날 같아야 한다는 듯한 표정으로 말이다.

또, 후배가 그의 아버님과 형님에게 나를 목사라고 소개할까봐 신경이 쓰였다. 영생을 주는 세례에 실패한 목사가 아들의 영생을 기뻐하는 장로인 부친과 목사인 형 앞에 인사를 나눈다는 것이 무척이나 껄끄러웠던 것인지도 모르겠다.

다행히도 후배는 자리를 피했고, 빈소를 나온 다음에야 나를 안내하여 식사를 대접했다. 얘기를 나누다, 후배는 공책 한 권을 꺼내어 펼쳐 보여주었다. 그가 죽기 전날 밤에 쓴 일기였다. 마치 글을 쓸 줄 모르는 아이가 어눌하게 적은 그림 같은 글씨가 보였다. 후배는 이번에도 자기 후배가 쓴 글을 해독하는 탁월한 능력을 보여주었다. 그것은 "그 소녀를 보고 싶다"라고 했다. 그리고 후배에 따르면 이것이 그가 세상에 남긴 마지막 말이었다.

그 소녀는 「마르코복음」 5장에 나오는 회당장 아이로의 열두 살배기 딸이다. 아이로는 병에 걸려 죽어가는 어린 딸을 살려달라고 체면을 무릅쓰고 달려가 예수의 발 앞에 엎드려 간청한다. 하여 예수는 그를 따라 길을 나선다.

그렇게 가는 길에, 그날따라 사람들이 많고, 가는 곳마다 이 사람 저 사람이 말을 걸어온다. 그리고 평생 하혈하는 병에 걸려 고통을 겪던 여인과 만났다. 예수가 그녀를 치유하고―아니, 그녀가 예수를 통해 자기 자신을 치유하고―예수는 그녀에게 "당신의 믿음이 당신을 구원하였소"라고 선언한다. 갈 길은 바쁜데, 사람들을 외면하고 서둘러 가기만 할 사정도 못 되었다.

결국 예수 일행이 당도하기도 전에 소녀는 유명을 달리하고야 말았다. 마지막까지 가쁜 숨을 내쉬며 고통스러운 사투를 벌였겠지만 더 이상 견딜 수는 없었던 모양이다.

집안엔 통곡하는 이들과 피리 부는 이들로 북적거린다. 이미 장례준비에 들어선 것이다. 그러나 예수는 소녀가 죽은 게 아니라 자고 있다고 하면서, 소녀의 시신을 보겠다고 고집을 부린다. 마지막 기도라도 부탁할 겸 아이로는 예수 일행을 안내했을 것이다. 예수는 아이 손을 잡고 부드럽게 외쳤다. "탈리다 쿰!(애야, 일어나거라!)"

> (예수께서) 아이의 손을 잡고 "탈리다 쿰!" 하고 말씀하셨다. …… 그러자 소녀는 곧 일어나서 걸어다녔다.
> ―「마르코복음」 5장 41~42절

그토록 교회를 싫어했던 그에게 후배는 매일같이 『성서』를 읽어주었다고 한다. 옆 사람이 들을까 소곤대듯 낭독하는 소리를 그는 좋아했던 모양이다. 특히 「마르코복음」 5장의 소녀 얘기를 읽을 땐 눈에서 눈물이 그렁그렁했고, 그 부분을 몇 번이나 다시 읽어달라고 했다고 한다.

그 소녀에게처럼, 예수가 찾아와서 자상한 목소리로 "이제 일어나도 돼"라고 말해주기를 기다렸던 것인지도 모르겠다. 목사들이 와서 입에 발린 소리로, 옆 사람들이 싫어하든 말든 "이제 네가 영생을 얻었노라"라고 우격으로 말하는 게 아니라, "탈리다 쿰"이라는, 애정이 깃든 부드러운 소리에 살며시 일어나 걷고 싶었던 것인지도 모르겠다.

어쩌면 그는 그 소녀를 사랑하게 되었을지도 모른다. 바리사이와 율사들이 와서 율법이 어떻고 하느님이 어떻고 하며 호들갑 떠는 게 듣기 싫어 눈을 감아버린 소녀, 그러다 예수가 와서 "이제 일어나거라"라고 속삭인 말에 눈을 살며시 뜨고 사뿐히 걸었던 소녀에게서 어떤 동류성을 발견하고, 거기에서 애틋함이 솟아나왔을지도 모른다.

고통과 죽음 앞에 예의를 잃어버린 종교를, 의전과 교리만 남고 마음이 닫혀버린 종교 앞에서 그는 마치 시위하듯 아버지와 형을 거절했고, 또 한 명의 목사인 나를 거절했을지도 모른다. 후배가 알지 못하는 사연을 내가 알 도리는 없었지만, 어쩌면 그는 30여 년간 그를 둘러싼 기독교의 눈물 없는 신앙의 경험에 서서히 질렸을지도 모른다. 그는 손을 잡아주는 이를 기다렸고, 자기를 따뜻하게 잡고 있는 후배의 손에 마음을 담는 말을 전했는지도 모른다. "형, 나 좀 살려줘", 이 말은 소녀의 손을 잡은 예수를 자기도 만나보고 싶다는 하소연이었고, 어쩌면 그 말은 후배가 그에게 이미 예수였다는 걸 뜻하는 것인지도 모른다. 그렇다면 그에게 영생을 주는 세례의 집례자는 바로 후배였을 것이다. 그가 기다린 것은, 그가 기다린 기적은, 그가 살고 싶어 애원했던 소리의 진실은 의전만 남은 종교가 아니라 바로 그 후배와 같은 따뜻한 손길이었던 것이 아닐까.

이교주의자 예수*

자폐적 독선주의를 넘어서

🌿또 한 해가 바뀌었다. 일상적 관념이야 어떻든 역사상의 시기구분법에 따르면, 새로운 한 세기의 시작이며, 또 한 천 년대의 시작이 올해부터이기도 하다. 마침 해의 첫날이 공교롭게도 월요일이었으니, 모든 것을 원점으로 되돌려놓고 처음부터 다시 시작하라는 하늘의 주문 같기도 하다.

그런 걸 기대했던 건 아니지만, 우연히도 1일 새벽, 보신각종이 울리던 그 어간에 종로 언저리를 헤매고 있었다. 러시아워를 연상케 할 만큼 도로는 꽉 막힌 상태였고, 사람들의 바다에 휩쓸리지 않고 길을 가는 게 난망할 지경이었다. 조금이라도 먼저 빠져나가려는 차들, 길가로 주차하려는 차들, 승객을 태우려고 차선을 가리지 않고 마구 서대는 택시들이 뒤엉킨 난장판에서 질서정연한 도심의 야경을 편안하게 느낄 도리는 없었다. 길 양편 인도로는 수

* 이 글은 2001년 1월 7일자 설교를 수정 보완한 것이다.

없이 많은 사람들이 흩어져가거나 길가에서 새로운 해의 시작을 즐기고 있었다. 폭죽소리가 요란한 밤이다. 늘 그렇듯이 축제의 밤은 자유의 욕구가 분출한다.

그러나 대개 그렇듯이 그날도 타인에 대해 '무배려한 자유로움'만이 넘쳐나고 있었다. 호각소리 또한 요란하다. 질서를 구축하려는 권위의 소리와, 무질서를 향유하려는 방종의 소리가 한데 어울려 그날의 소음을 이루었다. 구급차가 시끄럽게 비명을 지르며 지나간다. 뭔가 가까이에서 사고가 있었다는 신호다. 첫날 새벽에 화를 당한 재수 옴 붙은 사람은 누굴까? 잠시 궁금했지만, 이내 이 난장판을 얼른 빠져나가고픈 생각에 말려들고 만다.

한 해의 시작이 어찌 이러한가? 어수선하기 짝이 없는 첫 새벽을 보내고야 말았다. 괜히 시내로 나갔다는 후회가 든다. 하지만 새벽 종로거리만이 해의 시작에 대한 나의 인상을 지배한 것은 아니다. 정치인들의 작태는 도를 점점 더해가고 있을 뿐이니, 그네들에겐 해의 바뀜이란 아무런 의미도 없는 게 분명하다. 미담이라곤 찾으려 해도 찾을 수 없는 동네가 바로 정치판인 모양이다. 그런데 불행하게도 그곳의 이야기는 우리의 삶을 덮쳐버리는 파괴력을 가지고 있으니, 연예인들 가십처럼 무관심할 수도 없다. 그러니 그것을 보며 보내야 하는 출발점의 심정이란 '더럽기' 이를 데 없는 기분이다.

그뿐이 아니다. 지난 몇 해 전부터 자본의 공포스러운 속성을 절감하기 시작했는데, 아직도 그 혹독함의 절정에 이르려면 얼마나 더 가야 할지 모르는 가운데 새해의 첫 하늘을 보아야 했으니 말이다. 자본이 국경을 넘어 세계 곳곳에 그 질서를 구축하는, 이른바 '자본 네트워킹 시대'가 도래하고 있단다. 이제 자본으로부터 자유로운 해방구란 더 이상 존재하지 않는다. 심지어는 우리의 생각도, 무의식까지도 자본의 질서에 길들여져 가고 있다. 그래서 타인과 마주쳐야 하는 사회생활에서 뿐 아니라, 자기 자신과 대면하는 중에서도, 우리는 알게 모르게 그 질서의 강박을 받으며 지내야 한다. 실은 많은 경우에는 그것이 강박으로조차 느껴지지 않은 채 자본의 하수인다운 삶을 영위한다. 요컨대 사회 전체가 '시장'이 되어가듯, 우리 몸 자체 또한 '시장'의 일부가 되어가는 것이다. 한데 그 파괴적 힘은 아직 절정에 도달하지 않았다니, 아직도 더 지배해야 하고, 아직도 더 많이 파괴해야 한다니…….

바야흐로 세계는 '자본-유일신의 시대'라 해도 지나친 말이 아니다. 그러나 그 전능자는 더욱 넓게, 더욱 많이, 더욱 깊게 확장된 영토를 갈구하고 있다. 결국 나는 그러한 가공할 만한 유일신 종교의 확산이 적어도 한동안은 지속될 것을 절감하며 새해를 맞이한 것이다.

내가 보는 한, 예수는 유일신 종교에 감염된 세계와 전면전을 벌인 존재다. 아래 인용한 본문이 속한 텍스트에서 우리는 바로 그런 모습을 보여주는 하나의 단적인 예를 발견할 수 있다.

> 이 말을 들은 율법학자와 바리사이파 사람들은 "저 사람이 누구인데 저런 말을 하여 하느님을 모독하는가? 하느님 말고 누가 죄를 용서할 수 있단 말인가" 하고 수군거리기 시작하였다.
> ―「루가복음」5장 21절

이른바 '중풍병자를 고친 예수 이야기'로 알려진 텍스트다. 공관복음서에 모두 나오는 몇 안 되는 이야기 가운데 하나인 이것에서 우리는 공히 네 부류의 등장인물을 찾을 수 있다. '예수(일행), 군중, 중풍병자(일행), 바리사이와 율사들'이 그들이다. 여기서 마지막 나온 사람들을 묘사하는 데, 「마태오복음」과 「마르코복음」은 율법학자라고 모호하게 말하고 있는 데 반해 「루가복음」만은 넌지시 그들이 예루살렘과 관련되어 있음을 말한다. 즉 이 텍스트 속의 논쟁은 예루살렘 종교와 예수(의 신앙) 간의 대결의 차원을 지니고 있다는 것이다. 즉 예수의 정적(政敵)은 다양한 유대교의 양상 중의 하나가 아니라 예루살렘으로 상징되는 '유대교 전체'라는 것이다.

이 이야기의 줄거리를 끌고 가는 것은 중풍병자다. 하지만 흥미롭게도 그는 자신의 몸조차 통제할 수 없는 자다. 몸은 인간이 세상과 접하는 존재의 부위다. 몸을 통해서 인간은 세상을 경험하며, 몸을 통해서 인간은 세상의 질서를 각인한다. 몸을 통해서 인간은 세상에 속한 자가 되는 것이다. 한데 이 사람의 신체는 '세상의 몸의 질서' 외부에 있다. 그의 몸은 경험할 수 없고 세계의 질서 속에 포함되게 할 수도 없다. 그의 몸은 세상에 있으나, 세상으로부터 배척된 상태인 것이다.

예수가 집회를 하고 있는 집은 사람들로 발 디딜 틈조차 없다. 그런데 이 중풍병자는 예수에게로 가야 했다. 그래야만 그가 예수로 인해 그 질병으로부터 해방을 얻을 수 있겠기에 말이다. 그래야만 그도 세상의 몸의 질서 속에 편입될 수 있고, 그래야만 그도 세상에 속한 자로서 살아갈 수 있겠기에 말이다.

그러나 그는 결코 다가갈 수 없다. 몸을 움직일 수 없는 자가 그 속을 비집고 들어갈 순 없었던 것이다. 여기에서 우리는 이 텍스트에 담긴 하나의 갈등을 추론할 수 있다. 중풍병자는 예수를 필요로 했으나, 사람들로 인해 다가가는 길이 차단된 것이다. 그것은 좀더 추상적으로 보자면, 사람들의 편견으로 인해 '개인적 장애'가 '사회적 장애'로서 일반화되었다는 것을 암시한다.

오늘날 교회가 세상에서 구원받기를 갈구하는 사람들을 내쫓고 세상에서 이미 구원받은 사람들로 채워진 것처럼 말이다. 오늘날 병원이 치료받아야 할 사람들을 내쫓고 스스로를 훌륭히 보호할 수 있는 사람들로 채워진 것처럼 말이다. 오늘날 학교가 배움이 필요한 사람들을 내쫓고 잘 훈육된 사람만으로 채워진 것처럼 말이다. 예수 시대에도 바로 그러했던 것이다.

하지만 전혀 뜻밖에도 중풍병자는 예수에게로 다가가는 데 성공한다. 지붕을 뜯어내고 예수 앞으로 내려 보내진 것이다. 문으로는 결코 예수에게 접근할 수 없었다. 정상적인 방법으로는 도무지 출구가 없었기에, 편법이 필요했다. 특단의 조치가 필요했던 것이다. '기회의 평등'이라는 조건만으로는 안 되는 사람들은 이렇게라도 특혜를 받아야 했다.

예수는 그에게 선언한다. "네가 구원받았다." 그는 중풍에서 낫기를 바랐으나, 예수는 그에게 신체의 징벌뿐 아니라 모든 존재의 구속으로부터의 해방을 선언한 것이다. 그는 신체의 구속에서 풀려나 세상의 몸의 질서에 편입되고 싶어 했으나, 예수는 세상의 질서로부터 해방을 선언한 것이다.

여기서 이야기의 두 번째 논쟁이 시작된다. 위에서 인용한 본문처럼, 예수의 말에 바리사이와 율법학자들이 반발한 것이다. 그들은 말한다. 그가 하느님을 모독한다고, 그 일은 하느님만이 할 수 있는 일이라고. 이 주장을 곧이곧대로 받아들이면, 세상에 구원받을 이는 아무도 없게 된다. 하느님만이 할 수 있는 일이니, 어느 누구도 그 일을 하는 한, 하느님을 모욕한 셈이 되니 말이다. 하지만 실제로는 '바리사이와 율법학자들'로 대변되는 몸의 질서에서 배제된 자들이 그 질서의 구원체계에서 벗어날 길은 없다는 뜻을 함축하는 주장인 것이다. 물론 그들은 말로는 모두에게 기회가 보장되어 있으니, 자신들의 질서관에 잘 순종하라고 설파했다. 하지만, 그들 자신도 모르게 그러한 편견에 사로잡혀 있었기에, 그 질서관을 교란하는 주장을 그들은 도무지 받아들일 수 없었던 것이다.

그래서 예수는 그들과 대결을 벌인다. 중풍병자를 일으켜 세움으로써 몸의 통제를 스스로 할 수 있게 한 것이다. 한데 여기서 주의할 것은, 몸의 통제를 한다는 것, 즉 병에서 나음받는다는 것은 곧 세상의 몸의 질서 속에 포함된다는 것을 의미한다. 사람들은 모두 그렇게 이해하고 있었다. 그런데 예수는 중풍병자의 병을 단순히 치료한 게 아니라, 그에게 먼저 구원을 선언한다. 그 이유는 '그의 믿음' 때문이라는 것이다. 여기서 '믿음'이란 어떤 교리의 내면화가 아니다. 그것은 질서관에 대한 도전이다. 해방의 욕망을 위해 질서 속에서는 차단된 그것을 넘어서는 행위, 바로 그것이 믿음이라고 예수는 말하고 있는 것이다. 그것이 그를 구원하게 했다고 예수는 말한다.

결국 이 텍스트 속에는 사람들 및 바리사이와 율법학자들을 꿰뚫고 있는 질서관이 예수와 대결을 벌이는 진짜 장본인이었다. 그것은 곧 사람들의 관념을 지배하는 종교 자체다. 그리고 그네들 식의 종교 교리 이외에는 다른 문을 결코 가설하지 않으려는 전체주의적 신념이 바로 예수의 적이었던 것이다. 예루살렘의 신학은 그것을 '유일신'이라고 주장했다.

예수는 바로 이런 유일신과 대결한다. 하나의 길만을 주장하는 집착과 대결한다. 사람의 마음속까지 지배하면서, 다른 것은 없다고 설파하는 교조주의적이고 전체주의적인 유일신 신앙을 해체하고자 한 것이다. 그런 점에서 예수는 '이교주의자'였다. 그것은 신 없는 세계, 구원 없는 세계를 이야기한다는 의미가 아니다. 오히려 그것은 자폐적 구원체계를 넘어서는 탈신학적 신앙인 것이다.

붕괴된 존재로
부터의 일어섬*

'잊혀진 이들'의 이름을 부르는 교회를 기리며

🌿 그분이 "네 이름이 무엇이냐?" 하고 물으시자,

그는 "제 이름은 군단(레기온)입니다. 저희 수가 많기 때문입니다" 하고 말

했다.

— 「마르코복음」 5장 9절

무덤가에서 기거하는 기괴한 자, 쇠사슬과 쇠고랑으로 손발을 포박해놓
아도 기어이 그것을 끊고 부수어버리는 괴력의 소유자, 밤이고 낮이고 괴성
을 지르며 돌로 제 몸을 짓찧는 광폭한 자. 「마르코복음」 5장에 나오는 게라
사 지방의 한 광인에 대한 묘사다. 필경 이것은 사람들이 생각하는 그 사람
에 대한 기억이었을 것이다. 이 기억이 암시하는 것은, 그 자는 한마디로 위
험하다는 것이겠다.

---

* 이 글은 2006년 11월 8일 성남주민교회에서 한 설교원고를 수정 보완한 것이다.

도대체 뭘 했기에 그가 위험할까? 소리를 지른 것? 자해를 한 것? 이런 행위가 사람들에게 위해를 끼쳤을 리는 없다. 왜냐면 그가 기거하는 곳이 무덤가라면 어차피 그곳은 사람이 사는 곳이 아니기 때문이다. 당시 유대사회에서 무덤가란 시신을 안장하는 공동묘지 같은 곳이 아니라, 시신을 유기하는 장소다. 물론 고귀한 이들의 무덤은 따로 있다. 대개 그런 곳은 천연동굴이거나 인공동굴이다. 반면 평민 이하 사람들의 시신은 특정한 장소에 유기했다. 하여 그곳은 산 자들에게는 부정 타는 곳이고, 따라서 인적이 거의 없다. 다만 유기된 시신들을 뜯어먹는 날짐승과 들짐승만이 오가는 곳이고, 뼈들이 어지럽게 늘어져 혹여 길을 잃고 지나가는 사람이 튼튼한 신을 신지 않는다면 발을 다칠 가능성도 높았고, 야수의 습격을 받을 수도 있는 곳이다. 그런 곳에 기거하는 이가 자해를 하거나 고함을 지른들 그것이 사람들에게 무슨 큰 위해가 되랴. 그럼에도 사람들은 그가 존재한다는 것만으로도 위험하다고 생각했고, 해서 그를 묶어두려 했던 모양이다.

그런데 사람들은 이 '위험한 인물'에 대해 뭘 알고 있을까? 얼굴은 알고 있을까? 나이는? 출생관계는? 아마도 많은 사람들은 보지도 못했으면서 마치 그를 아는 이처럼 말했을 것이다. 하지만 위에서 말한 그들이 아는 그의 모습이란 너무도 피상적이다. 요컨대 사람들의 기억 속에 그 사람 자신은 없었다. 단지 그를 그렇게 보려는 사람들의 편견이 있을 뿐이다.

어쩌면 그가 자해를 한 것은, 오히려 그 자신이 사람들을 무서워했기 때문일지도 모른다. 사람들은 그를 만나면 그가 무슨 해를 입힌 것이 아님에도 다짜고짜 잡아다 몰매를 가하고 쇠사슬과 쇠고랑을 채워 가둬버리곤 했기에, 사람들의 폭력이 두려웠을 법도 하다. 더 나아가 언제부터인지 사람들을 만나면 그에겐 불행이 닥쳐왔을지도 모른다. 해서 본능적으로 사람을 두려워하게 되었을 수도 있지 않을까? 그렇다면 그가 산 사람들의 공간이 아니라 죽은 이들의 공간인 무덤가에서 기거했다는 게 이해가 갈 만도 하다. 사람들은 여간해서는 이곳에 오지 않으니 말이다. 하지만 누가 죽거나 하면 시신을 버리려 이곳으로 오곤 했고, 그러다 사람들을 마주치면 그는 본능적으로 두려움에 사로잡혀 괴성을 지르며 뛰어다녔던 것은 아닐까?

한데 사람들은 그런 사연을 생각할 필요를 느끼지 못했다. 오직 눈에 보이는 그 자의 광폭한 듯한 행태만을 주목할 따름이다. 그러고는 그를 위험인물로 분류해버렸다. 사회가 이 사람을 대하는 방식은 바로 이런 식이다.

해서 그에겐 이름이 없다. 사람들은 누구도 그 사람을 지칭하는 이름이라는 표상을 사용하지 않았던 것이다. 존재하지만 부재한 자, 이름이 없음(부재)으로써만 그가 세상 속에 존재하고 있는 것이 확증되는 자. '게라사의 광인'이라고 알려진 이는 바로 이런 사람이었다.

잠시 우리사회로 시선을 돌려보자. 한 남자가 있다. 그는 노숙인이다. 그는 언젠가 밤늦게 귀가할 때 지하철 역사 한구석에서 신문지를 이불 삼아 누워 있던 사람일 수도 있고, 길거리에서 배고프다고 오백 원만 달라고 구걸하던 사람일 수도 있다. 한데 그가 어느 날 교통사고로 사망한다. 경찰은 사망신고를 받고 그의 신원을 조사한다. 한데 그에겐 신분증은 물론이고 그를 증명할 만한 어떤 소지품도 없다. 아마도 그는 예비군훈련에 무단불참을 거듭한 탓에 고발되었으나 고발장이 본인에게 접수되지 않아 '행불자'로 처리되었을지도 모른다. 그러면 그의 주민등록이 말소되고, 다시 회복하지 않는한, 사회 속에서 그는 법적으로 부재한 자가 된다. 엄연히 존재하지만 존재에 관한 사회적인 공식적 기억이 말소된 자다.

한데 그가 가족으로부터 완전히 사라진 것이 아니라, 가끔씩 집을 찾아 들어간다고 하자. 그때마다 그는 술값을 내놓으라고 윽박지르고 가족에게 폭행을 가하기도 했다. 가족은 몇 푼 안 되는 집을 임의로 처분할 게 두려워 그의 법적 효력을 정지시키기 위해 한정치산자 신청을 한다. 이렇게 되면 그의 법적 행위능력은 정지 당한다. 단지 법정대리인을 통해야만 그의 행위는 법적으로 유효한 행위가 되는 것이다. 이러한 법적인 무능력화의 과정은 그가 법적으로 부재한 자로 간주되었음을 의미할 수 있다. 이제 그는 그림자일 뿐이다. 존재하지만 존재가 부정되는 자가 된 것이다. 나는 이것을 '법적인 기억삭제'라고 규정하고자 한다. 그의 행위능력을 부정함으로써 존재하지만 존재하지 않는 자로 간주할 수 있게 되는 상황은 사회가 그에 대한 기억을 삭제한 셈이라고 은유적으로 표현할 수 있기 때문이다. 한편 이와 비슷한 기억삭제는 시장에서도 이루어진다. 오늘날 신용불량자는 시장에서 그를 기억하지 않는 존재로 간주되는 이를 가리킨다고 할 수 있다.

여기서 법적인 행위든 시장에서의 경제적 행위든 간에, 행위가 무능력화된 사람에 대한 사회적 규정을 기억삭제라고 규정한 것은, 그것이 일종의 사회적 공적 처벌이라고 말하기 위함이다. 무능력에 대한 사회적 처벌은 그를 존재하지만 부재한 자로 간주하는 장치들이라고 말하려는 것이다. 바로 이것을 나는 기억삭제라고 부른 것이다.

아무튼 이러한 공적인 기억처벌은 단지 그가 국민 혹은 시민으로서의 권리 행사를 제약받게 되었다는 것만을 의미하지는 않는다. 나아가 그런 상황에 놓인 이들은 대개 정신적으로도 심각하게 무능력화되는 것이다.

노숙인을 대상으로 오랫동안 진료봉사를 해왔던 한 의사는 그네들의 '언어 붕괴' 현상에 대해 걱정하는 말을 내게 전해준 적이 있다. 말을 더듬거리고 횡설수설하는, 그래서 자기 자신을 적절하게 표현하지 못하게 되는 것이다. 그렇게 되면 자존감이 붕괴된다. 스스로는 무능력 상태에서 벗어나지 못하는 존재가 된 것이다. 요컨대 기억처벌의 현상은 사회가 그/그녀를 무능력자로서 처벌하는 것만이 아니라, 그/그녀 스스로도 자기 자신에 대한 기억을 처벌하게 되는 것을 의미한다.

다시 「마르코복음」 5장의 이야기로 돌아가보자. 아무도 게라사의 광인을 그의 이름으로 부르지 않았다. 사람들은 아무도 그를, 그가 누군지를 기억하려 하지 않았다. 다만 자기들이 이해하고 싶은 대로 그를 기억했을 뿐이다. 요컨대 그는 기억처벌의 형을 받은 것이다. 해서 「마르코복음」에서 그를 무덤에서 기거하는 자라고 묘사한 것은 의미심장하다. 그는 살아 있으나 죽은 자의 공간에서만 살아 있는 자라는 것이겠다. 존재하지만 부재한 자라는 것이다.

필경 그는 단지 무덤가로 내몰린 자에 그치지는 않았을 것이다. 사람들을 마주쳤을 때 괴성을 지르고 자해를 하는 행동은 더욱 그를 위험한 자로 여기게 했을 것이다. 요컨대 그는 자기 자신을 변명할 능력, 자기가 악령 들린 자가 아님을 논증할 정당하고 합법적인 능력을 스스로 상실해버린 것이다. 하여 그의 행동은 점점 더 부적절하게 될 뿐이다.

그런 이가 예수와 마주쳤다. 글 서두에 인용한 「마르코복음」 5장 9절은 바로 그 장면을 보여준다. 예수는 그에게 묻는다. "당신 이름이 무엇이요?" 너무나 평범한 질문이라고? 아니, 그렇지 않다. 적어도 이 사람에겐, 그간 아무도 그를 향해 이렇게 말하지 않았다. 아무도 그를 그 자신으로 물으려 하지도 않고, 그 자신으로 기억하려 하지 않았는데, 예수만이 그를, 바로 그 사람 자신을 향해 말을 건넸던 것이다.

그의 대답을 보자. 이 낯선, 충격적인 질문에 그는 아직 스스로 대답하지 못한다. 그의 안에 있는 악령이 그를 대신해서 말을 하고 있다. 하지만 얼마 후 그 악령은 떠나가고 자기 자신에 대해 적절한 말을 하게 되는 사건, 곧 기적이 일어난다. 그는 사람을 보면 괴성을 지르며 자해를 하는 자가 아니라, 예수를 따르겠다고 간청하는 자가 된 것이다. 그는 비로소 스스로 얘기하는 자, 자기 자신의 바람을 차분하게 주장하는 자가 된 것이다. 더 이상 부적절한 행동을 하는 자가 아니다.

한데 이 기적 이야기를 이해하려면 한 가지를 더 얘기해야 한다. 예수가 그를 향해 네 이름이 무엇이냐고 물을 때, 그 사람의 입을 통해 말하는 악령의 정체에 관한 것이다.

악령의 대답은 이렇다. "'군단(레기온)'입니다." 이 표현은 유대의 군대나 게라사의 군대를 지칭하는 것이 아니다. '군단'이라는 표현은 오직 로마군대를 지칭할 때만 쓰는 용어다. 더욱이 로마군대의 가장 중요한 군사적 행동의 기본이 되는 단위가 바로 군단이다. 즉 로마 전체를 상징한다고 해도 과언이 아니다.

그리고 군단이라고 하는 그 악령은 예수에게 돼지 떼 속으로 들어가게 해 달라고 간청한다. 군단이 6천 명 정도의 대규모 병사단위이므로, 여기서 돼지 떼가 매우 많다는 것을 상상할 수 있다. 이는 대규모 돼지 사육장이 그 근방에 있다는 것을 의미한다. 물론 이것은 유대인들의 식량이 아니다. 그들은 돼지고기를 먹지 않았으니까. 분명 그것은 로마군과 그들이 비호하는 게라사 시민층의 먹을거리를 위한 사육장이었을 것이다. 요컨대 「마르코복음」 5장에 나오는 악령 들린 이의 고통의 배후에는 제국의 착취가 전제되어 있다.

이 구절에서 나는 오늘 우리시대의 고통을 연상해본다. IMF 사태 이후로 급속하게 지구화의 소용돌이 속으로 빨려 들어가고 있는 우리 현실을 떠올리게 되는 것이다. 극소수의 사람들을 제외하면 거의 대부분의 사람들은 하나같이 생존의 위협 속에 허덕이며 산다. 언제 어떻게 몰락할지 모르는 공포감에서 그 누구도 자유롭지 못하다. 예전엔 가난했지만 좀더 부지런히 일하고 아끼며 살면 잘살 수 있을 거라는 희망이 있었지만, 이젠 희망보다는 절망의 나락으로 내던져질까봐 전전긍긍하게 된 것이다. 이런 상황에서 사람들은 심한 스트레스 상태에 빠져 있다. 더욱이 급속하게 변하는 제도적 현실은, 빠름의 문화에 대한 적응력이 가히 세계 최고 수준이라고 자부하는 우리에게도 너무나 숨이 가쁘다.

사람들은 누구나 이런 고통에서 벗어나고 싶은 욕망이 있다. 하지만 우리의 현실은 거기에서 벗어나는 것이 거의 불가능해 보이는 상황으로 점점 내몰리고 있지 않은가. 오히려 한미 FTA 논란에서 보듯이, 그러한 지구화된 세계의 고통의 현실은 점점 가중되어가는 듯이 보인다. 이럴 때 종종 사람들은 더욱 심한 고통에 놓인 이를 돌아볼 여유를 갖지 못한다. 오히려 그를 잊어버리고 싶어 한다.

해서 어떤 경제학자는 우리시대의 이러한 망각현상을 '잊어버림의 정치'라는 말로 규정하기도 한다.* 이 표현은 우리 시민사회가 타인의 고통에 눈 감아버림으로써 결과적으로 그들을 배제하는 현상을 지칭한다. 바로 가장 심한 고통상황에 놓인 이들, 곧 비시민화된 자를 망각함으로써, 앞서 말한 그네들의 사회적 기억을 말소하는, 하여 결국 그들을 사회적으로 처벌하는 셈이 된다는 것이다. 그런데 이러한 기억처벌 과정에서 저들 비시민화된 이들은 자기 자신의 자존감을 상실하게 된다. 회생불능의 나락으로 내몰리는

---

* 박배균·정건화, 「세계화와 '잊어버림'의 정치 —안산시 원곡동의 외국인 노동자 거주지역에 대한 연구」, 『한국지역지리학회지』 10권 4호 (2004).

것이다.

나는 여기서 교회의 과제를 생각하면서 게라사 광인을 대하는 예수를 떠올려본다. 모두들 그를 잊은 채, 자기들이 규정하고 싶은 대로 그를 이야기하는데, 예수는 사람들에게서 망각의 대상이 되어버린 그이의 이름을 부른다. 아무도 부르지 않고, 모두에게 잊혀진, 심지어 그 자신에게조차 잊혀진 그의 이름을 부른다. 하여 그 부름에 대답하는 순간 그는 비로소 자신에 관한 아련한 기억을 떠올리게 하려는 것이다.

오늘 우리사회의 빈곤층 밀집지역에 대한 현장조사들을 보면, 주민들의 가족해체가 대단히 심각한 수위에 이르렀음을 알 수 있다.* 이혼율 세계 1위 운운하는데, 그런 현상이 더욱 심한 곳이 바로 빈곤층 밀집지역이라는 것이다. 한데 빈곤층 가족해체의 주된 이유 가운데 하나가 바로 가정폭력이다. 요컨대 가난하지만 단란하고 이웃 간의 정이 넘친다는 달동네 가족의 풍경은 점점 옛말이 되어가고 있다. 오히려 달동네가 더욱 광폭해지고 있다는 것이다.

그것과 맞물려서 알코올중독의 심각성이 제기되기도 한다. 도시의 빈곤지역에서 점점 자존감을 상실한 이들이 많아진다는 얘기다. 고통을 망각하기 위해 다른 것에 의존성이 커지고, 그로 인해 자기 자신에 대한 통제력을 상실해간다. 많은 이들이 이러한 정신적 붕괴상황으로 빠져들고 있다는 것이다.

그런 의미에서 나는 오늘의 교회, 특히 민중교회를 생각한다. 오늘날 거의 어디서나 민중교회는 위기에 놓여 있다. 사실 이것은 시대의 변화를 생각하

---

* 이정은, 「빈곤에 부서지는 가족. 브레이크가 없다」, 『말』 2003년 10월호 참조.

면 당연한 얘기다. 말했듯이, 사회는 점점 타인을 생각하는 것을 짜증스러워하는 방향으로 가고 있다. 지구화는 그러한 강퍅한 심성을 빠르게 유포하는, 일종의 악성 전염병과도 같다.

그러니 고통당하는 타인과 아픔을 나누려는 신념을 가진 교회들이 어려움에 처하게 된 것은 당연한 것이다. 하지만 그것이 실망할 일은 전혀 아니다. 왜냐하면, 바로 그렇기 때문에 여전히 민중교회는 더욱 소중하기 때문이다. 모두가 기억하려고 하지 않을 때, 그 망각된 이들을 돌아보고 세상을 향해 증언하는 이가 필요하기 때문이다. 모두가 자존감을 상실한 그/그녀를 위험한 존재처럼 바라보려 할 때, 그네들의 이름을 부르며 그/그녀 자신의 삶에 관심을 가지는 모습에서 예수의 얼굴이 엿보이기 때문이다.

특히 이주노동자 문제에 대한 민중교회의 역할은 거의 결정적이라 할 만큼 지대했다. 빈민지역이나 노숙자 문제는 비교적 시민사회의 많은 이들이 관심을 가졌지만, 이주노동자의 경우는 거의 몰인식의 대상이었다. 그러한 시민사회의 망각, 그 잊어버림의 정치는 민중교회의 고발과 각성이 아니었다면 더욱 심각해졌을 것이다. 우리사회가 그들에 대한 편견에서 비록 소소하나마 이만큼이라도 벗어날 수 있게 된 데에는 민중교회의 역할이 지대했던 것이다.

앞으로 지구화의 압박현상은 더욱 심화될 것이다. 그만큼 고통 또한 더욱 가중될 것이다. 그리고 이 고통이 특정 집단에 좀더 과중되어 부과될 것이며, 이러한 고통전가의 체계는 이들 과부화된 고통 담지자의 무능력화를 더욱 심화시킬 것이 분명하다. 결국 지구화는 민중의 신체와 영혼을 붕괴시킨다는 것이다.

그렇기에 그들의 이름을 불러주는 예수의 모범을 따르는 교회의 존재는 더욱 중요해지지 않을 수 없다. 교회는 바로 그 망각상황에 놓인 이들, 그래서 점점 자기 자신이 붕괴되어가는 이들을 발견하고, 그들의 이름을 부르는 일, 바로 그러한 과제를 짊어져야 하는 것이다.

주기도 탐구

주기도 탐구를 시작하며

　　✳️ 『성서』에는 주가 가르쳐주었다는 기도가 나온다. 해서 그리스도인은 이것을 '주(의) 기도'라고 이름 붙이고 여기에서 기도의 모범을 발견하고자 여러 노력을 해왔다. 그럼에도 오늘날 '주(의) 기도'는 진지한 신앙적 고민의 대상이 아니다. 신앙제도의 일부로서 너무 경직된 기도의 틀이 되어 있는 것이다.

　　지난 1999년, 지금도 함께하고 있는 교회에서 담임목사로서 일할 당시, 교인 한 사람의 질문에서 시작된 주기도에 대한 설교는 다섯 회에 걸쳐 이어졌다(5월 23일~10월 17일). 그리고 한 차례 전 교인이 모여 토론하는 시간을 갖기도 했다. 설교와 토론의 주제는 '주(의) 기도를 어떻게 우리의 살아 있는 신앙의 일부가 되게 할 수 있는가'였다. 특히 초점은 기도 속에 담긴 예수의 뜻을 좀더 실감나게 하는 기도문의 번안을 모색하자는 데 있었다. 하지만 아쉽게도 내 빈약한 역량 탓에, 그리고 어쩌면 너무 앞서간 주장 탓에 이 기획은 결실을 맺지 못하였다.

2005년 5월, 『갈라진 시대의 기쁜 소식』이라는 얇은 가톨릭계 연구단체
가 발행하는 주간잡지에서 5회 분량의 '성서 읽기'를 부탁받고, 오랫동안 묵
혀뒀던 주(의) 기도 설교원고를 떠올렸다. 좀더 축약하고, 그간의 고민의 결
을 담아내어 연재를 마쳤다. 다음에 실린 '주기도 탐구'는 바로 이 원고를 약
간 다듬은 것이다. 이것은 물론 주기도를 번안한 대안적 모델은 아니다. 대

『성서』 시대 주기도의 세 가지 변형

「마태오복음」 6장 9~13절	「루가복음」 11장 2~4절	「디다케」* 8장 2~3절
그러니 여러분은 이렇게 기도하시오. "하늘들에 계신 우리 아버지, 당신의 이름이 거룩하게 되소서. 당신의 나라가 오게 하소서. 당신의 이름이 하늘에서와 같이 땅에서도 이루어지게 하소서. 우리가 일용할 빵을 오늘 우리에게 주소서. 그리고 우리가 우리에게 빚진 이들을 용서했듯이 우리에게도 우리 빚들을 용서하소서. 그리고 우리를 유혹에 빠지지 말게 하시고 오히려 악에서 구출하소서."	그러자 (예수께서) 그들에게 말씀하셨다. "기도할 때 (이렇게) 말하시오. '아버지, 당신의 이름이 거룩하게 되소서. 당신의 나라가 오게 하소서. 우리가 일용할 빵을 날마다 우리에게 주소서. 그리고 (우리) 자신이 우리에게 빚진 이들을 모두 용서하오니, 우리에게도 우리 죄들을 용서하소서. 그리고 우리를 유혹에 빠지지 말게 하소서.'"	여러분은 위선자들처럼 기도하지 말고 오히려 주께서 당신 복음에서 명령하신 대로 이렇게 기도하시오. "하늘에 계신 우리 아버지, 당신의 이름이 거룩하게 되소서. 당신의 나라가 오게 하소서. 당신의 뜻이 하늘에서와 같이 땅에서도 이루어지게 하소서. 우리가 일용할 빵을 오늘 우리에게 주소서. 그리고 우리가 우리에게 빚진 이들을 용서하듯이, 우리 빚을 용서하소서. 그리고 우리를 유혹에 빠지지 말게 하시고 오히려 악에서 구출하소서. 권세와 영광이 영원히 당신 것이기 때문입니다." 여러분은 하루에 세 번씩 이렇게 기도하시오.

안모델을 만드는 건 나의 관심거리도 아니고, 또 그럴 만한 역량이나 수련도 부족하다. 오히려 나의 바람은 많은 이들에게 신앙적 고민거리 하나가 추가되었으면 하는 것이다.

---

* 「디다케」('열두 사도의 가르침'이라는 제목을 가진 책으로, 통상 그 첫 단어인 '디다케'〔=가르침〕로 줄여서 부름)는 1873년 그리스 정교회의 주교 필로테오스 브리엔니오스가 콘스탄티노플시의 파날 광장 내 성묘 수도원 도서관에서 발견한 문서다. 주후 50년에서 100년 사이에 시리아의 어느 시골교회에서 만들어진 것으로 보이는, 일종의 그리스도인 규범서로, 『제2성서』(=『신약성서』)에 수록된 복음서들 못지않게 오래된 것이라는 점에서 역사의 예수 자신이나 가장 이른 시기의 예수 공동체의 신앙을 이해하는 데 대단히 소중한 자료이다.

(하늘에 계신 우리) 아버지!

🌿「마태오복음」 6장 9~13절과 「루가복음」 11장
2~4절, 그리고 「디다케」 8장 2~3절에는 예수가 가르쳐줬다는 기도가 서로
약간 다르게 기억되어 있다(「디다케」는 「마태오복음」과 몇 구절을 제외하고는 토
씨까지 동일하다). 그 첫 구절은 공히 신을 부름으로써 기도를 시작한다. 「마
태오복음」과 「디다케」는 "하늘에 계신 우리 아버지!"라고 하고, 「루가복음」
은 그냥 "아버지!"라고 한다. 거의 대부분의 학자들은 「루가복음」의 것이 예
수의 말 그 자체였다고 보는 경향이 있는데, 꼭 그렇게 단정하는 게 옳은지
는 모르겠다.

이든 저든 간에 이 부름 구절은, 거의 비슷한 시기의 유대교 회당에서 일
반적으로 사용되었던 기도문과 비교해보면 예수가 가르쳐준 기도의 취지가
어렴풋이 드러난다. 다음은 주후 80년경 유대교 회당에서 매일 암송했던
'18개조'의 기도문이다. 비록 이 기도문은 반로마 전쟁으로 성전이 무너지고
팔레스타인 전 강토가 폐허가 된 이후 고강도의 정체성 확립운동을 벌이던

80년경 유대교 회당의 정황과 관련이 있지만, 대체적인 내용은 그 이전 시기에 확립된 것으로 알려져 있다. 아마도 예수 당시 유대인들도 회당에서 예배를 드리면서 이와 비슷한 기도문을 암송했을 것이다.

> 당신은 복되십니다. 오 주, 아브라함의 하느님, 에사오의 하느님, 야곱의 하느님, 지극히 높으신 하느님이시여, 당신은 천지의 창조자시고, 우리의 방패시며, 우리 조상들의 방패십니다. 당신은 복되십니다. 오 주, 아브라함의 방패시여!
> 당신은 굳세고 강하셔서, 영원하시며, 죽은 자들을 일으키시며, 산 자들을 붙드시며, 죽은 자들을 살려내시옵니다. 당신은 복되십니다. 오 주, 죽은 자들을 살려내시는 분이시여!
> 당신은 거룩하시며, 당신의 이름은 경외를 받는 것이 마땅합니다. 당신 외에는 어떤 신도 없습니다. 당신은 복되십니다. 오 주, 거룩하신 하느님이시여!

세 개 조로 된 부름 구절들 속에는 유대 랍비들의 역사철학이 응축되어 있다. 한마디로 하면, 이스라엘의 민족정체성의 구심으로서 신에 관한 고백이라고 할 수 있겠다. 거기에는 오랫동안 식민지 백성으로서 제국들에 의해 난도질당한 민족의 피맺힌 절규가 들어 있고, 절절한 구원의 소망이 함축되어 있다.

반면 예수의 기도는 지극히 간소하다. 필경 예수 자신도, 그분이 유대인인 한, 알았을 이 유대교 기도문의 긴 역사철학적·민족사적 정체성을 담은 모든 말들을 다 잘라버리고, "(하늘에 계신 우리) 아버지!"라는, 달랑 신을 향한 직접적인 부름만을 남긴다.

「마태오복음」의 주기도 바로 앞 구절에는 이런 구절이 있다. "여러분이 기도할 때에는 이방인처럼 수다를 떨지 마시오. 그들은 많은 말을 해야만 들어주시는 줄로 생각합니다." 여기서 이 이방인의 기도가 어떤 내용이었는지는 알려져 있지 않으나 그 정황은 미루어 짐작하고도 남음이 있다. 한데 흥미롭게도 「집회서」에는 유대교 회당에서도 이런 비난에 자유롭지 못할 법한 기도가 수행되었음을 추론할 수 있다. "기도할 때에는 같은 말을 되풀이하지 마시오"(「집회서」 7장 14절). 그리고 우리가 알고 있는 유대교의 18개조 기도문을 통해서 「집회서」 저자가 충고하는 것이 무엇인지 알 만하다. 그렇다면 그가 생각하는 간략한 기도는 어떤 것일까? 역시 알 수는 없으나, 간략한 기도를 충고한 또 다른 이인 예수에게서 그 간소함의 내용은 충분히 알 수 있다. 곧 예수의 기도에는 역사가 생략되어 있다. 왜 생략했을까? 바로 이 점이 주기도의 부름 구절의 요체다.

유대교 회당의 기도문을 만들어낸 주역은 바리사이였다. 그들은 식민화된 민족의 정체성 재무장화를 추구하는 대중운동을 일으켰고, 대중의 높은 지지를 받으며 민족사의 명실상부한 주체로 부상한 존재였다. 그들 중에는 중앙에 진출하여 귀족들만 참여했던 성전 원로원(산헤드린)의 의원도 있었고, 또 유명한 랍비도 있었다. 하지만 대다수는 촌락의 회당에서 활동하는 마을 유지였다. 그리하여 이제까지 중앙에서만 벌어졌던 민족사에 관한 모든 담론들은 바리사이에 의해 수정된다. 중앙과 지방을 아우르는 그들의 운동은 대중을 민족사의 주체로 견인해냈다.

그것을 가능하게 한 것이 바로 율법의 효과였다. 바리사이즘의 율법을 간략하게 이야기하면, 신학적이고 신앙적인 사제들만의 규율을 대중적 규율로 옮겨놓은 것이라고 규정할 수 있다. 즉 중앙 엘리트들만의 신학적이고 신앙적인 규율이 바리사이에 의해 전 민족이 지켜야 할 규율로 재해석된 것이다. 그리하여 민족의 주체로 중앙 엘리트만이 아니라 주변부 백성 또한 포함될 수 있게 된 것이다.

그러나 바로 이 점이 예수에겐 문제였다. 예수는 회당 안에서 율법을 두고 바리사이와 충돌하지 않을 수 없었다. 예수가 보기엔 율법은 사람을 살리고 구원하는 것이기보다는 배제하고 폭력을 가하고 죽이기까지 하는 법이었다. 왜 이런 시선의 차이가 발생했을까?

말할 것도 없이 예수는 율법에 의해 추방당한 자들의 시선에서 하느님을 말하고 싶었던 게다. 이방인 같은 자, 공동체의 떳떳한 주역으로 평가될 수 없는 자, 가난한 자와 이른바 '죄인들', 거지, 세리, 창녀 등등이 그의 주위에 몰려 있었고, 바로 그들과 예수는 함께 식탁을 나누고 있었으며, 그들에게 하느님 나라를 선포하고 기적을 베풀었다.

이들은 바리사이가 만들어놓은 '내적 국경'의 외부로 밀려난 자들이다. 반외세 민족주의자들인 바리사이는 율법을 통해 율법에 규율되는 자와 그렇지 않은 자를 나눔으로써, '외부의 외세'만이 아니라 '내부의 외세'를 솎아내려 했던 것이다. 이들 '내부의 외세'는 유대민족이 식민화되어 고난을 겪어야 했던 내적 요인이며, 따라서 이들은 유대민족사의 '내부의 적'인 것이다. 그리고 같은 맥락에서 유대민족사의 신으로 하느님을 고백한다는 것은, 이 민족사의 '내부의 적'이 곧 죄인들임을 의미한다. 이들 죄인을 솎아내고 하느님의 남은 자들을 통해 민족사를 재건하겠다는 것이 바리사이의 역사철학이고, 그들의 기도문은 바로 이러한 사상을 은연중 내포하고 있었다.

예수가 선포한 하느님 나라는 바로 이런 죄인들을 부르는 나라다. 그것은 민족사에 대한 거부이며, 민족사가 담고 있는 배제주의에 대한 항거이다. 그런 점에서 예수 기도의 부름 구문은 유대교의 그것처럼 역사의 주역, 역사의 승자의 시선이 아니라, 역사의 패배자, 역사에서 추방당한 자들의 시선에서 출발하는 기도임을 말하고 있다.

역사의 패배자, 죄인들의 하느님은 아들을 세상에 보냈다. '신의 화육(化肉)', 이것은 그리스도교 신학의 정수다. 그런데 그이는 역사의 승리자가 아니었다. 그는 지극히 낮은 곳으로 추락한 이다. 그는 지극히 낮은 자들의 친구이며, 지극히 낮은 자들만이 겪는 방식으로 죽음을 맞이한다. 그가 죽을 땐, 엘리트들만이 그의 적대자가 아니었다. 대중도 그를 죽이라고 외쳤고, 제자들조차 스승과의 관계를 부인하며 몸을 피했다. 심지어 그의 아버지라던 신조차도 철저히 침묵했다. 여기서 전지전능한 하느님은 부재한다. 예수는 역사의 실패자를 상징하며, 신은 그와 함께 권력에 의해 죽임당한 존재다. 바로 여기에, 예수의 기도 속에 '아버지!' 부름의 혼이 담긴다.

세월이 흐른다. 어느덧 예수를 추종하는 이들이 역사를 만드는 자들이 되었다. 아니 실상은 거꾸로다. 역사를 이끄는 이들이 예수를 아울러 추종했다. 하여 그리스도교는 역사의 주역들의 신앙이 되었다. 그것을 어떤 이는 '콘스탄티누스적 전환'이라고 불렀다. 그리고 주의 기도는 그런 전환을 경유한 그리스도교의 모범적 기도문이 되었다.

"하늘에 계신 우리 아버지!"

승리자의 종교를 선택한 그리스도인들은 날마다 기도할 때 이렇게 시작한다. 이 시작의 말 속에는 어쩌면 이런 말들이 생략되어 있는지도 모르겠다. "내가 역사의 실패자가 아니어서 감사합니다." 하여 '하늘에 계신 아버지'는 다시 전지전능한 '빅파더'가 되었다. 예수의 '아버지!' 부름의 혼은 유실되었다.

어떤 페미니스트들은 유실된 예수의 정신을 다시 담기 위해 "(우리) 어머니!"라고 기도를 시작하자는 도발적인 제안을 하였다. 한데 다른 페미니스트는 그 말 속에는 가부장적 가족의 가장 충실한 협력자인 '빅마더'가 도사리고 있다는 문제를 제기한다. '아버지' 못지않게 '어머니'도 승자의 역사에 오염된 것이다.

그렇다면 도대체 승자가 만들어온 역사에서 그 흔적이 말끔히 지워진 이름이 있을까? 얼른 찾아지지 않는다. 아니 애당초 불가능한 주문인지도 모른다. 그렇다면 예수의 정신을 담는 일은 '무'에서 '유'를 창조하는 일이다. 불가능한 데서 가능한 것을 읽어내는 것이다. 그것은 '아버지'라는 이름 속의 승자의 가치관을 소독해내는 일이기도 하고, '어머니'를 정화하는 일이기도 하다. 또한 무수한 이름들, 그 속에 끈질기게 달라붙어 있는 권력의 흔적을 지우기 위해 노력하는 일인 것이다.

비로소 우리가 "(하늘에 계신 우리) 아버지!", "(하늘에 계신 우리) 어머니!", 또는 "(하늘에 계신) 님이여!" 등을 자유롭게 부를 수 있을 때까지, 우리의 이 창조는 계속되어야 한다.

하늘과 땅

❋ 「마태오복음」은 '주의 기도'를 재현해내면서 하느님 호명을 할 때, "하늘에 계신"이라는 부가어를 첨부한다. 물론 헬라 도시적 배경을 가진 「루가복음」에는 하늘 이미지가 없다. 반면 「마태오복음」과 「디다케」에는 하늘 표상어가 다시 한 번 등장한다. "당신의 뜻이 하늘에서와 같이 땅에서도 이루어지게 하소서." 이것은 이 텍스트들이 시리아 남부지역의 유대공동체적 배경을 가지고 있기 때문이다. 하여 많은 주석가들은 예수 자신도 하느님을 하늘 이미지와 결부시켜 이해하고 있었을 것이라고 본다.

한데 더욱 중요한 것은 「마태오복음」이든 「디다케」든, 혹은 「루가복음」이든, 주의 기도를 기억하고 있는 텍스트들은 한결같이 "당신의 나라가 오게 하소서"라는 구절을 공유하고 있다는 점이다. '하늘' 모티브가 들어 있든 않든 주의 기도를 간직하고 있는 공동체들은 모두 예수의 하느님 나라가 아직 도래하지 않았다는 현실인식을 갖고 있었다. 요컨대 이 기도 속에는 '신의 부재'에 대한 문제의식이 깔려 있다는 것이다.

동시대 유대교 일반도 이 점에서 크게 다르지 않다. 끝없이 계속되는 나라 없는 백성의 수난(주전 586년 이후 예수 당시까지, 실은 1948년 이스라엘이 독립하기까지 그들은 줄곧 식민화된 백성들이었다. 하스몬 왕국 시대를 제외하고는 말이다)을 겪으며 유대인들은 그것이 자신들이 죄를 지은 까닭이며, 그런 연고로 신이 깊이 참으시는 중에 있다는 신앙을 고백한다. 그러나 그들이 남긴 기도문 속에서 '신 부재'의 절망의 골은 그리 깊지 않다. 오히려 그들은 전체의 절반을 '감사기도'로 할애한다(18개조의 기도문 가운데 9~18조가 감사기도이다).

　　그 첫 번째 감사는 재물의 축복에 관한 것이다. 제9조, "올해도 우리를 축복하여 주소서. 오 주, 우리의 하느님이시여. 그리고 당신의 보고(寶庫)에 있는 재물로써 이 세상을 만족하게 하여 주소서." 그 나머지는 하느님이 유대 민족의 권위를 회복시켜주고 있다거나, 자신들이 유대교 신앙을 지키고 있는 것에 관해서 감사하는 내용이다. 곧 이 기도문은 체제의 현상유지를 전제한다.

　　반면 주의 기도에서 하늘과 땅은 대립한다. 땅에는 아직 하느님의 나라가 도래하지 않았고, 그럴 기미도 보이지 않는다. 단지 그 나라의 도래란 '염원의 회복'이라는 점에서만 실현되고 있을 뿐이다. 이렇게 예수가 가르쳐준 기도는 유대교 신앙에 대한 공공연한 비판을 담고 있다.

　　「마태오복음」, 「루가복음」, 「디다케」에는 모두 "당신의 이름이 거룩하게 되소서"라는 구절이 "(하늘에 계신 우리) 아버지"를 잇고 있다. 하늘에 계신 그분은 여전히 거룩하시다는 뜻이겠다. 땅에서 그렇게 철저히 훼손된 하느님의 이름이, 그럼에도 불구하고 하늘에선 여전히 거룩하다는 게다. 그렇게 저 놈들이 제멋대로 하느님을 능멸한다 해도, 그래서 수많은 고난당하는 대중의 입에서 '하느님 맙소사, 하느님도 무심하시지'라는 말이 도처에서 참을 수 없이 터져 나온다 해도, 아무리 하느님이 없는 세상처럼 보인다 해도, 하느님이 계신 하늘에선 여전히 당신의 권위와 당신의 뜻이 굳건히 세워져 있다는 고백이다. 그래서 이어지는 고백은 차라리 유토피아를 갈망하는 간절한 절규에 가깝다. "당신의 뜻이 하늘에서와 같이 땅에서도 이루어지기를 ……."

땅은 악마의 규율 속에 있다. 그래서 기도자는 이처럼 땅의 절망상황에 대해 고백한다. 땅의 질서를 수긍하는 유대교의 축복과 감사에 대한 기도와는 달리 말이다. 그리고 땅의 질서 아래서 얻고 있는 유대교 당국의 추상적인, 거창한 감사와는 달리, 삶 하나하나를 질곡 속에 붙들어 매고 있는 땅의 질서로부터 벗어나기를 염원한다.

땅의 질서에 대해 좀더 얘기해보자. 주전 4세기 이래 팔레스타인에는 수많은 민중운동이 일어났다. 특히 주전 1세기는 기층대중이 계급적으로 정치세력화되는 양상이 뚜렷하다. 그러나 그 모든 민중의 꿈과 소망은 철저히 짓밟혔다. 이 시기 묵시문학운동이 대두하고 활발히 전개됐다는 사실은 대중의 묵시적 꿈이 얼마나 널리 유포되어 있었는지를 시사한다. 그러나 그 꿈은 실현되지 않았고, 묵시적 텍스트들에서 볼 수 있듯, 메시아적 존재는 구체적인 인물로 표상되기보다는 익명의 존재로 그려지고 있다. 명시된 특정인이 메시아로 받아들여졌을 때 그 실패의 좌절을 감당할 수 없었기 때문이겠다. 인자니, 하느님의 아들이니, 다윗이니 메시아니 하는—특정인을 가리키는 표상이 아닌—상징어의 활용은 실패로부터 하느님을 분리시키려는, 그리하여 대중이 절망으로부터 희망을 전취하려는 욕망을 담고 있다.

바리사이운동은 이런 꿈과 좌절의 공간에서 역사의 무대 위로 등장했고 널리 확산되었다. 하여 바리사이는 예수 당시 팔레스타인에서 대중에게 가장 영향력 있는 사회종교적 세력이었다. 비록 당시 이들이 하나의 정강을 갖는 잘 조직된 정파는 아니더라도 이 운동의 전반적 특징을 묘사할 수는 있다. '율법을 통한 대중의 도덕 재무장화운동'이라고.

이것은 바리사이가 율법을 대중에게ー제의적 규율이라기보다는 일상적 규율로서ー내면화시키는 데 성공했다는 것을 의미한다. 그 대중적 내면화의 장은 '회당'이었다. 특히 촌락의 회당은, 당시 촌락사회의 사회적 통합의 센터였다고 할 수 있다. 각 촌락은 회당을 중심으로 통합되어 있었고, 촌락 간에도 대체적인 공감대가 형성되었다. 바리사이가 가르치는 '율법'은 바로 그런 공감대의 토양이었다. 물론 개개 율법을 삶에 적용하는 데는 해석이 필요했고, 각 지역의 명망 있는 바리사이파 랍비들의 율법 주석은 이 필요를 채워주었다. 요컨대 해석은 분명 지방색을 띠었다. 하지만 "안식일을 성별하여 지켜야 한다"는 식의 신앙적 규범이 유대인과 비유대인을 가르는 구체적인 기준이 되었던 것처럼, 유대사회는 바리사이운동을 통해서 그 결속이 더욱 구체적으로 실행될 수 있었다. 이처럼 '바리사이적 율법의 눈'이 예수 당시 하늘과 땅을 묶는 질서였다.

로마황제가 파견한 총독과 헤로데 정부를 비롯한, 다양한 기득권 집단들은 자신의 위세를 보이기 위한 대규모 건축사업 등을 앞다투어 시행했고, 이를 위해 대중에게 무분별한 부역동원을 강제했다. 또한 인근지역의 전쟁을 위한 군사동원도 적지 않았다. 게다가 전염병, 기근, 기타 자연재해 등 만성적이고 거의 주기적으로 일어나는 재앙에 대한 자정능력을 박탈당한 촌락사회는 급속히 해체되어가고 있었다. 물론 산업사회에 비견할 만큼 촌락의 해체가 심각하지는 않았지만, 그만큼 사회의 자기 조절능력이 약화된 상황에서 이러한 양상은 심각한 문제임에 틀림없었다. 어떤 연구자는 동시대 팔레스타인사회는 존재의 뿌리를 근절당한 사람들로 들끓었다고 묘사한다. 수많은 사람들이 존재의 근거였고 삶의 토대였던 땅에서 추방되었다. 이것이 당시 대중이 체험하고 있던 땅의 질서였다. 한마디로 그것은 '고통의 체제'다.

이런 상황에서 바리사이운동은 체제가 방기하고 오히려 조장하는 사회해체의 위기를 억제하는 심리적 기제로 작동하였다. 그것은 대중의 메시아적이고 유토피아적 대망을 율법적 질서관으로 대체시킴으로써 가능해진 것이다. 그런데 이러한 질서관은 대중이 역사의 주역으로 부상하는 것을 가로막는 대가를 치러야 했다. 즉 대중의 사회적 박탈을 초월하는 유토피아적 꿈이 대중 자신의 역사적 행위를 통해서 실현되지 못하도록 한 것이다.

세례자 요한이 그랬던 것처럼, 예수도 이러한 하늘과 땅의 바리사이식의 연대를 극력 비판했다. 아니 예수의 운동은 요한보다 훨씬 명시적이고 의도적으로 율법적 질서관의 해체를 추구했다. '죄인과 사귀고 먹기를 탐하는 자'라는 세간의 품평은 그 운동이 얼마나 기성의 질서에서 일탈하고 있었는가를 보여준다.

국부적 공간에서 잠재적인 꿈을 실현하는 것으로 기획된 대안적 공동체를 구성하기보다는, 한층 더 근본적으로 대안적 세계를 바라는 대중의 염원을 고취시켰으며, 그런 꿈 아래 대중을 결집시키고자 했다. 바로 그러한 결집과정의 어느 지점에서 공동의 기도문이 필요했던 것 같고, 그런 맥락에서 질서에 도전적인 공동의 기도문이 탄생한다. 이 기도의 어느 대목에서도 질서의 재구축을 기도한 흔적이 없다. 도리어 이 기도는 현재 겪고 있는 질곡의 근본적 극복을 향한 꿈이 실려 있고, 그것이 땅과 대립된 '하늘'이라는 표상으로 상징되고 있는 것이다.

오늘도 좌절된 희망의 지평이 우리를 둘러싼 세상이라는 점은 변함없다.

적어도 바리사이적 눈이 아니라, 예수의 눈, 민중의 눈으로 보면 그렇다. 특히 경제적 지구화와 무기체제적 지구화의 광풍이 휩쓸고 있는 오늘의 세계에서 땅은 더욱 극명하게 반신(反神)적인 공간임을 여실히 드러내고 있다. '신의 부재'는 우리시대 민중적 시선이 감지하는 공통감각(common sense)이다.

더구나 오늘 우리는 땅과 분리된 '하늘' 표상에서 유토피아를 상상할 수 없다. 하늘은 땅에 의해 훼손되지 않은 채 남은 유일한 공간이 아니다. 아니, 하늘도 땅과 야합하여 우리를 지배하고 있다. 근대문명 이후 하늘이 더 이상 신비의 영역이 될 수 없었던 탓이다. 1969년 7월 20일 닐 암스트롱이 최초로 달에 발길을 내딛으면서 "이것은 나 한 사람이 내딛는 작은 발걸음이지만, 인류 전체에 있어서는 위대한 발걸음이다"라고 한 말은, 1980년대에 이른바 스타워즈 프로젝트라는 미국의 제국적 기획으로 현실화되었다. 이처럼 오히려 현대는 하늘을 정복한 자의 소유라고 할 만큼, 하늘은 탈신비화된 공간이며, 그런 점에서 하늘과 땅의 공모 아래서 오늘날의 지배는 구축되고 있다.

그럼에도 여전히 하늘을 사칭하는 꿈의 담론이 존재한다. 그러나 그러한 이야기들이 유토피아적이기는 하지만, 현실을 넘어서는 상상을 허용하는 담론의 소재이기는 하지만, 그러한 하늘담론은 탈신비화된 하늘로부터 위생처리된 공간, 즉 철저히 탈역사화된 진공의 공간으로서의 하늘을 무대로 한다. 땅에 의해 하늘이 오염되었다는 문제인식은 아직 오염되지 않은 다른 하늘을 가정하지 않을 수 없었던 것이다. 여기서 종교적 담론으로서의 하늘, 오염되지 않는 다른 하늘담론은 사람들의 체험영역 외부로 종교담론을 밀어올려야만 했다. 즉 역사적 연결고리를 잃어버린 종교담론이 바로 그리스도교의 하늘담론인 것이다. 예수 시대에 바리사이가 그랬던 것처럼, 교회는 오늘날 하늘과 땅의 이러한 야합을 조장한다.

사람들이 체험하는 하늘은, 땅에 의해 오염된 곳인 동시에, 땅을 오염시키는 곳이기도 하다. 왜냐면 그것은 절대권력의 공간을 시사하기 때문이다. 교회는 이런 절대권력의 지배와 직·간접으로 공모한다. 그리고 주의 기도는 그런 시선으로 해석되고 있다, 아니 농락되고 있다. 하여 우리는, 예수처럼, 그를 따르던 공동체들처럼, 주의 기도를 다시 읽어야 한다. 하늘과 땅의 공모를 해체하는 시선으로……

일용할 양식

🌿주기도는 크게 두 부분으로 구성되어 있다. 전반부의 주제가 '하느님'이라면, 후반부의 주제는 '사람'이라고 할 수 있다. 그리고 이 둘을 통합하는 주제는 '하느님 나라'다.

지난 두 번에 걸쳐 우리는 주기도 전반부의 하늘과 땅의 대립이 하느님 나라가 인간사회에서는 지속적으로 유예되고 있는 현실과 관계있다는 것을 보았다. 이것은 물론 '하늘'에선 그 나라가 실현되어 있다는 믿음을 전제한다. 즉 그들이 볼 때 하늘이란 '지금 여기'에서 자기들이 겪고 있는 현실의 질곡과 정확하게 반대편에 있다. 요컨대 '하늘'이란 하느님 나라의 추상적 지평으로, 현실의 질곡 속에 눌려 있는 이들이 표상할 수 있는 염원의 극대치를 나타내는 기호다. 그런데 이런 진리의 추상성을 나타내는 기호가 현실과 접점을 맺는 부분은 어디인가? 주기도의 두 번째 부분은 바로 그것에 관한 해명으로 보아도 무방하다.

「마태오복음」과 「디다케」에 따르면 주기도 전반부의 마지막 구절에서 기도자는 "당신의 뜻이 하늘에서처럼 땅에서도 이루어지기를……"이라고 기원한다. 그러므로 후반부는 자연히 추상적 진리가 현실화되는 것, 즉 기도자의 실존적 바람이 담겨 있는 하느님 나라의 현실적 지평을 다루게 되는 것이다. 그리고 그 첫 번째 구절이 바로 일용할 양식에 관한 간구다.

"우리에게 일용할 양식을 (오늘/날마다) 주소서." 이 구절은 당시 사람들이 일반적으로 겪고 있는 '고통'에 관한 실존적 공감(common sense)을 보여준다. 배고픔은 예수 시대 대중의 가장 일반적인 고통이었다. 이는 "(하늘에 계신 우리) 아버지"가 당시 사람들의 '종교적 공감'에 기초하고 있는 것과 대비된다. 「마태오복음」과 「디다케」, 「루가복음」은 그런 점에서 예수와 동일한 공감을 갖고 그의 기도를 떠올린다(반면 오늘 우리사회 사람들 다수는 고통에 관해 다른 공감을 갖고 있지 않은가). 대중의 굶주림은 예수와 이 세 텍스트를 생산한 예수공동체의 주위에 널려 있었고, (직접경험이든 간접경험이든) 사람들의 고통을 표상하는 것으로 읽는 데 아무런 지장이 없었다.

그러나 이 세 텍스트는 예수의 말을 두 가지 점에서 조금 다르게 기억한다. 하나는 '주다'는 뜻의 동사 '디도미($\delta\iota\delta\omega\mu\iota$)'가 「마태오복음」과 「디다케」에서는 과거명령형인 '도스($\delta o s$)'로 쓰인 반면, 「루가복음」은 현재형('디두', $\delta\iota\delta o\upsilon$)으로 말하고 있다는 점이다. 그리고 다른 하나는 '오늘'을 뜻하는 부사 '세메론'($\sigma\eta\mu\epsilon\rho o\nu$; 「마태오복음」, 「디다케」)과 '날마다'라고 번역될 수 있는 '토-캇-헤메란'($\tau o\ \kappa\alpha\theta'\ \dot{}\eta\mu\epsilon\rho\alpha\nu$; 「루가복음」)의 차이다. 즉 「루가복음」은 하느님이 '빵'을 주는 행위를 그야말로 매일매일 일어나는 것으로 묘사하고 있는 반면, 「마태오복음」과 「디다케」는 받는 그 시점을 강조한다. 「루가복음」이 지속성을 강조하고 있다면, 다른 두 텍스트에선 '지금 당장'이라는 시점이 부각되고 있는 것이다. 이러한 차이에는 세 텍스트가 서 있는 시공간적 맥락의 차이가 반영되어 있다.

얼마 전 TV에서 본 한 다큐멘터리 프로그램의 내용이 내겐 이러한 차이를 짐작하게 하는 안성맞춤의 비유로 보인다. 인터뷰어가 말기 암환자인 40대 초반의 여인에게 "지금 가장 바라는 게 뭐예요?"라고 묻는다. "병이 나았으면 좋겠어요" 혹은 "날마다 건강하게 지냈으면 좋겠어요." 나는 이런 대답이 나올 줄 알았다. 그녀를 안타깝게 바라보는 내가 바라는 게 그녀의 바람이라고 생각했던 것이다. 한데 그녀의 대답은 "'오늘' 아프지 않았으면 좋겠어요"였다.

「마태오복음」과 「디다케」에는 이처럼 내일을 상상할 수 없는 사람들의 간구가 들어 있다. 이들에게 현재의 시간은 멈춰 있는 것이나 다름없다. 어제처럼 오늘도 그러하고, 내일도 그러할 것이기 때문이다. 그러니 이들에겐 시간은 지속되지만, 그 흐름은 질적인 차이를 담고 있지 않다. 이러한 현실에서의 실존의 시간은 중단되지 않으면 아무런 희망이 없다. 그래서 「마태오복음」과 「디다케」의 기도 속에는 강렬한 '종말론적 기대'가 저변에 깔려 있다.

반면 「루가복음」은 종말의 지연을 허용할 여유가 있다. 왜냐하면 시간의 흐름을 성찰하면서 바라볼 수 있기 때문이다. 기도자는 어제와 오늘이 다르고, 또 내일이 다를 것이기에, 그 '다름' 가운데에서 불안정한 실존의 위협이 온다 하더라도 일용할 빵이 '늘' 있게 하소서라고 기도한다. 그/그녀들은 시간의 흐름 속에서 삶을 신앙적으로 성찰하고 있는 것이다.

여기서 우리는 세 텍스트가 각각 어떤 문맥 속에 위치하는지를 유념할 필요가 있다. 「마태오복음」은 산으로 올라간 예수 일행에게로 모여든 군중을 향해 이 대안적 기도를 가르쳐주고 있다(주기도는 「마태오」에선 이른바 '산상설교'의 문맥 속에 위치한다). 반면 「루가복음」은 예수가 모처에서 기도하면서 제자들에게 이 기도를 일러주었다고 한다(강론 형식의 텍스트인 「디다케」는 이야기적 맥락이 없다). 이것을 예수 당시로 환산해서 읽어봄으로써, 그 의미의 가능성을 상상해보자.

우선 「마태오복음」에서 '산'으로 예수를 찾아 따라온 사람들은 누구인가? 복음서는 예수가 마을회당에서 활동할 때 촌락의 백성들이 그이의 청중이었다고 묘사한다. 그러나 바리사이와 충돌하고 난 뒤 예수 일행은 더 이상 회당에서 활동할 수 없었고, 대신 바닷가나 산등성이 등 비경작지역의 공터가 집회장소로 쓰였다. 이때 예수 주위로 몰려든 사람들은 내일의 생계를 예상할 수 있는 이들이 아니라, 지금 밥 한 그릇 배불리 먹는다면 죽어도 좋다고 할 만큼 아주 절박한 지경에 있던 자들이었다. 예수의 활동상의 시공간적 흐름을 가장 역사적으로 다루고 있는 텍스트인 「마르코복음」의 표현대로 하면 그들은 '오클로스'다. 이 복음서에서 그들은 계층적 함의를 갖는 용어로 쓰인다. 즉 경제적·정치적·사회적·문화적 제 요인들로 인해 공동체에서 추방당한 자들, 귀속 공간을 박탈당한 사람들을 가리킨다. 가령, 부랑자, 도적, 매춘녀, 세관원 등과 같은 사람들이 오클로스였다(「마태오복음」와 「루가복음」에는 오클로스의 이러한 계층적 지시성이 훨씬 모호해진다).

「마태오복음」은 비록 '오클로스'를 「마르코복음」과는 달리 무정형적인 '대중'과 같은 의미로 쓰고 있지만, 공동체가 처해 있는 상황을 살핀다면 「마르코복음」에 비해 결코 평탄한 처지에 있지 않다. 마치 구한말-식민지 시대에 맨몸으로 고향땅을 떠나 훨씬 척박한 곳으로 이주해야 했던 간도의 조선인처럼, 「마태오복음」(「디다케」도 마찬가지인데)의 주역인 남부 시리아 지역의 유대인들은 특히 주후 40년대 말 이후, 잇따른 기근, 전염병, 그리고 저항폭력과 지배폭력이 난무했던 전쟁 직전의 시기, 그리고 66년부터 72년까지 계속된 반로마전쟁의 참화를 겪다 못해 고향을 떠나온 사람들이었다. 물론 그

이전부터 이 지역은 유대계 유민들로 들끓었다.

전쟁 당시 로마군은 시리아 지역에서 수많은 사람들을 군사로 징발했다. 이것은 이 지역에서 유대인에 대한 증오심을 폭증시키는 계기가 되었다. 안 그래도 지역사회의 하층민으로 편입된 이들에게, 가만 두어도 폭력 앞에 무력하게 노출된 사람들에게, 전후의 폐허와 패전국 백성에 대한 주위 나라 백성들의 테러리즘은 참을 수 없이 가혹했다.

여기에 「마태오복음」 공동체가 겪었음직한 사정 하나를 더 얘기해보자. 유대사회는 국가가 붕괴되고 가옥이란 가옥은 모조리 불에 타고 수많은 이들이 죽임당하는, 처절한 사회 붕괴를 경험했다. 이제 전쟁이 끝났으니 붕괴된 사회를 복구하는 게 당연지사다. 한데 성전이 불탔고, 대사제 가문의 인사들 대다수가 죽거나 노예로 팔려갔거나 사라졌다. 사회지도층은 씨가 말랐다. 물론 존경심도 없어졌다. 존재론적 중심마저 붕괴된 사회에서 전후의 복구가 가능한가? 누가 그것을 할 것인가? 물론 다양한 집단들이 사회의 복구를 모색했다. 그리고 그 와중에서 가장 공식적인 위상을 확보한 이들이 바로 바리사이였다. 랍비들은 로마 당국의 허가를 얻었고, 약간의 원조를 받아 학교를 건설했다. 그것은 물론 단순한 교육기관이 아니다. 국가형태가 아닌 지배구조의 모색이 학교라는 이름으로 시도된 것이다. 여기서 랍비들의 프로그램은 율법을 세움으로써 유대적 정체성을 재확립하려는 데 목적이 있었다. 미루어 짐작할 수 있듯이, 전후 폐허가 된 사회에서 정체성의 확립 프로그램은 대단히 고강도로 진행된다. 폭력적이었다. 그리고 폐쇄적이었다. 그것을 위해선 이질적인 요소들이 발굴되어야 했으며, 예수도당과 세례자 요한의 도당과 같은 타자를 발견했다. 그들은 회당에서 폭행을 당했고, 전향을 거부하는 이들은 추방당해야 했다.

이것은 유대 본토보다 이방지역에서 더욱 심각했다. 「루가복음」같이, 공동체 내에 얼마간 재력이 있는 이들이 있고 보호해줄 당국의 관원에게 기댈 가능성이 있는 경우라면 덜하지만, 「마태오복음」 공동체에겐 적나라하게 다가오는 살기어린 칼날과 같았다. 낯선 곳에서 당국으로부터 공인된 유대인 공동체인 회당은 거의 유일한 안전구역이었다. 한데 이들은 그곳에서 추방당한 것이다. 야수들로 들끓는 정글 한가운데로 내던져진 이들이 바로 「마태오복음」을 낳은 공동체였던 것이다. 실제로 이 복음서에는 어느 텍스트보다 폭력적 묘사들이 넘실거린다. 그만큼 폭력이 일상화된 사회에서 이 텍스트는 탄생하였다.

하여 전쟁의 테러리즘을 먼 기억 속에서나 간직하고 있던 예수—예수 시대 전후는 반란의 시대였다. 그러나 당대는 비교적 평탄하게 체제가 유지되었다—와 그것이 현실 자체인 「마태오복음」의 기도는, 굶주림의 감각이라는 점에서는 강한 공감대를 형성하고 있었겠지만, 동시에 동일하지 않은 폭력의 뉘앙스가 깔려 있다. 「마태오복음」에는 평안의 열망이 더욱 절박했다.

한편, 예수와 제자들의 상황을 다른 각도에서 보자. 그들은 떠돌이 예언자 집단이었다. 그런데 그들은 다니는 곳마다 사람들의 환대를 받은 것이 아니다. 오히려 더 많은 곳에서 박대를 받았다. 게다가 헤로데의 공권력의 추격을 피해 다녀야 하는데, 마을 유지인 바리사이가 제보자로 나선다면, 헤로데 당국을 피해 다니는 일은 여간 어려운 게 아니었을 것이다. 혹 공권력에 활동이 노출된다면 젖 먹던 힘까지 내서 도망쳐야 할 터였다. 그런 이들에게 하루하루의 삶이 얼마나 불안정한가? 내일을 걱정할 여유가 없었다.

요컨대 예수, 그의 제자들, 그리고 「마태오복음」 공동체, 이들 모두는 내일을 상상할 수 없을 만큼 절박한 현실을 살아야만 했다. 그런 상황에서 주의 기도는 탄생했고 전승되었으며 수용되었다.

　반면 「루가복음」에서 주가 가르쳐준 기도의 수용자로 나오는 '예수의 제자'라는 이미지는 전혀 그렇지 않다. 그들은 일반 제자들과는 다른 제자, 즉 '사도'로서 공동체에게 음식을 배급해주는 주체였다. 함께 굶주리는 이가 아니라 굶주린 이들을 구휼하는 존재인 것이다. 일용할 양식을 나누어주는 존재, 그러므로 그들에게 일용할 음식의 배급이란 공동체를 유지하는 가장 중요한 조건의 하나였다. 이 텍스트에서는 이와 같이 제자들의 사회적 위치 변화를 담고 있다. 그렇다면 「루가복음」의 이 구절은 '굶주림'을 대하는 태도에 있어서 예수와는 다소 변화된 시선이 전제되어 있다고 보아야 할 것이다.

　필경 예수가 가르쳐준 기도는 일용할 빵에 관한 종말론적 간구를 포함했을 가능성이 있다. 그만큼 끼니의 문제는 절박했다. 유대교의 18개조 기도문의 제9항 "올해도 우리를 축복하여 주소서. 오 주, 우리의 하느님이시여. 그리고 당신의 보고(寶庫)에 있는 재물로써 이 세상을 만족하게 하여 주소서. 당신은 복되십니다. 오 주, 해마다 축복하시는 분이시여!"와 비교해보라. 여기서는 곡식이 가득 쌓인 창고로 어떻게 사람들에게 축복이 나누어질까를 고민하지만, 예수의 맥락에서는 곡식창고라는 말 자체가 실존과는 너무 먼 곳에 있다. 마치 어떤 민생정책이 하느님의 도움으로 실현되었다고 기도하는 사람과, 그런 민생정책에도 불구하고 생존의 위협에서 벗어날 수 없어 절박한 마음으로 기도하는 사람의 차이가 여기에 함축되어 있다. 물론 「루가복음」의 기도자도, 유대교의 이 기도 항목처럼 분배를 걱정하면서 기도하지만, 그는 신의 편보다는 인간 편에서, 통치자의 편보다는 백성의 편에서 간구하고 있다. 그런 점에서 이 복음서의 기도는, 새 체제를 건설하려는 통치자로 스스로를 자리매김하는 유대교의 기억의 계열보다는 그러한 체제에 의해 배척당한 이들을 바라보고 있다는 점에서 예수와 연계되고 있다.

그렇다면 오늘 우리는 과연 이 기도를 어떻게 읽어야 하는가? 절대빈곤의 늪에서 허덕이는 상대적으로 소수인 극빈층 외에는 이런 식의 기도에 공감할 수 있는 이가 도대체 있을까? 비만을 걱정하며, 다이어트 방법을 생각하곤 하는 우리, 영양결핍보다 과잉을 우려하는 우리가 이 기도를 공유할 수 있을까? 이런 우리에게 「마태오복음」이나 「디다케」, 그리고 「루가복음」이 전해준 주의 기도는 또 다른 방식의 독해를 요구한다. 특히 '빵'이 당장의 끼니를 뜻할 뿐 아니라, '절박하게 요청되는 실존의 양식'이라는 관점으로도 읽혀질 수 있다면, 「루가복음」처럼 날마다 우리가 당면하고 있는 실존적인 고통을 간구하는 기도로서 재독해될 수 있는 것이다. 그러므로 유대인처럼 실존의 고통이 소거된 기도가 아니라, 고통 외부에서 그 위에 선 자로서 기도하는 게 아니라, 자신과 자신이 속한 공동체의 고통, 나아가 타인의 고통을 스스로에게 전이시켜 기도 속에 담아내는 것이 요청된다는 것이다.

물론 세계에는 아직 절대빈곤의 사람들이 너무나 많다. 지구화의 폭력성은 그러한 빈곤의 고통을 다른 한편의 사람들에게 더욱 가중시키고 있다. 그러니 "지금 당장 빵을 주세요"라는 주의 기도는 우리로 하여금 바로 저들을 기억하라고 권고한다.

하여 "우리에게 일용한 빵을 (오늘/날마다) 주소서"라는 예수의 말은 오늘날 사람들이 겪고 있는 고통의 언어로 번안되어야 하며, 또 수없이 많은 언어로 다르게 말할 수 있어야 한다. 다르게 말한다는 것은 자기 자신의, 나아가 이웃의 고통을 담아내는 언어로 얘기하는 것이다. 그것은 복음서의 주의 기도를 '다르게 읽는' 것만이 아니라 '다르게 쓰는' 것을 뜻하기도 한다. 다르게 읽고 쓴다는 것은 고통을 활용하는 사회의 메커니즘을 들춰내는 작업을 수반한다. 바로 그러할 때, 그런 삶을 담아내는 기도에서 이 구절은 우리에게 의미가 있다.

빛의 사면

🌱 "하느님이 아들을 이 세상에 파견하신 것은 세상을 심판하시려는 것이 아니라 아들로 말미암아 세상이 구원받게 하시려는 것이었습니다"(「요한」 3 : 17). 이 구절은 니고데모와 대화를 나누던 중 예수가 한 말이다. 니고데모는 『성서』에서 오직 「요한복음」에만 나오던 인물인데, 바리사이 출신이고 "유대인들의 의회 의원"(직역하면 "유대인들의 지도자")이며(3 : 1), "이스라엘의 교사"(3 : 10)라고 한다. 즉 그는 '구약'과 율법에 정통하였으며, 유대사회에서 영향력 있는 인물이다. 요컨대 그는 '유대인 중의 유대인'인 것이다.

그런데 유대인들은 세상으로부터 구원받기 위해서는 하느님의 법을 충실히 지켜야 한다고 믿었다. 여기서 간과해서는 안 되는 것은 이 '하느님의 법'은 제도를 통해 가시적인 것으로 드러난다는 점이다. 이 제도란 유대교의 회당 시스템을 중심으로 하고 있다. 「요한복음」은 이 시스템을 혹평하여 묘사하기를 "혈통과 육욕, 그리고 사람의 욕망"(직역하면 "피와 육체의 의지, 그리고 남자의 의지")이라고 한다(1: 13). '혈통'이라 함은 유대인의 자민족 중심주의적 태도를 가리키며, '육욕'이란 몸의 관리에 초점을 둔 율법주의적 훈육의 태도를 뜻하고, '사람/남성의 욕망'이란 이러한 종족주의적이고 율법주의적인 유대인의 자의식이 남성 중심주의적임을 나타낸다. 유대인들의 회당 시스템은 바로 이런 원리로 작동하고 있다는 것이다. 앞 장에서 본 것과 같은 전후 유대교의 재건과정에서, 회당의 배제주의적 시스템에 의해 고통을 겪었던 또 다른 예수파인 「요한복음」-'요한 서신들' 공동체는 재건 유대교를 이렇게 분석하고 있다.

이 분석에 따르면 하느님의 법은 이런 원리로 작동되는 제도를 통해 유대인들에게 구원을 선사한다. 한데 그것은 동시에 이 원리 '외부'의 존재를 전제한 구원이다. 하여 그 외부의 관점에서, 즉 요한계 공동체의 시선에서 하느님의 법은 '세상을 구원하는 법'이 아니라 '심판하는' 법에 지나지 않는다.

더구나 소경을 눈 뜨게 한 일로 예수와 바리사이(「요한복음」은 이들을 '유대인'이라고 표기한다)가 논쟁을 벌이는 이야기인 「요한복음」 9장이 시사하듯, 유대인들은 '외부의 관점'을 '소경의 시선'으로 처리했다. 즉 유대에서 외부의 관점은 없다. 그는 소경이니 말이다. 이는 유대인이 대표하는 체제는 외부자의 볼 눈을 앗아간 체제라는 것을 상징한다. 이에 반해 예수는 외부자의 빼앗긴 눈을 되찾아주며, 반대로 볼 눈을 가진 내부자, 유대인이야말로 '소경'이라고 선언한다. "나는 이 세상을 심판하러 왔습니다. 보지 못하는 이들은 보게 하고 보는 이들은 소경이 되게 하려는 것입니다"(9: 39). 결국 위에서 예수가 니고데모에게 한 '세상을 구원하기 위해 온 것'이라는 말은 볼 눈을 빼앗긴 외부자의 구원이 자신의 존재 이유라는 선언이며, 동시에 그러한 시선을 앗아간 체제의 해체를 선언하는 것이라고 할 수 있다.

이러한 「요한복음」의 성육신 신앙은 '주의 기도' 속에 담긴 문제의식을 계승한 것이다. 달리 말하면, 주가 가르친 기도를 요한계 공동체는 이렇게 「요한복음」이라는 한 편의 긴 기도를 통해서 다시 말한 것이라는 얘기다. '주기도'의 네 번째 탐구는 바로 이 점을 이야기하는 데 초점이 있다.

오늘날 교회가 일반적으로 사용하는 '예식용 주기도문'은 "우리에게 '죄지은 자/잘못한 자'를 사면해준 것같이 우리의 '죄'를 사면해주소서"라는 구절을 담고 있다. 이것은 물론 주의 기도문을 담고 있는 세 개의 『성서』(적) 텍스트에 준한 것이다. 거기에는 아래 표와 같이 이 구절이 같은 문장구조와, 약간의 차이가 있지만 대체로 엇비슷한 단어들의 조합으로 표현되어 있다.

「마태오복음」	「루가복음」	「디다케」
우리가 우리에게 빚진 이들을 '용서했듯이' (과거완료형)	우리가 우리에게 빚진 이들을 모두 '용서하오니' (현재형)	우리가 우리에게 빚진 이들을 '용서하듯이' (현재형)
우리의 '빚들' (복수)을 용서하소서	우리의 '죄들' (복수)을 용서하소서	우리의 '빚' (단수)을 용서하소서

이렇게 엇비슷하면서도 조금씩 다른 것은 이 각각의 구절이 예수와 각 텍스트를 낳은 공동체 간의 시공간적 대화의 결과물임을 의미한다. 그러므로 각 텍스트의 본문을 해석하는 일은 각 텍스트 공동체가 처한 상황과 그 텍스트의 본문을 연관시켜 살피는 과정을 통해야 한다. 하지만 이 글은 그 차이들을 읽는 데 초점을 두기보다는 공통점에 주목하면서 주의 기도에 관한 초기 그리스도인들의 '공통된 기억'을 더듬어보려 한다.

얼른 눈에 띄는 것은 '빚진 이들'이라는 표현일 것이다. 현대의 예식용 주기도문은 이를 '죄지은 자' 또는 '잘못한 이' 등으로 번안했다. 이 번안은 나름대로 좋은 해석이라고 생각되지만, 초기 그리스도인들의 공통 기억 속에 담긴 의미를 읽어보는 것이 번안을 평가하는 것보다 우선임은 물론이다.

'빚', '빚지다', '빚진 자', '빚진 것' 등의 단어들은 다른 『제2성서』텍스트들에서 대개 사람과 사람 사이의 관계에서, 혹은 하느님과의 관계에서 '신세를 지는 것'과 같이 확장된 의미로 사용되고 있는 데 반해, 복음서의 예수 전승에서는 거의 대부분 말 그대로 부채를 의미한다. 물론 예수 전승에서 이 단어들은 그리 많이 등장하지는 않지만, 소작의 현실이나 날품팔이의 삶 등이 종종 묘사되는 것을 봐서는 빚은 예수 시대 혹은 복음서 시대의 수많은 대중의 고통스러운 현실을 반영하는 주된 요인의 하나임이 분명하다. 특히 복음서에서 채권자와 채무자의 관계는, 현대사회처럼 대등한 권리의 사람들 사이에서 벌어지는 흔한 거래관계와는 달리, 뚜렷하게 권력의 격차를 둔 이들 사이에서 벌어지는 현상임을 주목해야 한다. 그것은 그때의 빚은 오늘날에 비해 이자율이 터무니없이 높았다는 것을 의미한다. 또 오늘날의 채무자는 상환능력이 있기 때문에 빚을 지는 경우가 많지만, 『성서』시대의 채무자는 상환능력이 결여된 탓에, 땅은 물론이고 가족과 자기 자신까지도 내놓아야 하는 경우가 많았다. 그래서 빚의 현실은 우리가 상상하는 것보다 훨씬 더 혹독했다.

주의 기도는 이런 혹독한 현실 한가운데서 빚을 사면하는 행위를 말한다. 그리고 하느님은 기도자가 타인에 대해 한 그 사면의 행위를 전제로 하여 '기도자의 빚'을 사면한다. 위에서 보았듯이 빚이라는 게 사람과 사람 사이의 극도로 불균형한 관계에서 벌어지는 거래이고 그 현상이 빚진 자에게 한없이 혹독한 것이라는, 당시 사람들의 빚에 대한 느낌이 이 두 사면 사이에 담겨 있다.

물론 이때 기도자가 행한 사면은 그의 실천이며, 기도자가 간구하는 사면은 하느님의 실천이다. 전자는 원인이고 후자는 결과이다. 그래서 기도는 기도자의 실천을 전제조건으로 해서 하느님이 실천을 하는 구조로 되어 있다. 즉 문장의 구조로 보면 이 기도는 "우리가 다른 사람의 빚을 사면해준 것처럼, 하느님께서도 우리의 빚/죄(들)를 사면해주소서"라는 탄원인 것이다.

하지만 여기서 유념해야 하는 것은, 이 문장이 판결문이 아니라 기도문이라는 점이다. 판결문은 '결과'의 시점에서 원인을 묻는 데 반해, 기도문은 '원인'의 시점에서 '결과'를 탄원한다. 다시 말하면 이 문장이 기도문이라는 점은, 이 문장의 '원인→결과' 순서의 역방향으로 의미가 구성된다는 것을 뜻한다. 즉 하느님의 사면 실천을 조건으로 해서 기도자는 자신의 실천을 다짐하는 것이다. 요컨대 '하느님께서 우리의 빚/죄를 탕감해주소서,라고 기도하려면 우리도 우리에게 빚/죄진 이들을 용서해야겠지요'라고 기도자는 스스로를 다짐하게 되는 것이다.

그리하여 주기도의 빚의 사면에 관한 초기 그리스도인들의 기억은 타인, 특히 자신보다 가난한 자, 자신보다 더욱 배제된 자, 자신보다 훨씬 무력한 자, 이런 이들을 받아들이라는, 일종의 신앙적 실천윤리의 기능으로 작동했다고 할 수 있다. 그것은 이들을 하느님에게 빚진 자 혹은 죄인이라고 판결하는 체제에 거스르는 것이며, 나아가 그 체제의 언어에 세뇌된 자기 자신의 회개/전향의 고백이었던 것이다. 앞에서 언급한 「요한복음」처럼 말이다.

그런데 오늘 우리는 이 기도를 되새기는 데 한 가지 어려움을 겪는다. 그것은 앞에서 시사했듯이 예수 시대에 '빚'에 관한 대중의 공통감각이 대체로 극심한 비대칭적인 위계관계에서 벌어지는 현상과 관련되었던 데 반해, 오늘날에는 그런 경우를 포함하기는 하지만 좀더 대등한 관계에서 벌어지는 것이라는 함의 또한 내포하기 때문이다. 그래서 가령, 아프리카의 한 신학자가 이 구절을 인용하면서 서구 제국들을 향해 부채탕감을 역설한 것처럼 읽는 것은 그다지 어려움이 없지만, 채권자와 채무자가 뚜렷하게 나뉘지 않는 인식의 세계 속에서 이 기도를 되새기는 것은 쉬운 일이 아니라는 것이다.

살면서 무수한 사람에게 빚을 지면서 동시에 무수한 사람이 자신에게 빚을 지는 상황에서, 자신의 사소한 사면행위를 통해 하느님의 사면을 청구한다면 자칫 본회퍼(Dietrich Bonhoeffer)가 말한 '값싼 은혜'를 탐닉하는 신앙의 태도와 다르지 않을 수 있기 때문이다. 더구나 개인주의가 발전하고 서로가 서로에 대해 '쿨'해지려는 요즘의 풍조, 요컨대 '빚진 것'에 대해 덜 민감한 것이 유행인 사회에서 이 기도는 더욱 시시한 것처럼 받아들여질 가능성이 있다.

여기서 우리는 다시 주기도의 구절이 담고 있는 '빚'과 '사면'에 대한 감각을 강조하지 않을 수 없다. 거기에는 고통의 근원을 가로지르는 신앙의 실천이 담겨 있다. 그 고통체제는 세상을 소경으로 만들었으며, 심지어 기도자도 눈멀게 하였다. 그러므로 그것을 비판하고 자기를 갱신하겠다는 기도 속에는 치열한 자기 투쟁이 함축되어 있다는 점은 의문의 여지가 없다. 하여 오늘 우리가 이 기도를 탐구하고 다시 읽는다는 것은 이러한 치열함을 간직하는 신앙적 인식과 실천이 무엇인지를 묻는 것이어야 한다.

유혹

🌿 "내 살을 먹고 내 피를 마시는 사람은 내 안에서 살고 나도 그 안에서 산다"(「요한」 6: 56). 성찬예식 때 흔히 들어보았을 말씀이다. 주의 살과 피, 주의 임재 등은 성찬예식의 공통된 핵심 요소이다. 그런데 이 구절의 문맥이 되는 「요한복음」 6장을 통해 보면, 나아가 「요한복음」 전체를 통해 보면 성찬예식과 이 구절은 관계가 퍽 낯설다.

우선 '주의 살과 피를 먹고 마심'을 상징하는 다른 『성서』 텍스트의 '성찬의 말씀들'을 보자. 바울이 전해주고 있는 「고린토전서」 11장 23∼25절은 가장 오래된 성찬말씀에 속한다. 그 밖에 「마르코복음」 14장 22∼25절, 「마태오복음」 26장 26∼29절 그리고 「루가복음」 22장 15∼20절 등이 대표적이다. 비교해보면 조금씩 다르지만 대체로 유사하다는 것을 알 수 있다. 그것은 아주 일찍부터 성찬이 '주의 공동체들'의 집회의 공통된 요소로 자리잡고 있었다는 것을 시사한다. 특히 네 개의 텍스트 모두 성찬을 주와 제자들의 '마지막 만찬'에서 기원한 것으로 보고 있다. 하여 성찬예식은 주의 공동체가 함께 나누는 공동식사의 일부였음이 분명하다. 신분이 높든 낮든, 유대인이든 이방인이든, 남자든 여자든, 어른이든 아이든 관계없이 모두가 함께 먹고 마시는 식사. 모든 차이를 차등화하여 차별하게 하는 기제들은 이 공동의 식사에선 무의미해진다.

한데 이런 식탁공동체의 이상은 예상 못한 부분에서부터 삐거덕거린다. 벌써 바울 자신이 '떡을 나눔→공동식사→잔을 나눔'(「고전」11: 25)의 형식으로 진행되던 예식에서 공동식사를 제외해버리라고 권고하고 있다. 그것은 비교적 자유롭게 시간을 활용할 수 있는 이들이 노동하느라 자유롭지 못한 이들 때문에 집회가 무한정 지연되는 걸 참을 수 없어 먼저 먹어버림으로써 "어떤 이는 굶주리고 어떤 이는 술에 취하"는 현상(「고전」11: 21절)이 발생하자 바울이 취한 극단의 조치였다. 물론 그의 의중은 공동체 내의 약한 자들을 배려하려는 데 있었다.

그러나 세월은 그의 진심보다 형식을 지키는 데 더욱 기민한 이들을 탄생시켰다. 바울 이후 불과 한 세대도 못 되서, 주의 공동체들은 조직화(직제화), 제도화, 정전화(Canonization)의 급물살에 몸을 맡기고 있었다. 유대교의 급속한 제도화의 높은 파고 속에 주의 공동체들이 회당에서 속속 추방당하고 로마제국 내에서 후원조직 없는 존재로 표류하게 되는 사태에 직면하여 이를 공격적으로 맞대응하는 차원에서 독립적인 법인체로 살아남으려는 고육지책이었다. 물론 언제나 그렇듯이 이러한 제도화 전략은 불가피한 이유에서 출발했을지라도 곧 왕성한 자기 동력을 발진시키게 마련이다. 최초의 제도화는 수단이었지만 얼마 되지 않아 목적과 수단은 혼돈되고 말았다.

다시 「요한복음」으로 돌아와야겠다. 6장은 이른바 '오병이어 기적 이야기'와 성찬말씀을 결합시킨다. 주와 제자들의 마지막 만찬 배경 대신에 익명의 수많은 이들이 먹고 마시는 사건이 성찬의 배경이 되고 있다. 더욱이 공관복음서의 오병이어 이야기를 변형시킨 부분을 보면 이 점은 더욱 분명해진다. 가령, 공관복음서에선 예외 없이 '물고기와 빵'이 제자들의 비상식량이었는데, 여기에선 한 '파이다리온(παιδαριον)'이 내놓은 것이다. 파이다리온이란 '천한 신분의 아이'를 가리킨다. 또 그 아이가 내놓은 '빵'은 예식용 빵으로 쓰이는 '아르토스(αρτος)'가 아니라 천민들이 겨우겨우 먹는 보잘것없는 식량으로 사용되는 빵인 '크리시노스(κριθινος)'다. 또 공관복음서는 예수가 빵을 들고 "하늘을 우러러" 축도했다고 하지만 「요한복음」에선 그런 표현이 없다. 마찬가지로 제자들은 예수가 축도한 빵을 사람들에게 나눠주는 존재, 즉 하느님의 축복을 중계해주는 존재로 더 이상 묘사되지 않고, 예수가 직접 나눠준다.

이 모든 묘사들은 직제화/제도화에 대한 「요한복음」의 문제제기를 담고 있다. 주의 성찬은 주의 공동체의 공동예전이기에 앞서 예수와 대중이 벌이는 하나의 사건이다. 차별이 없고 위계가 없는 나눔의 페스티벌인 것이다. 그런데 교회의 제도화는 나눔의 정신을 담는 장치의 제도화를 꾀한다는 명분 아래 함께 나누는 식사를 삭제했고, 다만 상징의 의례만 살렸다. 일상은 삭제됐고 주의 정신을 담는 비일상의 의례만 남았다. 생활이 없는 의례의 상징화는 주의 기억, 주의 나눔 실천의 기억을 상징공간에서만 작동되도록 만든다. 그리고 그러한 상징의례의 전문가, 상징화되고 미학화된 기억의 전문가가 등장했다. 그들은 주의 축복을 나눠주는 중계자임을 자임했고, 점차 자기들만의 의복, 자기들만의 언어양식, 자기들만의 동작, 소리/음률을 발전시켰다. 이 과정은 빠르게 진행되었고, 거의 모든 주의 공동체들에서 그러한 전개의 모델은 대개 유대교 회당이었다.

「요한복음」을 낳은 공동체는 본래 유대교 회당 내에서 예수를 따르는 사람들에서 유래했는데, 주후 80년을 전후로 한 유대교의 폭력적인 제도화 과정에서 그들로부터 배척된 경험을 뼈저리게 기억하고 있는 이들이었다. 그런데 그 어간 그들이 본 것은 유대교의 제도화/형식화를 모방하는 초기 그리스도교 공동체들의 모습이었다.

「요한복음」은 이러한 추세에 저항한다. 가령, 주의 공동체들의 제도화 과정에서 만들어낸 주에 관한 기억의 언술들을 재해석한다. 바로 위에서 본 것처럼, 성찬의 말씀들은 공동식사의 현장 얘기 속의 일부로 편입된다. 다음 도표는 「요한복음」에 등장하는 이와 같은 담론전략을 요약한 것이다.

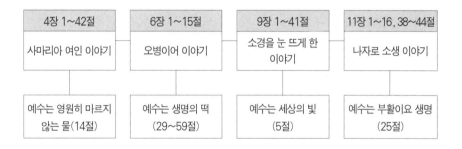

다시 얘기를 6장의 이야기로 돌려보자. 1~15절(16~21절의 물 위를 걷는 기적 이야기는 본래부터 오병이어 기적 이야기와 한 쌍으로 전승된 것이어서 여기서도 쌍으로 이어진다)의 기적 이야기에 이어 하늘에서 온 생명의 빵에 관한 예수와 군중/유대인 간의 대화/논쟁이 길게 이어진다(22~59절). 대체로 군중은 예수를 추종하는 대중이고, 유대인은 적대자다. 한데 적대자만이 아니라 군중조차도 예수와 갈등에 빠져 있다. 주된 갈등 이유는 그들이 예수의 기적을 정치적 수단처럼 여긴다는 점이다. 여기서 '정치적'이라 함은 적대자를 압도하는 힘을 향한 욕구를 의미한다. 하여 대중은 그를 "왕으로 삼으려" 했다(15절).

이러한 태도는 예수의 적대자인 유대교 회당의 태도와 그다지 다르지 않다. 제도화를 통해 제국 내의 정치적 상황 속에서 힘을 가진 집단으로 부상하여 야훼의 뜻을 확산시키려는 것이 디아스포라 회당의 공통된 지향이었던 것이다. 마찬가지로 예수를 접한 대중도 그러한 욕구를 공유한다.

뿐만 아니다. 60~71절까지 이어지는 6장의 마지막 단락에서는 제자들 내부에서 동요가 일어나고 일부가 떨어져나갔다고 한다. 여기에는 초기 그리스도교 공동체 지도자들의 행태가 주의 가르침으로부터 빗나갔다는 「요한복음」 공동체의 비판이 담겨 있는데, 그 동요의 이유는 앞의 '예수의 말씀' 때문이었다(60절). 곧 제도화/직제화, 힘의 정치에 대한 비판을 두고 제자들이 예수와 동조하지 않았다는 것이다. 「요한복음」이 보기엔 주의 공동체들의 제도화의 주역들은 말할 것도 없이 힘의 정치의 사도일 뿐이었던 것이다.

요약하자면 요한계 공동체는 주류 교회들이 주의 가르침을 공공연히 부정하기보다는 그 가르침 속에 들어 있는 취지 대신 형식에 몰두하게 하는 방식으로 가르침을 계승하게 하는, 하지만 그 속에는 유대교 회당의 힘의 정치와 동일한 욕구가 넘실거리고 있음을 비판하고 있다. 그러한 절묘한 악마의 유혹과 공동체는 투쟁을 벌인다.

여기서 우리는 주의 기도 마지막 구절을 떠올린다. "우리를 유혹(페이라스모스, $\pi\epsilon\iota\rho\alpha\sigma\mu\sigma$)에 빠지지 않게 하소서." '페이라스모스'라는 명사는 '시련'을 가리키기도 하고(「베전」 4: 12) '유혹'을 뜻하기도 한다(「마태」 4: 1). 시련이라 함은 외부의 압박에 대한 주체의 힘겨움을 나타내는 반면, 유혹이란 그것이 단지 외부의 압박만은 아닌 상황을 가리킨다. 왜냐면 유혹은 힘겹기보다는 달콤하기 때문이다. 견디는 게 아파서 고통스럽다기보다는 달콤해서 고통스러운 상태다. 그래서 자기 자신이 그 압박에 동조한다. 뿐만 아니라 유혹은 그러한 동조를 정당화하는 많은 것들로 치장되어 있다.

이런 관점에서 주의 기도 마지막 단락의 '페이라스모스'를 '시련'이라고 하지 않고 '유혹'이라고 번역하는 게 일찍부터 상식화되었던 것은, 주의 기도를 성찰하고자 하는 우리에게 퍽 다행이다. 「마태오복음」에 "말하자면 우리를 악에서 구하소서"라는 구절이 첨가된 것은 시련보다는 유혹이라고 읽어야 한다는 견해를 명백히 밝힌 것이라고 할 수 있다. 아마도 이 말의 전승 과정에서 사람들은 주의 기도 마지막 구절은 "유혹에 빠지지 말게 하소서"라고 의심의 여지없이 받아들이고 있었던 탓이 아닌가 싶다.

그것은 광야에서 시험받는 예수에게 악마의 페이라스모스가 바로 그런 함의를 담고 있다는 점에서 그렇다. 가령 악마는 세상의 돌을 빵으로 바꿔보라고 유혹한다. 만약 돌이 빵이라면 누가 굶주리랴. 하지만 오늘날 식량의 절대량이 부족해서 굶주리는 이가 넘쳐나고 있는 것이 아니라는 사실을 떠올린다면, 식량혁명을 낳은 문명의 발전이 진보라는 믿음은 그야말로 유혹에 지나지 않는다는 것을 말해준다. 악마의 유혹은 달콤하게 속삭이는 내면의 소리로 다가온다. 예수는 그 속삭임을 견뎌내야 했다. 주의 기도는 바로 이러한 정신에서 나온 것이다.

그런 점에서 「요한복음」의 성찬 비판은 주의 기도 마지막 구절에 대한 하나의 번역이다. 그리고 오늘 우리는 우리의 언어로, 우리의 경험을 담아내면서 주가 가르쳐준 기도를 다시 번역해야 한다.

말씀

편집증과 시간의 질서*

안식일법과 국가보안법을 바라보며 예수에게 묻는다

🌿 때때로 사람들은 자신이 원하는 대로 타인이 생각하고, 또 그렇게 행동해야 한다는 집착에 빠지곤 한다. 만일 타인이 그렇게 하지 않는다면, 그는 그릇된 처신을 한 것이라고 생각하고, 심지어 그의 존재가치를 부정해버리려 하기도 한다. 이런 욕망을 정신분석학에서는 '편집증'이라고 부른다. 물론 이런 증세는 정도의 차이는 있을지언정 누구에게나 있다.

그런데 편집증세는 개개인의 한정된 문제만이 아니다. 어떤 사회든 그 사회를 지탱해가는 가치가 있고, 사회구성원들은 그 가치를 공유한다. 그것은 사람들에게 당연한 생활원리로서 긍정되고 있는 것이다. 만일 누군가가 이 원리에 위배되는 일을 한다면, 그는 사람들로부터 '이상한 놈'으로 취급을 받게 된다. 심한 경우에는 '미친놈'이라는 낙인이 찍혀 사회로부터 격리된다. 그의 '이상한' 행동이 실제로 격리될 만큼 위험한지의 사실 여부와는 관

---

* 이 글은 1997년 1월 5일자 설교원고를 수정 보완한 것이다.

계없이 말이다. 사회는 이런 부류의 사람을 좀처럼 포용하지 못한다. 모든 사람 각자가 그런 것처럼, 모든 사회도 일정하게 편집증적 증세를 갖고 있는 것이다.

물론 모든 인간사회는 어느 정도의 '이상한 사고나 행동'을 관용하기도 한다. 인간의 다양성이 받아들여진다는 것이다. 그럼에도 각각의 사회는 역사적으로 어떤 점에 대해서는 지나친 편집증세를 나타낸다. 이를테면 우리나라에서는 공산주의자에 대한 편집증세가 현대사를 지배해온 하나의 주된 원리였다. 그런 사고나 행동양식을 가진 사람을 사회는 절대로 용인하지 않는다. 이런 집착은 너무도 강해서 혐의를 가진 사람이 실제로 진짜 공산주의자인지 아닌지의 문제가 무시되기도 한다. 또한 공산주의자라고 판단될 경우, 그가 정말로 위험한 사람인지 아닌지를 밝히는 것은 아무런 의미가 없다. 그는 위험인물이 자명하며, 가능하면 최대한 격리시켜야 한다는 사회적 욕망의 제물이 되어야 한다. 이런 편집증세는 우리역사에서 무수한 사람을 살상했던 전쟁만큼이나, 아니 그 이상의 고통의 원천으로 자리잡고 있다.

움베르트 에코의 소설 『장미의 이름』은, 서양 중세가 저물어가기 시작하던 14세기 초 이탈리아와 프랑스 접경지역의 한 수도원에서 일어난 연쇄살인사건을 다룬 미스터리극 형식의 소설이다. 한편 이 소설은 한 수도원에서 일어난 살인사건 속에 그 시대의 편집증이 불러일으킨 고통과 갈등을 집약해넣은 뛰어난 문명비평서이기도 하다. 다시 말하면 이 수도원에서 일어난 사건은 그 시대 전체의 욕망이 불러일으킨 고통스러운 역사의 축약판이었고, 이 수도원이 불타 잿더미로 끝나버리는 종장(終章)의 모습은 바로 그 시대의 폐허더미를 바라보는 오늘날 우리의 시좌(視座)인 것이다. 동시에 우리 시대의 편집증으로 인한 고통과 그 결과 빚어질 현대의 종착지의 폐허를 예기하는 예언서이기도 하다.

이 연쇄살인사건의 범인은 호르헤라는 원로수사였다. 그가 수십 년 전 발견한 책 한 권을 수도원의 웅장한 서고의 미로 속에 숨겨놓고는 누구도 그것을 읽을 수 없게 하려 했던 것이 살인으로까지 이어졌던 것이다. 우연히 몇몇 수사들에게 그것이 알려지자 호르헤는 그 책에 독을 바른다. 누군가가 몰래 숨어들어 책을 읽으려 하면, 책장을 넘기려 손에 침을 바르는 순간 독은 그의 혀를 통해 서서히 심장으로 침투한다.

호르헤 수사가 그토록 숨겨야 했던 책은 아리스토텔레스의 『시학』 제2권이다. 제1권이 '비극'을 다루고 있다면, 이 미지의 책은 '코미디'를 다루고 있다고 한다. 코미디는 "보통 사람의 모자라는 면이나 악덕을 왜곡시켜―혹은 과장되게―보여줌으로써 우스꽝스러운 효과를 연출"한다. 그러므로 이 코미디의 웃음 효과는 교훈적 가치를 가지며, 따라서 비극과 마찬가지로, 또 다른 방식의 '진리추구 방법'인 것이다.

호르헤는 이것을 참을 수 없었다. 진리는 고통스러운 수행을 통해 도달되어야 한다. 이 수행을 위해서 중세의 무수한 성인(聖人)들은 뼈를 깎는 고통을 감수했던 것이다. 그런데 코미디는 한갓 천박한 시골사람들의 웃음/여흥 따위에 불과했던 것이다.* 거기에서 진리가 나온다는 말은 가당치도 않았던 것이다. 게다가 웃음은 인간으로 하여금 악마를 두려워하지 않게 하는 효과를 갖는다고 호르헤는 생각한다. 그런데 이런 '궤변'이 아리스토텔레스의 입에서 나온 것이니, 그로서는 더욱 공개해서는 안 되었다. 왜냐하면 중세의 많은 대가들조차 아리스토텔레스의 철학에서 많은 것을 배우려 했기 때문이

---

* '코미디'는 '코메(κωμη)', 즉 '촌읍'이라는 그리스 말에서 유래했다. 즉 시골사람들이 잔치를 벌이면서 행하던 여흥극에서 비롯되었다는 것이다.

다. 그가 보기에 "아리스토텔레스는 그리스도교가 수세기에 걸쳐 쌓아온 지식"을 갉아먹는 악마적/적그리스도적 존재였던 것이다.

이것이 그로 하여금 살인까지도 마다하지 않게 했던 이유다. 그는 이러한 자신의 행위가 '하느님을 대신한 것'이었다고 확신한다. 교회가 그간 저질렀던 무수한 살상이 그랬던 것처럼 말이다.

호르헤는 중세의 편집증의 수호자였다. 그것이 허물어져가는 것을 참을 수 없었다. 그는 그것을 지키기 위해 어떠한 행위도 저지를 수 있다는 신념에 가득 차 있었다. 물론 그 시대의 가치는 그런 그를 비판할 수 없었다. 그는 자신의 권력이 닿을 수 있는 영역에서 그것을 최대한 향유하며, 자신의 신념을 지켜내려 했고, 그 결과 자신만이 잘 알고 있는 미로 같은 서고의 밀실에서 살인을 저질렀던 것이다.

이 범행을 밝혀낸 윌리엄 수사는, '하느님의 손'을 자처하는 호르헤를 향하여 버럭 소리를 지른다. "악마라고 하는 것은 물질로 되어 있는 권능이 아니야. 악마라고 하는 것은 영혼의 교만, 미소를 모르는 신앙, 의혹의 여지가 없다고 믿는 진리, 이런 게 바로 악마야!" 또 모든 사건이 종결되고, 수도원이 불타 없어진 뒤, 윌리엄은 제자에게 이렇게 말한다. "가짜 그리스도는 …… 유대족속에서 나오는 것도 아니고, 먼 이방 야만인들로부터 오는 것도 아닐세. 그것은 지나친 믿음에서 나올 수도 있고, 하느님이나 진리에 대한 지나친 사랑에서 나올 수도 있는 것이지."

안식일에 예수는 제자들과 밀 이삭을 먹는다. 장난삼아 그런 행위를 한 것이 아니다. 배가 고파서 그랬던 것이다.* 그런데 '안식일' 계율이 명분이 되

---

* 그것은 예수가 논쟁하면서 예로 든 다윗 이야기에서 밝혀진다. 다윗 일행이 거룩한 제단의 빵을 먹은 것은 '굶주림' 때문이었던 것이다.

어 바리사이들이 예수를 비난한다. 안식일에 해서는 안 되는 일을 했다는 것이다. 이때 예수가 버럭 소리를 지른다.

> 이 못된 바리사이 놈들아, 너희는 안식일이 무엇인지도 모르느냐. 안식일은 사람을 위하여 있는 것이다. 사람이 안식일을 위해 존재하는 것이 아니란 말이다.
> ―「마르코복음」 2장 27절

본문의 바리사이는 예수 시대의 편집증의 수호자다. 그들은 자신들이 지켜내려는 가치가 어떠한 이유에서도 무너져서는 안 된다고 믿었다. 굶주림도 이유가 될 수 없다. 그것은 하느님이 6일간의 창조 후에 쉬면서 명령한 것이기 때문이다. 그 무엇도 이 명령에 우선할 수 없다. 그네들은 이렇게 확신했던 것이다. 이것을 지키기 위해서는 무엇이든 할 각오가 되어 있던 사람들이다. 그리고 자신들이 갖고 있던 권력을 최대한 활용한다. 당연히 폭력이 뒤따랐다.

한데 예수는 이 시대의 편집증에 대항한다. 진리의 이름으로 자행되는 폭력을 비난한다. 사람의 모습은 다양하다. 사는 방식도 제각기 다르다. 그런데 어떤 하나의 기준에 맞추어서 타인을 강제하는 것은 결코 하느님 나라의 진리가 아니었던 것이다. 하느님의 진리는, 마치 안식일도 해체할 수 있는 것처럼, 자신의 가치를 해체하는 데에 있다.

안식일에 하느님은 쉬었다. '노동 이후의 쉼'이다. 하나의 목표를 위해서 일한 뒤의 쉼, 즉 일에서 '물러섬'이다. 곧 안식일의 쉼은 그동안의 목표에서 물러섬이다. 추구해왔던 가치에서 물러섬이다. 신 자신의 편집증으로부터의 물러섬인 것이다. 6일간의 추구함(노동)과 제7일의 물러섬(쉼), 이것은 하느님이 모범으로 보여준 '시간의 질서'인 것이다. 이 시간의 질서를 향한 예수의 실천이 바로 그 시대의 '거룩'이라는 절대 가치를 무너뜨리는 것으로 나타났다.

오늘 우리는 질기고 질긴 시대의 편집증의 폭력을 경험하고 있다. 잡아 가두고, 매질하고, 매장시키는 것에만 몰두하는 논리, 타자를 악마시하는 논리, 이런 논리를 더욱 강화시키는 법이 있어야 한다고 믿는 편집증의 수호자들에 의해서 자행된 폭력이다. 벌써 폭력이 넘치게 저질러졌건만, 이 수호자들은 더 많은 희생자들을 필요로 한다. 또다시 편집증의 광기가 발작을 일으키는 시대가 온 것이다.

오늘 우리는 이 시대의 편집증적 광기와 싸워야 한다. 예수가 그랬던 것처럼 말이다. 이 시대의 편집증을 해체하기 위한 싸움이다. 그러나 여기에는 동시에 나의 편집증과의 싸움도 뒤따라야 한다. 추구함과 물러섬의 시간의 질서, 신이 모범으로 보여준 그 질서를 원리로 하는 싸움인 것이다. 『장미의 이름』 마지막 부분에서 윌리엄 수사가 제자에게 말한 것과 같은 원리를 바탕으로 하는 싸움인 것이다. "진리를 위해 죽을 수 있는 자를 경계하여라. 진리를 위해 죽을 수 있는 자는 종종 많은 사람을 저와 함께 죽게 하거나, 때로는 저보다 먼저, 때로는 저 대신 죽게 하는 법이다."

김옥분, 향유 부은 여인, 그리고 예수*

**편견을 재생산하는 낡은 질서와 그것의
전복을 꿈꾸는 새 질서의 대결**

    김옥분이 매춘녀가 되어야 했던 이유에 대해 알려진 것은 단지 가난한 집안의 딸이라는 사실뿐이다. 흔히 '막다른 길'이라고 하는 데에 이르기까지 그녀가 뭘 했는지, 어떻게 해서 그렇게 되었는지 우리는 알지 못한다. 아무튼, 알려진 바에 따르면, 그녀는 홍콩의 한 일식 주점의 매춘녀로 일하면서 가족의 생계를 책임졌던 모양이다. 또한 얼마만큼의 재산을 자기 자신을 위해서도 모을 수 있었다고 한다. 그리고 한 남자를 만나 사랑을 나눴고, 결혼을 했다.

    이런 정보만으로 추정한다면, 분명 그녀는 '막다른 길'에 도달한 것은 아니었다. 남들이야 어떻게 보든, 그것은 교육받지 못하고 별다른 기술도 없고 '빽'도 없는 그녀에게 새로운 출발을 위한 기회의 무대였다. 그렇지만 거기에 이르기까지는 각고의 노력이 필요했겠다. 한데, 그 새로운 출발의 한 정

---

* 이 글은 2001년 12월 16일자 설교원고를 수정 보완한 것이다.

점쯤 될 줄 알았던 한 남자와의 만남이 파멸의 징조일 줄을 그 누가 알았으랴. 결혼한 얼마 뒤 그 남자에 의해 그녀는 참혹하게 피살당한다. 뿐만 아니라, 위장결혼하여 남편을 월북시키려 했던 간교한 간첩으로 둔갑한다.

1987년 1월 9일, 그 남자는 공항에서 눈물까지 흘리며 기자회견을 한다. 남달리 선한 눈매를 가진 젊은이가 가슴에 손을 얹고 얼빠진 표정을 지으며 간간이 눈물까지 흘리는 장면이 텔레비전을 통해 전국에 생중계되었다. 사람들의 심금을 울리며, '진실'을 과시하는 장면이었다. 그리고 그로부터 공소시효 만기가 되는 15년에서 단지 두 달이 모자란 2001년 11월 13일, 그는 아내를 살해한 혐의로 검찰에 기소된다.

알고 보니 그는 거짓투성이 사람이었다. 학벌 및 경력위조, 공관원 사칭, 상습도박, 배우자 폭행, 무역사기, 사기결혼, 그 밖의 갖가지 사기혐의가 그의 인생 전체에 걸쳐 따라다녔다고 해도 과언인 아닌 그런 인물이었다.

김옥분은 우연히 만난 그에게 빠져 결혼하기로 결심한다. 한데 그것은 그녀가 일생에서 한 선택 가운데 최악의 것이었다. 매춘녀로 홍콩을 향해 떠나기로 한 선택은 아무것도 없는 그녀의 삶에 기회를 제공해주었다. 한데 결혼은 그 모든 기회를 한순간에 물거품으로 만들어버렸을 뿐만 아니라 그녀에게 간첩 혐의까지 뒤집어씌운 계기가 되었다. 더구나 그녀가 몸을 팔면서까지 부양했던 식구들은 졸지에 간첩의 가족이 되어 풍비박산되고 만다. 그녀의 시신은 화장되어 홍콩의 한 공동묘지에—연고자 없는 이들을 위한 무덤 속으로—아무렇게나 내던져졌다.

사람들의 일상적인 가치평가와는 정반대되는 상황이 여기에 가로놓여 있다. 불행의 끝자락쯤으로 여겨졌던 것이 그녀에겐 기회를 주었지만, 행복의 조건쯤으로 알려진 결혼은 더할 수 없는 저주를 쏟아 붓고 말았다. 마치 일상적 질서를 거스르는 자에게 참형을 내리듯 세상은 그녀를 더할 수 없이 참혹하게 심판했던 것이다.

'매춘녀'라는 것, 아마도 그것이 세상 사람들에겐 그녀를 아무렇게나 해도 좋다는 단서조항쯤으로 보였는지 모르겠다. 분명 '간첩 수지 김 사건'이라는 은폐·조작의 배후에는 그녀가 매매춘에 종사한 여자라는 사실이 유리하게 작용했을 것이다. 그녀의 남편과 안기부 담당자들이 엉뚱하게도 그녀에게 씌워진 혐의와는 아무런 관계도 없는 그녀의 직업을 자기들의 비열한 이익을 위해 이용했다는 얘기다. 필시 그랬을 법하다. 한데, 여기서 내가 말하고 싶은 것은, 이런 비열함은 단지 그들만의 생각에 그치는 것이 아니라는 데 있다. 우리들 자신도 그러한 편견과 공모되어 있다는 것이다.

미리 세상의 법칙을 정하고 그 법칙에 따라 삶의 옳고 그름을 단정하는 관행이 있다. 우리 모두가 그러한 관습에 어느만큼 물들어 있다. 한데 이러한 일상적 생각의 태도에서 어떤 이가 얼마나 자기의 현실과 마주하며 성실하게 살아왔는지와 같은 구체적인 삶의 모습은 별로 혹은 거의 아무런 고려의 대상이 되지 않는다. 그런 점에서 '수지 김 사건'은 정치적 은폐·조작의 사건인 동시에, 우리들의 일상적 편견이 가하는 가학적 저주의 하나의 징표처럼 보인다.

향유 부은 여인의 이야기는 네 복음서에 모두 등장한다(「마태」 26: 6~13; 「마르」 14: 3~9; 「루가」 7: 36~50; 「요한」 12: 1~8). 그중 「루가복음」은 다른 복음서들과는 달리 매우 독특하게 개작을 하였는데, 이 개작된 이야기는 수지 김 사건처럼 사회의 일상적인 편견이 논란의 중심에 있다는 점에서 우리의 주목을 끈다.

되풀이하건대 예수에게 향유를 부은 여인에 관한 이야기는 네 복음서에 모두 등장한다. 요컨대 아주 일찍부터 예수의 일화로서 잘 알려진 얘기인 듯이 보인다. 한데 우리의 주제와 관련해서, 「마태오복음」에 수록된 이야기의 원형인 「마르코복음」과, 이 텍스트를 참조했을 법한데도 상당히 개작한 「루가복음」 간에는 중요한 차이가 있다는 점을 유의해야 한다.

가장 오래된 예수 텍스트인 「마르코복음」에서 향유 부은 여인은 아마도 어느 정도 부를 소유한 사람이었던 것 같다. 그녀가 깨뜨린 옥합에 들어 있는 향유의 가치가 노동자의 1년 임금과 맞먹는다니 말이다. 한데 「루가복음」은 그것을 '죄 많은 여자'로 고쳐 쓰고 있다. 이것은 그녀가 매춘업에 종사하는 천한 신분의 여인이라는 것을 뜻하는 것이라고 해석할 수 있다. 이러한 해석은 그녀가 깨뜨린 옥합의 가치를 명시하는 부분이 「루가복음」에서 빠진 것과 맞물린다.

매매춘 종사자의 특징을 '죄 많은'으로 표기하고 있는 것은 이런 유의 일에 종사하는 이들을 향한 사람들의 일상적인 편견을 담고 있다. 그녀가 왜 매춘녀가 되었는지는 아무런 관심의 대상이 아니다. 또 매춘업에 종사하면서 그녀가 살아가는 방식이 어떠했는지, 또 행실은 어떠했는지에 대해서도 본문은 아무런 관심이 없다. 단지 매춘을 하는 여자라는 사실만으로 그녀에 대한 평가는 충분했다. 적어도 텍스트에선 그렇게 말하고 있는 것처럼 보인다.

이런 평가의 중심에는 분명 바리사이가 있다. 마치 한국 현대사에서 남한 사람들의 무의식적 본능이라고 해도 과언이 아니었던 반공주의의 중심에 바로 '안보 담당자들'이 있었던 것처럼 말이다. 그래서 「루가복음」의 본문은 이 사건이 벌어지는 장소를 어떤 바리사이 사람의 집으로 고쳐 쓰고 있다(「마르」와 「마태」: 나병환자 시몬의 집 / 「요한」: 마리아, 마르타, 라자로 남매의 집). 요컨대 본문은 '여자 가운데 더욱 죄 많은 여자(매춘녀) 대 남자 가운데 더욱 의로운 남자(바리사이)' 간의 대립으로 구성되어 있다는 것이다.

한데 그녀가 예수의 발에 향유를 붓는다. 이 당혹스러운 사건을 보면서, 집 주인인 바리사이가 속으로 이렇게 중얼거린다. "저 사람이 정말 예언자라면 자기 발에 손을 대는 저 여자가 어떤 여자며 얼마나 행실이 나쁜 여자인지 알았을 텐데!"(「루가」 7 : 39). 그러자 예수는 그의 마음을 알아차리고 제자 시몬에게 넌지시 말한다.

> "어떤 돈놀이꾼에게 빚을 진 사람 둘이 있었다. 한 사람은 오백 데나리온을 빚졌고 또 한 사람은 오십 데나리온을 빚졌다. 이 두 사람이 다 빚을 갚을 힘이 없었기 때문에 돈놀이꾼은 그들의 빚을 다 탕감해주었다. 그러면 그 두 사람 중에 누가 더 그를 사랑하겠느냐?'
>
> 시몬은 "더 많은 빚을 탕감받은 사람이겠지요" 하였다. 예수께서는 "옳은 생각이다" 하시고 그 여자를 돌아보시며 시몬에게 말씀을 계속하셨다.
>
> "이 여자를 보아라. 내가 네 집에 들어왔을 때 너는 나에게 발 씻을 물도 주지 않았지만 이 여자는 눈물로 내 발을 적시고 머리카락으로 내 발을 닦아주었다. 너는 내 얼굴에도 입맞추지 않았지만 이 여자는 내가 들어왔을 때부터 줄곧 내 발에 입맞추고 있다. 너는 내 머리에 기름을 발라주지 않았지만 이 여자는 내 발에 향유를 발라주었다. 잘 들어두어라. 이 여자는 이토록 극진한 사랑을 보였으니 그만큼 많은 죄를 용서받았다. 적게 용서받은 사람은 적게 사랑한다."
>
> 그리고 예수께서는 그 여자에게 "네 죄는 용서받았다" 하고 말씀하셨다.
>
> ─「루가복음」 7장 41~48절

여기에는 바리사이가 사람을 대하는 방식과 예수의 방식이 대립하고 있다. 바리사이는 어떤 이가 지금 무엇을 하고 있는지, 어떤 모습으로 살고 있는지를 보지 않는다. 그들이 보는 것은 그/그녀가 추상적이고 포괄적으로 사회의 질서 속에 어떻게 엮여 있는지의 여부다. 죄인의 위치에 배치된 이는 죄인에게 허용된 행위만을 수행해야 하고, 죄인이 아닌 사람의 영역으로 다가올 수 없다. 왜냐면 그/그녀가 닿는 이에게도 그/그녀와 같은 부정함이 전이되기 때문이다. 반면 예수는 사람을 위계화하는 질서체계에는 관심이 없다. 오히려 그 사람의 구체적인 행동 하나하나에 따라 반응하며, 필요한 이에게 축복을 나눠준다.

그런데 문제는 바리사이의 질서관이 일상적이라는 것이다. 저들의 율법학자 시스템, 곧 그들의 상징적 질서와 위계의 형성 등 문제는 그 사회 전 구성원의 의식·무의식적인 동의에 기초하고 있다는 것이다. 사람들에게 익숙한 것은 바로 그러한 인습이다. 바로 그러한 편견의 질서관이다. 하여 사람들은 향유 부은 여인을 볼 때 그녀의 (그 자리에서의) 행실과는 상관없이 그녀를 '죄인'으로 취급한다. 그리고 죄인으로 배열된 운명의 존재이기에 예수에게 다가갈 수 없다. 또 그러한 죄인의 다가감을 아는 이라면, 즉 하늘의 질서를 깨닫고 있는 이라면, 그녀와 같은 이의 다가감을 거부해야 마땅하다고 본다. 그러니 그녀는, 사람들이 익숙히 알고 있는 질서관에 따르면, 예수에게 다가가서는 안 되며, 결국 예수의 사면을 받을 수 없다는 것이다. 바리사이만이 아니라 사람들은 일상적으로 그렇게 생각했다.

그런데 예수가 시몬에게 빗대어 한 말은 당신 자신이 그녀를 받아주어야 하는 이유를 말해준다. 그녀는 지금 이 자리에서의 행실로 인해 모든 편견에서 자유로워질 자격이 있다고. 바로 이것이, 예수 자신이 강변하는, 서열화된 사회의 질서를 넘어서는 하느님 나라의 새로운 질서관이라고.

매춘녀 수지 김은 바로 그녀의 직업에 대한 사람들의 추상적인 편견 속에서 간첩 수지 김으로 규정되었다. 삶의 구체성이 억압된 개념의 세계 속에서 한 인간의 진실은 15년간 철저하게 묻혀졌던 것이다.

목수의 아들 나자렛 예수는 바로 그의 신분에 대한 사람들의 편견 속에서 너무 쉽게 '그리스도 예수'로 규정되었다. 삶의 구체성이 억압된 세계 속에서 이 메시아의 진실은 이천 년 동안이나 단단하게 땅속에 묻혀졌다. 그이는 고귀한 모습을 한 신의 아들이 되어버렸고, 일상을 무시한 개념의 신이 되어버렸다. 그리고 테러를 불러일으키는 절망의 구조가 간과된 제국주의의 수호신이 되어버렸다.

예수의 경고*

율법학자의 질서에 속한 자들에게, 아니 우리들에게

🌿 내가 알고 있는 이의 자녀들인, 오빠와 여동생인 연년생 남매가 함께 수능시험을 보았다. 둘은 모두 성적이 뛰어난 학생들이어서 모의고사에서 상위 5퍼센트 이내를 유지해왔다. 다행히도 여동생은 목표로 정한 학교에 특차입학도 무난할 만큼 시험을 잘 보았다. 한편 오빠의 성적은 학원 배점표에 의한 목표 학교의 커트라인에 약간 미달하는 것으로 나타났다. 그의 말에 따르면 두 문제를 어처구니없이 실수한 탓이라고 한다. 가뜩이나 속이 상한 어머니는 이번 수능시험이 변별력이 없게 출제됐다는 뉴스를 보면서 분통을 터뜨린다. 도대체 실수로 몇 점 감점된 것 때문에 실력이 있어도 명문대에 못 간다는 게 말이 되느냐는 것이다. 급기야는, 자기보다 실력이 모자란 학생이 잘 찍은 탓에 몇 점 더 낮게 성적이 나왔다는 아들의 말을 듣고 앓아누울 지경이 되었다.

* 이 글은 2000년 11월 26일에 한 설교를 수정 보완한 것이다.

입시철만 되면 늘 듣는 얘기다. 다만, 그때마다 소재가 조금씩 바뀌곤 하는데, 그 소재거리는 주로 입시제도와 연관이 있다. 2000년 당시 수능 담론의 주된 반찬은 '변별력 없는 쉬운 문제'라는 것이었다. 그로부터 2~3년 전엔 수능고사의 문제난이도를 낮춤으로써 학교교육이 입시에 덜 매달릴 수 있는 여지가 생겼다느니, 과외 및 사교육에 들어가는 비용을 절감하게 되었다느니 하면서 크게 환영받았던 걸로 기억하는데, 그해엔 정반대의 현상이 나타난 것이다. 언론은 일제히 교육부와 수능문제 출제기관을 향해 맹공을 퍼부었다. 그리고 많은 학부모들은 그것을 보면서 분노의 대상을 찾아냈다. 앞서 말한 학부모처럼 말이다.

한데 여기서 우리가 유념해야 하는 것은, 수능시험의 변별력 문제로 가장 곤혹스러워진 이들은 상위 5퍼센트, 많이 잡아야 10퍼센트 이내의 학생들이라는 점이다. 이른바 명문대로 진학할 학생들의 변별력이 작아졌다는 것이다. 실제로, 그 1년 전 어느 지방대에 입학했던, 내가 잘 알고 있는 한 학생은 수능이 대학에 들어가 수학할 능력을 평가하면 됐지, 왜 명문대생과 비명문대생을 변별해야 하느냐고 분통을 터뜨렸다. 곧 이번 수능을 둘러싼 언론의 보도는 명문대생을 위한 기사에 불과하다는 것이다.

그것에 관한 정보를 별로 갖고 있지 못한 나로선 섣부르게 말할 수는 없지만, 그 학생의 말에 공감이 갔다. 언론의 일상적 행태를 보건대 충분히 그럴 수 있다는 생각이 들었던 것이다. 또한 몇몇 주요 신문을 검색해보니, 기사의 제목이나 내용이 주로 380점 이상의 학생들, 그러니까 100점 만점에 평균 95점 이상의 학생들에게 해당되는 변별성에 관한 내용으로 일관되어 있었다. 마치 우리나라는 '명문대 출신'과 '나머지'—기타 등등의 존재—로 나뉘어 있는 것처럼 보인다. 적어도 이 기사들 속에서 엿보이는 언론의 가치관에 따르자면 말이다.

물론 이는 너무나 단순한 매체 읽기에 불과하다. 좀더 깊이 있는 전문가들이 다양한 정보를 통해 주요 언론매체의 사회적 담론행위를 검토해야 더욱 책임 있게 발언하는 게 가능할 것이다. 하지만, 내가 보기엔, 적어도 그해 수능시험을 둘러싼 언론매체의 보도관행은 충분히 의심할 만한 요소를 담고 있었다. 그리고 아마도 이런 현상은 그 이전이나 그 이후에도 비슷하게 나타나지 않았을까.

그렇다면 왜 언론은 그토록 소수의 이해관계를 대변하고 있을까? 구독자의 수를 부풀리면서까지 무한경쟁을 벌이는 신문들이 왜 다수의 이해를 무시하고 소수를 택했느냐는 말이다. 여기서 내가 주목하는 것은, 언론매체의 행태가 독자들의 태도와 결코 무관하지 않다는 점에 있다. 모두가 명문대를 선호하는 집단적인 (의식·무의식적) 행위구조 아래 그것이 가능했던 것이라는 얘기다. 그래서 명문대의 이해관계를 대변함에도 그것이 전체의 기호에 어긋나게 들리지 않는다는 것을 언론 담당자들이 경험을 통해서 체득하고 있기에 가능했다는 것이다.

사람들은 대체로 명문대학 진학이 사회의 엘리트로 충원되는 가장 유효한 길이라는 생각을 갖고 있다. 한데 그뿐이 아니다. 단지 생존을 위한 효과적인 수단을 얻으려고 명문대로 간다는 식의 타산적 계산만으로 명문대 선호취향을 전체 사회구성원이 공유하는 것은 아니라는 얘기다. '더 나은' 학자, '더 나은' 정치인, '더 나은' 기업인, '더 나은' 직장인, 심지어는 '더 나은' 부모, '더 나은' 배우자라는 가치가 명문대라는 개념과 친화적으로 얽혀 있다. 여기서 '더 낫다'는 말은 단지 유능하다는 뜻만을 내포하는 게 아니다. 여기에는 무수한 인간학적 우성(優性)논리가 개입되어 있다. 요컨대 이미 명문대는 계산상의 우성인자만이 아니라 '상징화된 우성인자'이기도 한 것이다. 그렇기에 사람들은 명문대를 선호하며, 그것의 이해를 자기 존재의 관심사처럼 여기게 되는 것이다. 언론의 계급편향성은 바로 이러한 기반 위에서 가능했던 것이라고 할 수 있다.

이러한 문제의식에서, 나는 복음서에 나오는 두 구절을 떠올렸다.「루가복음」11장 52절과「마태오복음」23장 13절이다. 이 구절들에서 예수 당대 이스라엘사회의 엘리트 충원시스템에 대한 하나의 정보를 캐낼 수 있다고 보기 때문이다. 우선 두 구절을 인용해보자.

> 너희 율법교사들은 화를 입을 것이다. 너희는 지식의 열쇠를 치워버렸고 자기도 들어가지 않으면서 들어가려는 사람마저 들어가지 못하게 하였다.
> —「루가복음」11장 52절

> 율법학자들과 바리사이파 사람들아 …… 너희는 겨우 한 사람을 개종시키려고 바다와 육지를 두루 다니다가 개종시킨 다음에는 그 사람을 너희보다 갑절이나 더 악한 지옥의 자식으로 만들고 있다.
> —「마태오복음」23장 13절

이 구절들에서 우리가 말하는 엘리트에 해당하는 대상은 고급 바리사이, 즉 율법학자에 한정되어 있다. 그러니까 왕족이나 귀족, 혹은 종교귀족인 고위사제 등은 여기에서 주목의 대상이 아니다. 그들은 모두 세습을 통해 자신의 신분적·계급적 질서에 귀속되며, 따라서 그들은 이를 위해 대중의 동의를 필요로 하지 않는다. 반면, 본문이 말하는 존재들인 율법학자들은, 대중에 의해서 그 지위가 보장된다는 점에서, 끊임없는 대중과의 상징적 연관관계 속에서 존재하는 이들이다.

「루가복음」 11장 52절은 율법교사(율법학자, 랍비)들이 나머지 사람들과 구별된 변별적 존재라는 것을 전제하고 있다. 그들은 '지식의 열쇠'를 소유한 자들이다. 여기서 '지식(그노시스)'이란 말할 것도 없이 '하느님 나라를 얻는 지식'을 말한다. 하느님 나라란, 모든 이스라엘 사람들의 삶의 근원이자 목적이요 존재 이유다. 반면 다른 사람들은 그들을 통해서만 그것을 얻을 수 있다. 그것은 대중에게서 율법학자란 모든 '더 나은' 가치의 자격을 가진 존재이기 때문이다. 그들이 존재하는 것만으로 사람들은 자신도 하느님 나라를 얻을 수 있다는 확신을 갖게 되는 것이다.

그런데 본문에 따르면, 예수는 율법학자들이 그 지식의 열쇠를 '치워버렸다'고 말한다. 이것은 율법학자와 대중의 '구별짓기'가 결정화되었다는 뜻을 내포한다. 그리하여 사람들은 자기들이 동경하는 율법학자들의 경지, 그들의 구원의 위격을 결코 얻지 못하게 되는 것이다.

한편 「마태오복음」에선, 그러한 율법학자들이 소수의 엘리트 집단이며, 그들의 상징적 위격은 그렇게 한정된 형태로 계승되고 있다는 사실을 전제한다. 그래서 그들의 제자도 대중에게 하느님 나라의 열쇠를 결코 제공해주지 않는다는 것이다. 결국 그들의 엘리트 양성/교육 체계는 자기들만의 세상을 재생산하기 위한 기제에 불과하다는 비판이다. 그 체계 속에서 양성된 자는 스승보다 결코 못하지 않은 자폐적 존재로 태어날 것이기 때문이라는 얘기다.

다시 말하거니와, 율법학자 시스템, 곧 그들의 충원이나 권력연계나 상징적 위계의 형성 등의 문제는 사회 전 구성원의 의식·무의식적인 동의에 기초하고 있다. 그러나 예수는 저들 율법학자들을 향해 "저주받아라, 이놈들아!"라고 부르짖음으로써, 그러한 체제의 재생산 맥락에 도전하고 있다. 그것은 율법학자들을 향한 도전이요 비판인 동시에, 그러한 시스템에 자기도 모르게 흡수 통합된 대중을 향한 근원적 문제제기였던 것이다.

오늘날 우리는 명문대 열병을 앓고 있다. 학교교육이 황폐해진 것은 바로 그러한 열병과 관련되어 있다. 하지만 그것만이 아니다. 정치, 경제, 심지어는 가정에서까지도 명문대 중심의 구별짓기 문화는 사람들의 삶을 황폐하게 하는 데 큰 몫을 하고 있다.

물론 사람들은 그 문제를 어느 정도는 의식한다. 언론매체도 마찬가지다. 그래서 자발적으로 대학입시에 관한 보도강령을 만들기까지 했다고 한다. 하지만 여전히 실제의 언론보도에서는 별로 고려되지 않는 것 같다. 마찬가지로 일반 대중도 문제의식을 갖고 있음에도, 그러한 체제의 재생산에 스스로 공조하고 있다. 무의식중에, 자신도 모르게 그렇게 하기도 한다. 하지만 알면서도 자신에 관련된 문제에 한해서는, 모순적으로, 그것에 유보적 태도를 취하기도 한다는 것이다.

이때 우리가 유념할 것은 예수의 단호한 거부의 선언이요 부정의 삶인 것이다. 그이는 그러한 모든 체제에서 스스로를 이탈('탈맥락화')시켰던 것이다. 그렇다면, 예수의 저주의 부르짖음, "화 있을지어다!"라는 말은 바로 우리 자신을 향한 경고이기도 한 것이 아닐까.

'유랑의 신학'을
위하여*

현대의 이방인 혐오증/공포증에 대한
예수의 대안

❋ 한 율법학자가 와서 "선생님, 저는 선생님께서 가시는 곳이면 어디든지 따라
가겠습니다" 하고 말하였다.

그러나 예수께서는 "여우도 굴이 있고 하늘의 새도 보금자리가 있지만 사람
의 아들은 머리 둘 곳조차 없다" 하고 말씀하셨다.

— 「마태오복음」 8장 19~20절

1980년대 말 혹은 1990년대 초, 안병무 선생은 불쑥 '유민(流民)의 신학'
이란 이야기를 꺼낸 적이 있다. 갑작스러운 주장이기는 했지만, 사실 『성서』
에 대한 어느 정도의 지식을 가진 사람이라면 이것이 그리 낯설게 들리지는
않았을 것이다. 현대의 문헌학적 연구에 따르면 '히브리 사람'이라는 말 자
체가 귀속할 곳이 없는 떠돌이의 삶을 함축하고 있다.** 실제로 이스라엘 사

| * 이 글은 1997년 10월 19일자 설교원고를 수정 보완한 것이다. |

람들은 자신의 조상이라고 믿는 아브라함, 이삭, 야곱 등이 모두 떠돌이들이 었다고 고백하고 있다(「신명」 26: 5). 나아가 야훼조차 고정된 성전에 안주하고 있는 존재라기보다는, 끝없이 떠도는 삶을 의미하는 '장막에 거하는 신' 이라는 것을 보면, '유랑'을 야훼신앙의 뿌리/맥이라 해도 과언이 아닐 것이다. 그럼에도 '유민의 신학'이라는 말이 낯익지 않다고 생각되었던 것은, 아마도 우리의 신앙 맥락이 정착민/정주민의 가치에 근거하고 있기 때문일 것이다.

최근에야 나는 '유랑'이라는 것이 예사스럽지 않은 신학적/신앙적 뇌관을 가진 민중신학적 통찰이라는 생각에 이르게 되었다. 이른바 '안병무 신학'을 승계한다고 할 때, 바로 이 점이 얼마나 커다란 혜안을 우리에게 주고 있는지를 비로소 깨닫게 된 것이다. 누구보다도 우리의 시대를 가장 첨예하게 대면하며 비판적 시대 읽기를 부단히 시도해야 하는 민중신학자에게 이 문제가 결정적인 문명비판적 주제임을 새삼 발견하게 된 것이다.

얼마 전부터 우리는 노동자가 되려고 입국한 외국인들을 어렵지 않게 볼 수 있다. 내가 어렸을 적엔 우리나라 사람들도 그랬다. 이웃집 '누구'가 노무자로 일본에 갔다거나, 친척 아무개가 간호사로 독일에 갔다는 애길 종종 들을 수 있었다. 최근에는 먹을 것을 찾아 중국으로 탈출하는 북한 동포들에 관한 가슴 아픈 소식도 접하고 있다. 그 밖에 세계 곳곳에서 일어나는 전쟁이나, 근대화의 부작용으로 인한 기근 등으로 무수한 사람들이 국제 유랑자

***** 이집트의 텔 엘 아마르나(Tell el-Amarna) 지역에서 발굴된 토판문서들에는, '하비루/하피루 (habiru/hapiru)'라고 불리는 집단이 등장한다. 여기서 이들은 주전 15~14세기경 이집트 당국이나 팔레스타인의 예속국들에게 골칫거리의 불순분자들로, 특히 생계를 위해 이리저리 유랑하는 날품팔이 노동자들, 용병, 노예, 도적 등 다양한 부류의 사람들로 나타난다. 많은 학자들은 이 용어와 히브리는 동일대상을 가리키는 유사표현으로 보고 있다.

가 되었다는 외신을 간간이 접한다.

한편 1997년 말 IMF 관리체제 아래 놓인 이래, 우리 주변에는 정착할 곳 없이 유랑하며 노숙하는 '홈리스(Homeless)'들이 무수히 생겨났다. 더욱이 구조조정 국면을 맞이하여, 우리는 일터를 잃어버린 수많은 무적(無籍)의 사람들의 허탈감과 상실감 사이를 누비며 다녀야 한다. 우리 자신이 무적자의 처절한 대열에 놓이지 않으려면 말이다. 그러나 유민화 현상은 국가 안팎을 오가는 사회경제적 난민들에게 한정된 현상만은 아니다. 근대화는 전 세계의 모든 사람들을, 정착지를 찾지 못한 채 헤매는 (실재적 혹은 잠재적) 유랑민으로 만들어버렸던 것이다. 그러므로 현대사회는 과거 어느 때보다도 광범위하고 포괄적인 유민화 현상을 하나의 주된 특징으로 하고 있다. 그리고 이러한 현상이 현대사회의 근대화 과정과 맞물려 있기 때문에, 우리는 유민의 문제를 문명비평적 화두로서 접하게 된다.*

오늘날 유민들은 대체로 도시로 몰려든다. 그래서 현대의 도시는 내국인이든 외국인이든 수많은 유민들로 들끓고 있다. 아니 도시 자체가 유랑하고 있다 해도 지나친 말이 아니다. 도시는 시민에게 안주할 수 없는 공간을 제공해줄 뿐 아니라, 도시 자체가 비정주(非定住)의 공간인 것이다. 사람들은 도시 속에서 끊임없이 이방인이 되어 유랑하며, 도시는 바로 이런 유랑자의 공간이 된다. 어떤 이는 이러한 현대의 도시사회체제를 가리켜 "안주할 수 없는 인간을 생산해내는 일종의 거대한 기계"라고 한다.

⟨맨인블랙(Men in Black)⟩이라는 SF 영화는, 거주규정을 따르지 않는 불법체류 '외계인'을 분리 제거해내려는 특수경찰 '맨인블랙' ─ 합법적인 거류

---

* 최근 한국사회에서도 제기되고 있는 '노동거부의 사상'은 근대화가 첨예화될수록 사회의 탈노동화가 심화되는 현상, 즉 유민화 현상에 대한 하나의 문명비판적인 문제제기라 할 수 있다.

외계인을 관리하는 임무 또한 맡고 있다—의 영웅담이다. '외계인'을 분리 제거해야 하는 이유는, 그들이 악의 화신이라는 믿음이 깔려 있기 때문이다. 그런데 흥미로운 것은 '외계인'의 영어표기인 '에일리언(alien)'은 '미지의 우주생물'만을 가리키는 것이 아니라는 사실이다. 미국인에게 이 단어는 우리를 포함한 동양인, 흑인, 남미인 등을 뜻하기도 한다. 이 영화에서 '맨인블랙'의 본부로 나오는 건물은 실제로 미국 '이민국' 건물이었다고 한다. 여기서 '미지의 우주생물'에 대한 혐오감이, 백인이 아닌 사람에 대한 미국인의 혐오감과 겹쳐지고 있다. 그러므로 우리는 이 영화가 '외부인'(타자)을 배제하고자 하는, 나아가 외부인을 공격하여 제거하는 것이 '선'이라는 배제주의적의 가치를 공유하고 있는 세계에 관한 이야기임을 알 수 있다.

이 영화는 우리시대의 이러한 현실을 코미디식으로 비꼬아 말하고 있으면서도, 동시에 외부인/이방인을 두려워하고 증오하는, 그래서 그들을 배척하는 실천을 삶 속에 각인하고 있는 사람들의 언어인 것이다. 이 담론이 소통되는 공간에 사는 사람들은 누구나 이것을, 이것이 담고 있는 실천을 자명한 이치로 받아들인다. 그래서 사람들은 스스로가 이방인이 될까봐 두려워한다. 여기서 우리는 하나의 이상한 현상을 발견할 수 있다. 즉 도시체제는 우리를 끊임없이 이방인으로, 유랑자로 몰아내는데, 도시에 사는, 도시에 살기를 동경하는 우리는 그것을 두려워하며 그렇게 되지 않으려 몸부림친다. 직장에서 열과 성을 다해 일하는 것은 이방인이 되지 않으려는 욕망의 표현일 수 있다. 가정을 상실하지 않으려는 모든 노력 또한 마찬가지다. 자신이 배제되지 않으려는, 그러한 공포로부터 해방되려는 욕망 말이다.

그러나 직장은 물론이거니와 가정까지도 이러한 공포로부터 해방받는 안주의 공간이 되지 못한다. 아니 심지어 자기 자신조차 스스로에게 안정감을 주는 데 너무 인색하다. 현대인들은 너나 할 것 없이 정주할 기회를 박탈당할지 모른다는 불안과 공포에서 살고 있는 것이다. 그래서 현대인은 마치 게릴라처럼, 일시적으로 일상을 전복시키는 공간을 추구한다. 바흐친(Mikhail Bakhtin)은, '웃음'에서 인간 내면에 쌓인 공포로부터 해방시키는 혁명적인 힘을 발견한 바 있다. 그러나 오늘날 사람들은 그러한 웃음을 좀처럼 얻을 수 없다. 대개는, 게릴라처럼 일상을 빗겨가서 잠시 기습적으로 덮쳤다가는 어디론가 사라져버리는 웃음을—텔레비전의 오락프로그램 따위에서 얻을 수 있는 가벼운 웃음을—누릴 뿐이다. 혹은 주말이나 휴가 때 일상에서 잠시 도피함으로써 불안, 즉 비정주성의 공포로부터 탈출을 만끽할 수 있다. 그러나 사람들은 곧 다시 자신을 기다리는 비정주의 공간, 도시로 회귀해야 한다.

예수 당대도 무수한 사람들이 유랑자로 내몰리던 시대였다. 식민지상황 아래서 수많은 대중은 삶의 뿌리인 토지 상실의 위기감 속에 살아야 했던 것이다. 가뭄, 지진, 병충해, 전염병 등 재난만으로도 살아가는 것이 무척 힘겨운데, 군대나 지주, 그리고 통치자의 무자비한 착취는 대중의 삶을 밑바닥까지 뒤흔들어놓았다. 집안의 얼이 깃든 땅에서 쫓겨난다면 조상들과의 교감이 불가능해질 뿐 아니라, 조상에게 땅을 위탁한 하느님과의 관계 또한 단절되고 만다. 게다가 회당 안에서 바리사이들이 거품을 토하며 부르짖는 정결 율법은 대중에게 구원을 향한 희망의 전조이기보다는, 율법을 지키지 못함으로 말미암은 심판의 공포감을 심어주었다.

아닌 게 아니라 예수 주변엔 많은 떠돌이들이 있었다. 예수의 비유 속에는 떠돌이들의 삶이, 그 애환이 깊이 배어 있다. 예수의 기적은 떠돌이들에게 특별히 베풀어진다. 예수운동은 떠돌이로 전락한 사람들에게 특별한 의미를 가졌던 것이다. "마음이 가난한 사람, 복 있다. 하늘나라가 그들의 것이기 때문이다." 이 선포가 단적으로 표현하는 것처럼, 삶의 뿌리로부터 근절시키려는 사회적 위협 아래 적나라하게 노출된 사람들, 유민으로 내몰린, 혹은 그러한 위협 아래 놓여 있는 사람들의 해방운동이 바로 예수운동인 것이다. 그런데 사실은 예수 자신도 유랑자다. 그리고 그의 제자들 대부분도 그러한 사람들이다. 요컨대 예수운동은 유민들에 '의한', 유민'의' 신학/신앙 운동인 것이다.

바로 여기서 안병무의 민중신학적 통찰이 빛을 발한다. 예수는 자신을 이방인으로 배척하려는 사회적 위협에 노출된 사람이다. 사람들 대부분이 그렇듯이 말이다. 그것은 생계를 이어갈 기회의 박탈을 의미한다. 그것은 조상의 전통으로부터의 단절을 의미한다. 그것은 경제적·정신적 삶의 일체의 뿌리로부터 근절되는 것을 의미하는 것이다. 두렵다. 만약 그리된다면 야훼 하느님과의 관계는 단절되고 마는 것이 아닌가. 만약 그리된다면 이제 저주받은 '어둠의 자식'이 될 뿐이다. 그래서 많은 사람들은 이러한 위협에서 벗어나기 위해 발버둥친다. 자신만은, 자신의 가족만은 이방인이 되게 하지 않으려고 말이다. 정주를 허용하지 않는 사회체제 속에서 사람들은 정주할 공간을 찾아 동분서주한다.

그러나 예수는, 그 자신이 시작한 운동은 정반대의 길을 택한다. 정주를 박탈하려는 세계 속에서, 스스로 정주를 포기한다. 스스로 유민이 되려 한다. "여우도 굴이 있고 하늘의 새도 보금자리가 있지만 사람의 아들은 머리 둘 곳조차 없다." 이 말은 이런 적극적인 포기, 아니 유랑을 선택한 삶을 뜻한다. 그러자 유랑자들의 이야기인 히브리의 역사가 비로소 보인다. 정주자의 역사에 의해 각색된 야훼주의가 아닌, 유랑자의 신학/신앙이 적나라하게 드러난 것이다. 아브라함의, 이삭과 야곱의, 바로 신앙의 조상인 그들의 이야기가, 그 이야기 속에 숨겨진 유민의 신학/신앙이 폭로된 것이다. 야훼, 성막 속에 머무르시는 분, 어느 지역에 세워진 웅장한 건물 속에 위폐되기를 거부하고, 스스로 유랑자의 신, 아니 유랑자이고자 하신 존재! 건물을 장악한 누구의 소유도 아닌, 신상을 가진 누구에게 소유되지도 않은, 바로 모든 이에게, 박탈의 위협 아래 있는 모든 사람에게 자신을 공개하는 유민의 신 야훼! 바로 그분을 예수는 발견한 것이다.

이것이 안병무가 발견한 민중신학적 예수상이다. 위대한 신에 관한 담론, 신을 기리는 웅장한 축제, 이런 것들 속에 안주하지 않는 예수를 발견한 것이다. 정주를 박탈하려는 사회 속에서 스스로 안주하기를 포기한, 유랑을 택한 신의 이미지를 발견한 것이다. 그러므로 그것을 모방하는 삶, 바로 그것이 예수를 따르는 제자들의 모습이요, 참 신앙의 자세임을 안병무는 역설했던 것이다.

유랑의 신앙은 정주자의 세계관을 교란시키는 삶으로 발현한다. 그것은 정주자가 은폐한 배제의 체제를, 그것의 가학성을 폭로하는 삶 속에서 비로소 빛을 발하는 것이다. 현대의 도시체제가 나에게 위협을 가할 때, 자신의 '율법'에 따르지 않으면 이방인으로 내몰겠다고 협박할 때, "사람의 아들은 머리 둘 곳조차 없다"고 선언하는 유민적 신앙고백을 통해 예수의 진리는 드러나는 것이다.

오늘 우리에게 전도가 가능한가?*

🌿 "전도에 대해 어떻게 생각하나요?"

강연 후, 누군가 내게 던진 질문이다. 그날 강연은, 예수운동이 교회운동으로 이행하면서 권력에 대한 끊임없는 도전과 일탈의 정신, 그 유랑의 에토스가 실천적 행동강령에서 종교적 상징의 영역으로 옮겨가게 되었다는 이야기였다. 주류 교회의 역사는 점차 이러한 이동을 극단화하였고, 그 결과 종교적 상징의 영역이 그리스도인의 삶과 실천에 개입하는 통로를 차단시켜버렸다는 것이다. 이로써 종교적 상징 속에서만 유랑의 에토스를 실행하면서도 일상생활에서 그것을 실천하지 않는 삶에 대해 자책감을 전혀 느끼지 못하는 신앙적 신념체계가 구축된 것이다. 그런 점에서 지금 여기서 예수의 역사적 의의는 우리의 신앙관행에 대한 하나의 신랄한 도전으로 다가온다는 주장이었다. 마치 우리는 예수가 우리 신앙의 근간인 듯이 생각하지만, 실은

* 이 글은 2000년 5월 28일자 설교원고를 수정 보완한 것이다.

우리 신앙 기반을 뿌리째 뒤흔들어놓는 존재라는 얘기다. 그러니 강연 취지를 잘 이해한 사람이라면 당연히 전도에 관해 질문할 수밖에 없을 게다. 도대체 우리는 무엇을 전해야 하느냐는 물음이다.

한편 이 강연 며칠 전 어떤 '독실한' 교인 한 사람이 내게 예수를 전하는 것은 신앙인의 필수적인 과제라고 하면서, 「루가복음」 12장 2~3절을 보라고 충고한 적이 있었다.

> 감추인 것은 드러나게 마련이고 비밀은 알려지게 마련이다. 그러므로 너희가 어두운 곳에서 말한 것은 모두 밝은 데서 들릴 것이며, 골방에서 귀에 대고 속삭인 것은 지붕 위에서 선포될 것이다.

이 본문은 「마태오복음」 10장 26~27절에도 거의 같은 내용으로 수록되어 있다. 즉 두 복음서는 공히, 감춰진 것은 드러나게 마련이니 예수와의 관계를 숨기지 말라고 권고하고 있는 것이다. 예수를 전하는 데 담대하고 적극적으로 하라는 뜻이겠다. 이 말은 '몸을 죽일 수 있는 이들'에 대한 두려움이 동시대 그리스도인들을 압박하고 있었다는 상황(「마태」 10: 28; 「루가」 12: 4)을 감안할 때 비로소 실감나게 이해할 수 있다. 즉 두 텍스트에는 공히 박해의 상황이 전제되어 있다. 단 「마태오복음」에는 더욱 심각한 박해상황이 전제된 것처럼 보이는 반면, 「루가복음」은 상대적으로 그러한 상황이 좀더 완화된 상태와 관련된 듯이 보인다. 오히려 「루가복음」은 예수를 공공연히 이야기하는 것이 위신에 부정적인 영향을 미칠 것을 두려워하는 이들을 경계하는 듯이 보인다. 이는 이 말의 상황설정 역할을 하고 있는 도입문에서 명백히 드러난다.

이때 예수께서는 먼저 제자들에게 "바리사이파 사람들의 누룩을 조심하여라. 그들의 위선을 조심해야 한다" 하고 말씀하셨다.
— 「루가복음」 12장 1절

즉 「마태오복음」은 예수의 말을, 제자들을 각 고을로 파견할 때 행한 훈시의 자리에 위치시키고 있는 반면, 「루가복음」은 '바리사이의 누룩'이라고 표현한 위선을 경계하라는 훈시의 문맥에서 이 말을 배치한다. 그런 점에서 이 복음서의 선교상황은 「마태오복음」의 그것보다는 우리와 좀더 유사한 것 같다.

그런데 우리가 여기서 주지할 것은 「루가복음」이든 「마태오복음」이든 예수를 전하는 일이 사회의 정상적 질서와 '상충'된다는 문제의식을 공유하고 있다는 점이다. 체제의 질서는 예수를 공공연히 전한다고 해서 그들의 육체와 정신을 말살시키려는 위협을 가하는, 한마디로 '폭력적 존재'로서 인식되고 있는 것이다.

물론 그것은 예수라는 이름이 담고 있는 체제 전복성 때문이다. 많은 유대계 급진주의자들은 그의 이름에서 불순종의 기조를 느끼고 있었던 것이다. 그래서 로마체제의 시선을 내면화시키고 있는 사람에게 그의 이름을 말하는 것 자체가 '위대한 로마의 평화'를 위협하는 불순한 것으로 보였다.

일찍이 로마가 지중해지역의 국제정치 무대에 등장한 이래 이 지역에 전쟁의 참화가 그친 적은 거의 없었다. 그런 점에서 아우구스투스가 사실상의 제정사회로 로마의 정치계를 재편한 이래 제정로마의 주된 프로파간다가 된 '팍스 로마나(Pax Romana)', 즉 로마의 군사력에 의거한 평화선언은 그런 점에서 국제적인 새로운 전기를 이룩한 사건이었다. 이제 가까스로, 전쟁이 난무하는 세계가 아닌, 평화가 지배하는 세계가 도래하였다는 담론이 제국

내 지식사회를 평정한 것이다. 물론 그것을 지키기 위해서는, 최선이든 아니든, 로마라는 압도적인 힘의 상징이 주효했음은 분명한 사실이다. 즉 로마의 평화는 로마가 국제관계의 거중조정자 역할을 담당함으로써 실현된 분쟁의 억제상황을 가리킨다.

그러니 로마체제를 비판한다는 건, 무책임한 질서의 교란행위요 불온한 선동일 뿐이었다. 적어도 광활한 제국 내 영역 구석구석까지 널리 퍼져 있던 '팍스 로마나'적인 지배담론을 공유하는 사람들에겐 그렇게 보였다. 요컨대 '유대족속의 왕'을 자처했다는 반도의 괴수 예수, 그의 이름을 전한다는 건 당시의 지배적 견해에선 결코 바람직한 행위로 여겨지지 않았던 것이다.

바로 이런 상황 속에서 초기 그리스도교의 선교가 이루어졌다. 그러니 그것은 하나의 종교를 전하는 것 이상의 의미를 지닌다. 그것은 세계질서에 대한 근본적인 항의요 로마식 평화원리에 대한 근본적 문제제기인 것이다. 그러나 로마가 주창하는 평화란, 로마에 반대하지 않는 평화요 힘의 불균형을 전제한 평화였고, 그것에 대항하는 자에게는 전혀 관용을 베풀지 않는 평화였다.

평화라는 숭고한 가치가 폭력이라는 야만성과 결합하여 제국주의적 평화를 낳았다. 마치 한국의 근대화가 치졸한 제국주의(일본)나 야만적 독재(박정희 정권의 유신정치)를 통해 실현된 것처럼. 그리고 이런 상황에서 공교롭게도 로마제국 시대의 초기 그리스도교나 20세기 한국의 그리스도교는 선교운동에서 대대적인 성공을 거두었다. 야만적인 로마의 평화에 대해 하느님 나라라는 대안적 평화의 공간을 설파하며 펼쳐졌던 초기의 그리스도교 선교운동이, 20세기 한국에선 야만적 근대화의 부산물을 흡수하면서, 그 자양분으로 대성공을 이룩했던 것이다. 1930년대와 1970년대 절정에 이르렀던 한국의 대부흥운동은 바로, 급속히 추진된 산업화 과정에서 이농현상으로 대표되는 광범위한 사회적 유동성(social mobilization)이 초래한 가치의 아노미상황, 여기서 정체성을 유실당한, 존재의 안착지를 빼앗겨버린 대중에게 시대의 야만성을 감내할 위안처를 제공해줌으로써 가능했던 것이다.

그런데 20세기 한국 그리스도교의 약진은, 그 선교사(宣敎史)적 기적은 일본 제국주의자나 유신 독재자들에겐 위험한 것으로 기억되지 않았다. 왜냐면, 한국교회는 시대의 야만성을 극복하기 위해 폭력적 시대성과 대면하려 한 게 아니라, 바로 시대로부터 도피하려 했기 때문이다. '역사 이탈적 복음선교운동', 그것이 한국의 그리스도교 팽창의 기본 속성이었던 것이다. 시대의 야만성으로 인한 대중의 심리적 공동화(空洞化)에 대면하여, 그 야만성과 대결하려 하기보다는 시대를 회피함으로써 야만성을 우회하려 했던 것이다. 그리고 시대의 야만성이 다소 완화된 상황에도 선교상의 이러한 속성은 변함없이 지속되었다.

이렇게 역사 이탈적으로 사고했기 때문에, 그리스도교 선교운동은 '선교를 위해서라면' 무엇이든 할 수 있었다. 어떤 가치와도 결합할 수 있었고, 어떤 존재와도 즐겁게 만찬을 나눌 수 있었다.* 그리고 바로 그런 이유로, 한국 그리스도교의 선교적 기적은 한국의 야만적 근대화 과정을 개선하는 데 어떤 영향도 미칠 수 없었던 것이다. 오히려 야만성의 공모자로서 시대의 변혁을 가로막는 장애물로 기능해왔다고 할 수 있기까지 하다.

---

* 일본 제국주의자와 선교사들 간의 관계에 관한 연구에서 김승태의 다음과 같은 결론은 둘의 관계를 단적으로 보여준다. "이 시기에 …… 일제로서는 국제사회의 비난을 효과적으로 지배하려는 목적에서, 선교사들로서는 최대한의 선교의 자유와 기독교 교육의 자유를 확보하고 유아기의 교회를 보호 육성하려는 목적에서 상호 협력하고 이용하는 관계였다." 김승태, 「한말 일제침략기 일제와 선교사의 관계에 대한 연구(1894~1910)」, 『한국기독교와 역사』 6 (한국기독교역사연구소, 1997) 참조. 이것은 식민지 시대에도 변함없이 계속되는 지배적인 그리스도교 지도자들의 정치 태도로 남아 있었다. 한편, 이러한 관행은 군부독재정권 아래에서 시작된 이른바 '조찬기도회'로 이어졌다.

1980년대 말 이후, 한국의 근대화에서 야만성이 다소 이완되었다. 권력에 의한 무자비한 폭력이 상당히 완곡해진, 어느 정도의 민주화가 실현된 것은 부인할 수 없는 분명한 사실이다. 지난 시대를 누구보다도 열정적으로 살아온 한 시인이 갈구했듯이, "타는 목마름으로 남몰래 썼던 민주주의"가, 그 희망의 절절한 상징이던 '더 많은 민주주의'가, 야만성이 더욱 지양된 민주주의가, 그러나, 결코 '더 많은' 행복의 기반이 되지 못한다는 점이 이 시대를 살아가는 이들의 공유된 한계인식이다. 그러므로 니힐리즘, 그것이 이 시대를 사는 우리들의 역사적·인식론적 기조라고 할 수 있다.

그런데 한국의 그리스도교는, 야만적 근대화의 공모자였던 한국의 교회는 전혀 과거를 청산하지 않은 채, 역사에 대한 어떠한 사과도 없이 1980년대와 1990년대를 보냈다. 그리고 새 밀레니엄 시대를 맞이했다. 여전히 '야만적 시대성'이라는 철지난 얼굴이 오늘날 한국 그리스도교를 대표하고 있다. 그러니 사회의 야만성이 완화돼도 여전히 지속되고 있는 존재의 위기를 문제 삼는 내적 역량이 그리스도교 속엔 없다. 교회의 실패!

이제 교회가 생산해내는 종교적 재화를 소비할 대상은 점점 사라져간다. 특히 품격 있는 신앙을 그리스도교에서 기대하는 층은 이 사회엔 별로 없다. 남은 것은 비대해진 제도 속에 얽히고설킨 이해관계의 효용성뿐. 그러므로 현재의 연장선상에서 생각하면, 그리스도교는 조만간에 심각한 신앙적 공황을 맞이할지도 모른다.

바로 이런 상황에서 누군가가 전도에 대해 묻는다면, 그리스도교도인 당신은 어떻게 대답하겠는가? 나라면, 전도하지 않는 게 미덕이라고 답할 수밖에 없다. 그러니 목사인 내겐 그것을 숨기지 않는 게, 위선자의 길을 따르지 않는 것이리라.

그러나 만약 우리가 규모로부터 자유로워진다면 전도의 희망이 아직 남아 있을지도 모른다고, 나는 다소의 희망을 품은 대답을 할 수 있겠다. 만약 우리사회의 이해관계에 연연하던 삶을 반성하는 힘이, 이해관계보다는 나약한 타인을 위해 자신을 낮추는 동기가 다른 가치가 아닌 우리의 신앙에서 유래한다면, 우리는 아직 전도할 자격을 가진 사람이라고 감히 고백할 수 있겠다. 만약 우리의 전도가, 예수의 이름을 담대하게 이야기할 수 있는 용기가, 우리사회의 근대성의 질곡을 문제 삼고 그것을 개선해보기 위한 실천적 개입으로 표현될 수 있다면, 우리의 그리스도교는 공황을 헤쳐 나갈 내적 잠재력을 아직 가지고 있다고 말할 수 있겠기 때문이다.

디아코니아 콤플렉스*
혈통적 가족주의를 넘어서

🌿 월간잡지 『말』에 실린 한정림화라는 작가의 글**
을 읽으면서 '가족'에 대해 숙고하게 되었다. 도대체 가족이란 무엇일까? 내
겐 '가족' 하면 제일 먼저 아버지가 떠오른다. 내 기억으로는 적어도 고등학생
시절 이후 줄곧 아버지는 경원의 대상이었다. 아버지가 돌아가시기 얼마 전,
마치 유언처럼 들려준 당신의 청년시절에 관한 이야기를 듣기까진 그런 마음
은 계속되었다. 이제 보니, 어찌 보면 아버지를 닮지 않으려는 노력이 나의
청소년기에서 청년기에 이르는 기간의 성장과정을 지배했다고 할 수도 있을
것 같다.

　이상한 것은, 그럼에도, 내가 아버지를 빼닮아가고 있다는 것이다. 우리
가족을 아는 많은 사람들의 말이다. 오랜만에 찾아온 친척들은 나를 보면서
종종 아버지로 오인하곤 한다. 내 외모가 젊은 시절 아버지와 너무나 흡사하

---

* 이 글은 1999년 3월 28일자 설교원고를 수정 보완한 것이다.
** 한정림화, 「내가 혼인하지 않고 아이 낳은 까닭」, 『말』 1999년 3월호.

다는 거다. 어머니, 누나, 아버지 친구들은 종종 나의 걸음걸이, 말투, 행동거지, 습관 등을 보면서, 한결같이 이렇게 말한다. "씨 도둑질은 못하는 거야"라고. 아버지가 특별히 문제 있는 사람이 아님에도, 아니 사실은 이제 와보니 꽤나 괜찮은 사람이었음에도, 여전히 아버지를 닮고 있다는 소리가 반갑게 들리지 않는다. 내 생각엔, 아마도 가부장의 권위에 대한 참을 수 없는 반발심 탓이 아닌가 한다.

달라지고자 했던 '20여 년'어치의 노력은 실패한 것일까? 그렇게 쉽게 승복하고 싶지는 않다. 적어도 꽤 다른 표정을 가지고 있다고 생각한다. 하지만 동시에 많은 것을, 마치 유전 형질을 물려받듯, 전수받은 것 역시 인정하지 않을 수 없다. 가족이란, 이렇게 수많은 '유사함'들을 생산해내는 신비한 힘을 가지고 있다. 아들다운 아들, 딸다운 딸, 장남 같은 장남, 장녀 같은 장녀, 막내 같은 막내……. 나아가 그들이 새 가족을 형성할 때도, 아버지를 닮은 남편, 어머니를 닮은 아내, 그리고 부모를 닮은 부모가 되곤 한다. 가족 범위를 넘어 사회 속에서 처신하는 모습에서도 이러한 '혈통적 천성'은 이어진다.

한정림화는 앞서 언급한 글에서, 자기의 가족 안에서 '계집아이'로 자란 것을 너무나 무거운 족쇄로 생각하고 있었다. 그가 한 남자와 한동안 혼인하지 않은 채 사실혼관계에 있었던 것은, 유사성을 낳는 가족이라는 제도에, 아니 그 가부장주의적, 남성본위적 족쇄에 대한 항거였다고 한다. 현재 혼자 살면서 아들을 키우고 있는 그는 너무 많은 대가를 치러야 했다고 한다. 이른바 미혼모에게 가해지는 혹독한 시선과 편견, 그리고 무책임한 입길로 말이다. 그런 세상의 닳아빠진 유사함의 속성으로 온갖 피해를 보면서도 그 족쇄로부터 벗어나지 못한 채 살아야만 했던 고통을 유산으로 남겨주지 않으려고 아들의 성씨를 아버지의 것도, 어머니의 것도 아닌, 아들만의 고유한 것으로 짓고 싶었다고 한다. 하지만 법 때문에, 차선책으로 부모의 성을 함께 쓰기로 했다고 말한다.

내가 아는 어느 교인은 초등학교 1학년인 딸이 가져온 '가정생활기록부'에 아버지의 성씨에다가 '본관'이 무엇이며 어느 '파'에 속하는지까지 기재해야 했다고 하면서, '어머니인 나는 어디에 적어야 하지'라는 의문이 들었다고 한다. 아직도 학교는 씨족적 소속감을 교육의 내용으로 담아야 한다고 생각하는 모양이다. 사실, 산업사회로 치달린 한국의 지난 몇 십 년은, 가족의 위상격하가 온 것이 아니라 도리어 혈통주의의 광풍이 휘몰아쳤다. 정치권력이나 경제권력은 혈통적 연고주의로 얼룩져 있고, 심지어 단위 가족에서조차 혈통의 적장자를 찾느라, 세계적인 낙태왕국이 되길 감수했다.

최근 우리 주위에서 일고 있는 부모양성 쓰기운동이나 대안가족운동 등은 가부장주의적, 남성본위적 가치에 우리를 은연중에 공모자로 만드는 가족이라는 제도를 개혁하자는 의도를 담고 있다. 이것은 가족주의가, 혈연적 연고주의가 사회 전체에 특별히 부정적인 폐해를 끼치고 있는 현실의 질곡을 넘어서기 위한 개혁의 칼날을 가족에 들이댄 것이기도 하다.

가족제도를 개혁하려는, 이와 유사한 문제의식을 초기 그리스도교에서도 찾아볼 수 있다. 그 흔적이 우리가 잘 알고 있는 「루가복음」의 마리아와 마르타 자매의 이야기에서 발견된다.

> 그러나 주께서는 이렇게 대답하셨다. "마르타, 마르타, 너는 많은 일에 다 마음을 쓰며 걱정하지만 실상 필요한 것은 한 가지뿐이다. 마리아는 참 좋은 몫을 택했다. 그것을 빼앗아서는 안 된다."

우선 본문이 묘사하는 상황을 상상해보자. 이 자매가 예수를 자기네 집으로 초청하면서 이야기는 시작된다. 자신들이 믿는 메시아를 맞아들여 그이를 뵙는 영광을 누리고 싶은 마음도 있었을 테고, 그의 복음을 퍼뜨리는 데 미력하나마 도움이 되고픈 마음도 있었을 것이다. 아마도 그녀들이 초대한 마을사람들 혹은 친척들이 집안을 빽빽하게 채우고 있었을 것이다. 이곳저곳으로 파견되었던 제자들의 간증 혹은 활동보고회가 열렸을지도 모르고, 그들이 데려온 새로 입문한 제자 후보들의 소개 시간도 있었을 것이다. 당시 구전가요로 유행하던 '메시아 승전가'를 누군가의 선창으로 부르기도 했을지 모른다. 필시 집회의 하이라이트는 예수의 강론 시간이었을 것이다. 그러고는 질의응답도 이어졌으리라. 집회가 오래도록 계속되려니 누군가는 간식거리도 마련해야 했을 것이고, 우물에 달려가서 물을 길어와야 했겠다.

마르타는 이런저런 시중드는 일에 여념이 없었다. 그런데 마리아는 집회장 한가운데 앉아 강론을 경청하고 있다. 아마 질문도 던지고, 때로는 다른 사람과 가벼운 논쟁도 했으리라. 아무튼 그녀는 밖에서 수발드는 여인들과는 다른 모습으로 묘사되고 있다. 아마도 마르타가 이런 동생을 불러서 나무랐던 것 같다. 그러자 예수는 도리어 마리아를 두둔하며 이런 말을 했다고 한다. "마르타, 너는 온갖 걱정으로 부산을 떨지만, 정말 필요한 것은 단지 하나다. 마리아는 그것을 알았고, 따라서 그녀의 선택을 양보할 필요는 전혀 없다."

잘 알고 있다시피, 이 본문에서 핵심 등장인물은 대비되는 행태의 두 여인이다. 그리고 그 대비점이 수발의 문제였음도 주지의 사실이다. 요컨대, 수

발보다는 말씀의 경청이 우선이라는 식의 얘기가 아니라, 수발드는 여인상과, 말씀을 경청하고 토론에 참여하는 여인상의 대립이 주된 문젯거리라는 것이다. 아마도 이 이야기를 회자시켰던 초기 그리스도교에서 이 문제는 첨예한 논쟁거리였을 것이다. 사실 예수 당대부터 활동적인 여인들의 예수운동에서의 역할은 결코 간과할 수 없다. 사회의 일반적인 통념과 비교할 때, 그리스도교에서 여성 지도자들의 활동은 매우 두드러졌던 것이 분명하다. 그러나 사회의 통념은 그리 쉽게 바뀌지 않았다. 가족이라는 제도는, 여인들은 항상 이래야 한다는 통념을 낳았다. 가족을 통해서 사람들은 이러한 관념을 자기도 모르게 자신의 몸에 새겨 넣게 된다. 그가 남성이든 여성이든 말이다. 그래서 일반적인 사람들은 이른바 '설치는 교회의 여인'들을 유쾌하게 볼 수 없었고, 한편으로 그것은 교회의 선교에 좋지 않은 영향을 주었던 것 같다.

그러니 논쟁은 필연적이었다. 예수운동의 전통에 따르면 성적 분업은 가부장주의적 권위주의의 모태고, 나아가 사회의 권력적 체제와 구조적 등가물을 이루고 있다는 것으로 받아들여지고 있었다. 요컨대 사람들은 가족에서의 성적 분업 관념을 통해 권력에 순종하는 인간, 권력적 체제를 자연스러운 것으로 수용하는 인간으로 태어난다. 그래서 새로운 가족, 혈통적 연고주의를 깨뜨리는 전혀 새로운 유형의 가족론이 설파된다. 즉 혈연적 가족이 아니라 '하느님의 가족'이라는 것이다.

> (예수님은) 둘러앉은 사람들을 돌아보시며 말씀하셨다. "바로 이 사람들이 내 어머니이고 내 형제들이다. 하느님의 뜻을 행하는 사람이 곧 내 형제요, 자매요, 어머니이다."

― 「마르코복음」3장 34~35절

그러나 예수운동의 후속의 전개과정에서 가족의 문제를 회피하는 것이 선교에 훨씬 효과적이라는 사실을 초기 그리스도인들은 알게 되었다. 차라리 가부장주의의 권위적 요소를 개혁하고 대신 사랑으로 포용하는 가부장주의를 가르치는 것이 더욱 효과적이었던 것 같다. 그렇다면 관건은 가부장이 사랑의 심성으로 가족을 대하는 것이 된다. 부가적으로 여성은 가족이나 가족의 모사물인 교회에서 수발드는 일에나 충실하면 된다는, 혹은 자녀나 종은 사랑으로 대하는 가부장에게 순종하여야 한다는 윤리를 펴게 된다.

이 두 입장은 쉽게 조화되기 어렵다. 논쟁은 때로는 격렬하게, 때로는 완곡하게 진행되었지만, 오래도록 해소되지 않은 채 계속되었다. 하지만 「루가복음」이 만들어진 시대에는 대세가 현실론으로 크게 기울고 있었다. 여성 지도자들은 교회 밖으로 밀려나고 있었고, 교회 안에는 수발드는 여인상이 강조되었다. '디아코니아(διακονια)'라는 말은 제자들의 '보살핌'의 사역과 관련된 말인데, 「루가복음」 저자는 자기도 모르게 이 말은 수발드는 여인의 일로 국한해서 해석하고 있다(「루가」8: 3). 그런데 바로 이 논쟁에서, 앞서 인용한 「루가복음」 10장 41~42절의 마리아와 마르타의 역할에 관한 본문은 성별 분업론을 정면 공격하는, 결국에는 가부장주의적인 혈연적 연고주의를, 나아가서는 권력과 권력적 체제 자체를 공격하는 해방적인 투쟁담론이었던 것이다.

가족은, 산업사회가 정보사회로 바뀌고 점점 인간관계를 생존경쟁의 노예로 만드는 환경 속에서도 굳건하게 친밀감이 깃든 공간으로 자리잡고 있음에 틀림없다. 아이들은 가족의 친밀감 속에서 사랑을 배울 수 있고, 생존

경쟁의 도구가 아닌 삶도 있다는 것을 발견할 수 있다. 그런데 가족은, 또 한 편으론, 그 모든 사랑과 가치를 혈연적 연고주의에 국한시키고, 사회의 각종 패거리문화를 자연스럽게 체화시키는 가부장주의라는 암세포에 포위당해 있다. 그렇다면, 가부장주의를 극복하기 위한 여러 시도들은 그 의의가 결코 적다할 수 없을 것이다.

'폭력의 자식들'이 만드는 세상에서 살기*

작은자들을 가로막는 세상에 대한 예수의 저항

🌿 "어린이들이 나에게 오는 것을 막지 말고 그대로 두어라. 하느님 나라는 이런 어린이와 같은 사람들의 것이다."

— 「마르코복음」 10장 14절

아이들은 그 특유의 궁금증이 발동했는지 모른다. 어른들은 이것을 장난기라고 한다. 이들은 집회의 질서를 흐트러뜨리는 말썽꾸러기에 불과하다. 적어도 어른들의 시선에는 그랬다. 어른들에게 아이들은 눈엣가시였다. 집회의 질서를 책임지고 있는 제자들은 아이들에게 저리 가라고 야단친다. 한데 예수는 아이들을 가로막지 말라고 한다. 하느님의 나라가 이런 어린이들의 것이라고 하면서 말이다.

흔히 사람들은, 위에서 인용한 구절이 포함된 「마르코복음」 10장 13~16

* 이 글은 2002년 8월 25일자 설교원고와 『교수신문』 238호 (2002년 8월 26일자)에 실린 칼럼 「악녀와 지식인」을 수정 보완한 것이다.

절을 겸손에 관한 이야기로 해석한다. 마치 제자들에게 한 가지 부족한 것이 있다면 바로 그것이 겸손이라는 말처럼 들린다. 한데 여기서 사람들이 간과하는 게 있다. 아이들과 어른(제자들) 사이의 관계는 지배자와 대중 사이의 관계처럼 기본적으로 권력관계라는 점이다. 물론 그것은 힘에 의한 착취관계만이 아니라 보살핌의 관계이기도 하다. 요컨대 본문에서 예수는 제자들을 향하여 너희들이 아이 같은 이, 즉 너희보다 약한 자를 대하는 모습이 바로 너희를 지배하는 권력이 너희를 폭력적으로 대하는 것과 하나도 다르지 않다고 꾸짖고 있는 것이다. 즉 제자들에게, 너희가 (단지 하나가 부족하다고 말하는 게 아니라) 결정적으로 부족한 게 바로 이것이라고 말하고 있는 것이다.

지난 2002년 8월 1일 문화방송 저녁 9시 뉴스에 아래의 사건이 연이어 보도되었다.

〈보도 1〉 자식들과 함께 보호소에 있던 여자가 아동상담소의 중계로 남편과 면담을 하던 도중 남편에 의해 살해된 것.
〈보도 2〉 아내가 남편에게 쥐약을 먹여 살해하려다 기소됐다는 것.

〈보도 1〉의 아내 살해 장면은, 그 장면의 핵심부분이 모자이크 처리되었음에도, 무인카메라에 그대로 녹화되었다. 방송의 센세이셔널리즘이 얼마나 소름끼치도록 우리 눈앞에 다가오고 있는지를 여실히 보여주는 사건이었다.

이어지는 〈보도 2〉는 범행 장면을 그림으로 재구성해서 보여주었다. 바로 앞의 기사의 자극성 탓인지, 수갑을 찬 채 고개 숙이고 있는 피의자의 전형적 장면으로는 성이 차지 않았던 모양이다. 그런데 요즘 십여 년 만에 진상이 밝혀진, 이등병인 병사가 하사관과 다른 장교들에 의해 살해당하는 장면을 삽화로 기사화한 것과는 느낌이 사뭇 다르다. 〈보도 1〉이나 병사 살해사건은 단지 그 장면을 재현해주는 정도지만, 쥐약 살인미수사건의 여자는 괴기스럽고 흉물스러운 이미지로 묘사되고 있었던 것이다. 게다가 이 여자의 인터뷰는 변조되지도 않은 실제 목소리를 그대로 내보냈다.

그 무시무시한 이미지를 배경으로 기자는 이렇게 말한다. 그녀는 남편에게 2년 반 동안 무려 16차례에 걸쳐 술과 음료수에 쥐약을 타서 먹였고, 아무것도 몰랐던 남편은 이유 없이 시름시름 앓다가 기어이는 소장까지 절제하고 말았다고.

누아르 영화에 나오는 '악녀'에 대한 섬뜩한 공포심 같은 게 느껴졌다. 심지어는 아내를 살해했던 장면까지 방송된 남자보다, 살인미수에 그친 여자가 더욱 악마적으로 보이기까지 했다. 기자가 의도했든 아니든 이 보도 속에는 분명 강한 메시지가 담겨 있었던 것이다.

그런데 여기서 우리는 중요한 사실을 놓치고 있다. 두 사건 모두 그 배후에는 남편에 의한 상습적 가정폭력이 도사리고 있었다는 사실 말이다.

흔히 남자의 가정폭력은 대타인(大他人: 사회, 국가, 상위의 권력자 등)에 대한 열등감 혹은 좌절감의 표현이 아내에 대한 적개심으로 전이된 결과라고 한다. 이것은 사회에서 가정으로 이어지는 '폭력의 연쇄'를 의미한다. 그것은 강자에서 약자로 이어지는 폭력의 먹이사슬이다.

이런 성격의 폭력을 견디다 못한 〈보도 1〉의 여자는 어느 순간 도피를 선택한다. 어떤 경우는 어머니가 아이들에게 폭력을 휘두르기도 한다. 역시 매 맞는 아내의 적개심이 자식을 향한 분노로 전이된 결과라고 할 수 있다. 아무튼 이 두 사례의 경우, 강자에서 약자로 이어지는 폭력의 연쇄구조가 그대로 관철되고 있다. 한데 〈보도 2〉의 여자는 상황이 다르다. 그녀는 남편에게 폭력을 되돌려준다. 여기서 폭력의 정상적인 흐름이 교란돼버린다.

흥미롭게도 〈보도 1〉을 접한 시청자들은 죽은 여자에게 동정심을 품는다. 매 맞는 아이들도 마찬가지다. 그리고 사회가 그네들을 보호하지 못한 것을 자책하는 소리가 들린다. 한데 〈보도 2〉의 경우엔 사회의 모든 증오가 그 여인에게 쏟아진다. 가정폭력이 있었다 해도 그것은 하등의 이유가 될 수 없다. 모든 것은 그녀가 악녀였기 때문이라는, 존재론적 해석이 가해진다. 따라서 이 '악녀'에 대한 처벌은 동정의 여지가 없다. 가혹함만이 그녀에게 되돌려져야 할 유일한 대가다.

여기서 우리는 폭력에 관한 하나의 법칙을 발견하게 된다. 폭력의 연쇄가 이루어지는 정상적인 궤도에 있으면 희생자는 동정의 대상이 되는 반면, 그것에 대항하여 쌍방이 희생자가 될 경우엔 온갖 증오가 정상궤도를 이탈한 이에게 쏟아진다는 것이다.

내가 여기서 이야기하고자 하는 것은 바로 이런 폭력의 사회적 구조가 도대체 어떤 의미가 있는지에 관한 것이다. 폭력 남편과 매 맞는 아내 사이의 폭력, 혹은 매 맞는 아내와 그녀에게 폭력의 대상이 된 자식 사이의 폭력은 사회의 최말단에서 벌어지는 폭력이다. 곧 가장 기초적인 폭력이라는 것이다. 이것은 훗날 자식에게 하나의 트라우마(외상)로 남아 그/그녀 인생에서 씻을 수 없는 상처로—그러나 여간해선 드러나지 않고 변형되어—나타나서 그/그녀와 그 주변의 사람을 괴롭히게 된다. 그런데 그런 가정폭력의 원인인 남편/아버지는 그로선 대항할 도리가 없는 세상의 폭력의 희생자다. 그런데도 이 가정 외부의 폭력은 은폐되어 있다. 도리어 폭력을 싫어하는 점잖은 얼굴의 심판자가 되어 가정폭력을 내려다본다.

인류가 만들어낸 세상은 폭력 없이 존재할 수 없는 세상이다. 그러므로 세상에 사는 사람들은 누구나 폭력의 가해자며 피해자다. 그런데 폭력에 관한 중요한 연구에 따르면, 세상은 바로 이 최말단 가정의 폭력 같은 것을 보면서, 그것을 심판함으로써 자기 자신은 폭력적이지 않은 존재처럼 생각하게 된다는 것이다. 즉 착시현상이 일어난다. 우리 자신이 폭력의 공모자인데도 말이다. 우리 자신이 그 가정의 파괴에 무책임하지 않은데 말이다.

지난 1992년 LA에서 일어난 인종 폭력사건을 기억하는지? 이 사건에 대해 한국계 미국인 3세인 여성학자 일레인 김(Elaine H. Kim)이 『뉴스위크』지에 기고한 글에서, 유럽계 백인 헤게모니가 지배적인 미국사회는 자신들의 폭력성을 은폐하려고 두 주변적 인종 간의 갈등을 이용하고 있다고 주장한 바 있다. 그녀는 백인 시선에서의 폭력의 정상적 궤도를 비판했던 것이다. 또한 강대국들은 1940~50년대 한반도에서 벌어진 유례없는 치열한 폭력성을 보면서 자신들의 치졸한 폭력성을 정당화할 수 있었다.

폭력의 구조는 어쩌면 인류의 본성인지도 모르겠다. 그것을 극복하는 게 불가능할지도…… 하지만 예수는 그것에 저항하는 무모한 투쟁을 시작했다. 앞서 이야기한 『성서』 본문이 시사하는 것은, 사회적 폭력의 문제는 우리가 희생자일 경우에만 문제가 되는 게 아니라 우리가 가해자일 때도 문제가 된다는 것이다. 여기서 예외란 없다. 중요한 것은 '희생자의 관점'이 중요하다는 데 핵심이 있다. 그것은 폭력의 구조에서 '우리 편이 누구냐'의 문제가 아니라, '누가 희생자냐'의 문제다.

'착한 남자' *

선진화 담론과 '긍정의 힘' 담론이 합류하고 있다

🌿가족에 관해 이야기하라는 과제물에서 그 학생은 아버지를 가장 존경한다고 했다. 학생의 아버지는 의사였는데, 특별히 어떤 훌륭한 일을 했는지에 관해 언급하지는 않았다. 다만 신실한 기독교인이고 신앙심에 따라 매우 정직하게 살아가는 사람이라는 추상적인 설명밖에는 없었다. 그리고 상당히 가정적인 사람인 듯했다. 과제를 내주었던 선생은 그 학생의 글을 이렇게 보았다.

그에 관한 선생의 기억은, 매우 말을 잘 듣는 성실한 학생이라는 것이었다. 학점도 비교적 높은 편이었고 친구관계도 대체로 원만해보였다. 아마도 길거리에서 누군가 배가 고프다고 천 원만 달라고 하면 조금 망설이다 돈을 줄 것 같고, 밤에 피곤한 몸으로 귀가할 때 지하철에서 노인이나 임산부가 타면 다른 사람 눈치를 보다 결국 자리를 양보해줄 것 같은 학생이었다고 했다.

* 이 글은 2008년 3월 2일자 설교원고를 수정 보완한 것이다.

종강파티 때 우연히 옆에 앉게 돼서 선생은 이 학생의 신상에 관해 조금 더 알게 되었다. 특히 인상 깊었던 것은 학생의 선교활동이었다. 고등학생 때는 태국, 필리핀 등으로 단기 선교여행을 다녀왔고, 대학에 들어와 2년 동안 중동지역으로 가는 단기 선교팀에 세 번이나 참가했다고 한다. 같은 교회를 다니는 여자친구도 매번 선교여행을 함께 간다.

선생은 매우 의아했다. 그에게 선교란 이해할 수 없는 행태였기 때문이다. 해외선교란, 기독교의 제국주의적 습성의 하나라고 여겨왔기 때문에 지각이 있는 사람이라면 이런 식의 행동을 해서는 안 된다고 생각했다. 한데 이 학생은, 대학 신입생 때 보았던 아랍의 어린이들이 너무 불쌍해보여서 방학 때마다 다시 가지 않을 수 없다고 한다. 그 모습이 너무 진실하고 순수해보였기에, 선생은 기독교에 대한 부정적인 선입견을 갖고 있었지만, 학생의 말을 경청하게 되었다. 남에 대한 배려는커녕 오로지 자기만을 위해 공부하는 다른 학생들과는 사뭇 다르다는 느낌이 들었던 것이다.

기독교는 공격적이고, 수단과 방법을 가리지 않는 종교라는 인상이 평소 선생의 뇌리에 깊이 박혀 있었다. 물론, 선교에 대해서도 그는 매우 부정적인 생각을 갖고 있었다. 지난 2008년 2월 방영된 문화방송의 시사프로그램 〈뉴스후〉에서 보도한 몇몇 대형교회와 그 목사들의 호화스러운 행태와 그들의 탈세행각을 보면서, 그는 막연히 추측했던 것을 확인할 수 있었다. 그런데 이 학생의 생각이나 행동은 평소 생각했던 기독교의 이미지와 잘 조화되지 않는 듯한 느낌이 들었던 모양이다. 더욱이 학생이 다니고 있는 교회가, 그가 그토록 혐오하는 대통령이 다니는 교회였기에, 학생에게서 받은 진실한 선교활동의 느낌이 너무 낯설었던 것이다.

그는 신학연구자이자 목사(?)인 내게 이 낯설음에 대해 설명해보라고 추궁했다. 그가 잘 보았듯이―사실 내 생각에도―이 학생은 우리사회 기독교인 대부분의 무례한 신앙의 흐름에서 다소 이탈한 생소한 경우가 아니다. 기회 때마다 주장한 것처럼, 최근 우리사회는 기독교와의 정 떼기를 맹렬히 시도하고 있다. 또 다소 느린 듯하지만 기독교 내부에서도 분명한 전환기를 맞고 있는 것도 사실이다. 선발대형교회 중심의 교회적 신앙의 제도화가 후발대형교회 중심으로 재편되고 있는 것이다.

선발대형교회란 1970년대와 1980년대 전반기에 급성장한 교회들을 말하는데, 이들 교회만이 아니라 이 시기 대다수 교회가 이러한 선발대형교회 모델을 추구했다. 그런 점에서 선발대형교회는 단지 몇몇 초대형교회에 한정된 말이 아니다. 그것은 일종의 그 당시 한국기독교의 지배적인 존재양식이라고 하는 게 낫겠다.

그런데 선발대형교회 유형의 기독교는 이농한 광범위한 대중을 흡수하면서 급성장을 이루었다. 그리고 당시 한국사회의 지배적인 갈망이었던 가난 탈출의 염원을 신앙의 내적 언어로 발전시킴으로써 도시하층민으로 편입된 이들에게 희망을 불어넣었다. 가령 조용기 목사의 '삼박자구원' 담론이 대표적인 예다. 영혼의 구원, 생활의 축복, 건강의 축복을 주장함으로써, 교회로 몰려온 이들에게 적극적으로 자신의 조건을 활용할 자의식을 심어주었던 것이다. 그런데 도시하층민이던 사람들이 살아남기 위해서, 아니 성공하기 위해서는 굉장한 생활력이 필요했다. 동시에 목적을 위해 모든 가용자원을 활용할 줄 아는 도구적 태도가 요청되었다.

당시 한국사회의 지배적인 구호가 근대화였다면, 교회의 도구주의적 성공주의는 이러한 구호와 매우 잘 어우러졌다. 하여 도시하층민이던 많은 이들이 그 지긋지긋한 가난을 벗어났을 뿐 아니라, 적지 않은 이들이 빠른 속도로 상당한 재력을 소유하기도 했다. 하여 이들 선발대형교회는 수단과 방법을 가리지 않고 성공에만 집착하는 천박한 자본주의의 색채를 강하게 띠면서 제도화되었던 것이다. 오늘 우리가 '한기총'에서 느끼는 추함은 바로 이러한 천박한 제도화 요소와 깊은 연관이 있다.

한편 1980년대 후반, 특히 1990년대 이후 한국교회의 새바람이 뚜렷한 궤적을 그으며 역사 속에 화려하게 등장한다. 서울 강남권이 부상하기 시작하면서 대형교회들이 속속 강남권으로 이주하고, 또 그곳에서 초대형교회들이 새롭게 부상한다. 그런데 더욱 주목할 것은 강남권 교회들의 성공 이면에는, 과거와 같은 도시하층민으로 편입된 이농자들이 아닌, 이미 중상류계층으로 일정한 성공을 거둔 이들이 대거 유입되는 현상과 관련이 있다는 사실이다. 또한 비교적 높은 수준의 사회적 지위와 학력을 가진 이들이 강남권 교회의 중심부를 구성하고 있었다. 특히 이번 17대 대선에서 대통령을 탄생시킨 교회는 그런 흐름의 선봉에 서 있다. 사회적 품위를 갖춘 계층이 중심축을 견고히 구축한 교회가 제도화되었던 것이다.

나는 이러한 현상을 '후발대형교회'라는 이름으로 설명한 바 있다. 후발대형교회는 중상류계층의 사회적·도덕적 품격을 강조하면서, 이른바 '명품적 신앙'을 개발했던 것이다. 그것은 천박한 도구주의적 목적지향성에 대한 경멸을 은연중 내포하고 있기도 하다.

물론 이들 후발대형교회들은 문화적으로 보수주의적인 경향을 띠기도 하고, 좀더 자유주의적인 성향을 나타내는 경우도 있다. 하지만 정치적으로는 공히 보수주의적이기에 오늘 우리사회에서 민주화를 둘러싼 논쟁에서 거의 하나처럼 보이기도 했다.

아무튼 이러한 후발대형교회 현상 속에서, 나는 앞서 말한 그 '착한' 대학생 크리스천을 떠올렸다. 그는 또래의 다른 청년들보다 대체로 좀더 정직하고, 좀더 예의바르며, 좀더 이타적인 삶의 태도를 갖고 있다. 폭력성 또한 현저히 적다. 게다가 외국어를 비롯한 학습능력과 악기 연주솜씨 등도 평균을 훨씬 웃도는, 이른바 명품시민이기도 하다.

그런데 문득 이러한 '강남기독교' 현상을 이야기하면서 『성서』 구절 하나를 떠올린다.

> 그 사람이 "선생님, 그 모든 것은 제가 어려서부터 다 지켜왔습니다" 하고 대답하였다.
> ―「마르코복음」 10장 20절

한 청년이 예수에게 와서 당당하게 묻는다. "선생님, 영원한 생명을 물려받으려면 무엇을 해야 합니까." 그는 진리가 무엇인지를 묻고 있다. 분명 이말 속엔 자신은 최선을 다해 살아왔고, 다른 이보다는 훨씬 떳떳한 삶의 태도가 갖추어져 있다는 자신감이 배어 있다. 실제로 예수가 율법의 준수에 대해서 묻자, 그는 넘치는 자신감으로 대답한다. "예, 그런 것은 어린시절부터 다 지켜왔답니다."

참 대견한 청년이다. 열심히 살아가는 모습이 역력하다. 이런 태도는 또래의, 비슷한 조건의 다른 청년들보다도 더욱 신실하고 성실하게 살고 있는 이에게서나 엿보이는 것이다. 한데 예수는 말한다. "당신에게 부족한 게 하나 있소. 가진 것을 다 팔아 가난한 이들에게 나눠주시오." 이 말씀은 그 청년의 공덕이, 다른 청년들보다 더욱 나은 것임에도, 기본적으로 충분한 자산상태에 기반을 둔 계층이 누리는 여유로움의 산물임을 지적하고 있는 것으로 이해된다. 만약 여유로움이 없다면 그가 그러한 품격을 갖추기가 훨씬 어려웠을 것이다. 요컨대 청년이 미처 알고 있지 못한 것은, 자신의 도덕적 우월성은 실은 부유한 계층의 문화적 가능성의 일부에 지나지 않는다는 점이었던 것이다.

이런 맥락에서 다음 단락에 덧붙여진 예수의 말은 신랄하다. "부자가 하느님 나라에 들어가는 것은 낙타가 바늘귀를 통과하는 것보다 어렵다." '착함'은 분명 삶의 훌륭한 태도이다. 하지만 그 착함 속에 계급적 유한계층의 문화적 품격이 새겨져 있다는 점을 간과한다면, 그것은 그/그녀가 의도했든 아니든 약자에 대한 야비함이 교묘히 은폐되어 있다는 것을 깨달을 수 없다는 것이다.

조엘 오스틴의 『긍정의 힘』 시리즈와 그와 유사한 기획서들의 성공은 품격 있는 신앙의 미학을 향한 오늘 우리시대 교회들의 지향을 단적으로 반영한다. 하지만 이 '긍정의 힘'을 전유하는 데 자기 삶의 여유로움이 전제되어 있음을 각인하려는 노력은 거의 보이지 않는다. 그것은 신앙이 사회적 실패자에 대한 감각적 무지를 동반할 수 있다는 점에 대한 고려가 전혀 없다는 것을 의미한다. 하여 바로 이 점에서 신앙이 무능력자에 대한 '사회적 배제'라는 야만을 은폐하는 장치로 작동되고 있다는 문제제기가 가능하다. 부자에 대해 부정적으로 논평하고 있는 예수의 말을 오늘 우리는 바로 이런 관점에서 이해할 수 있을 것이다.

나는 시대의 변화가능성에 주목하고 있다. 실용정부의 등장과 선진화의 구호는 아직 그 내용이 덜 갖춰진 비어 있는 기표에 불과하다. 하지만 이 구호의 내용을 채우려고 사람들은 각자 어디론가 달려가고 있다. 그러한 선진화의 내용으로 납세를 기피하고 지나치게 호화로운 생활을 하는 식의 모습은 부적절하다. 그것은 이미 사회적 지탄의 대상이 되고 있고 곧 도태될 신앙적 삶의 양식에 불과하다. 그러한 식의 무례한, 아니 '개념 없는' 신앙을 계속하려는 교회 지도자들은 조만간에 자신을 따르던 이들에게조차도 외면당할 것이다. 한데, 더 도덕적이고 더 이타적인 듯한, 그러나 약자에 대한 배려가 없는 우월감으로 무장한 이른바 명품적 덕성, 명품적 신앙, 그것이 선진화의 내용이 된다면, 그것은 참으로 우려스러운 정치의 등장을 의미할 것이다.

예수의 독설,
그 이유는?*

'비판 없는' 메시아 대망신앙의 위험함에 대하여

율법학자들과 바리사이파 사람들아, 너희 같은 위선자들은 화를 입을 것이다. 너희는 예언자들의 무덤을 단장하고 성자들의 기념비를 장식해놓고는 "우리가 조상들 시대에 살았더라면 조상들이 예언자들을 죽이는 데 가담하지 않았을 것이다" 하고 떠들어댄다. 이것은 너희가 예언자를 죽인 사람들의 후손이라는 것을 스스로 실토하는 것이다. 그러니 너희 조상들이 시작한 일을 마저 하여라. 이 뱀 같은 자들아, 독사의 족속들아! 너희가 지옥의 형벌을 어떻게 피하랴? 나는 예언자들과 현인들과 학자들을 너희에게 보내겠다. 그러나 너희는 그들을 더러는 죽이고 더러는 십자가에 매달고 더러는 회당에서 채찍질당하며 이 동네 저 동네로 잡으러 다닐 것이다. 그래서 마침내 무죄한 아벨의 피로부터 성소와 제단 사이에서 살해된 바라키야의 아들 즈가리야의 피에 이르기까지 땅에서 흘린 모든 무죄한 피 값이 너희에게 돌아갈 것이다.

* 이 글은 1996년 11월 24일자 설교원고를 수정 보완한 것이다.

분명히 말해둔다. 이 모든 죄에 대한 형벌이 이 세대에 내리고야 말 것이다.
—「마태오복음」 23장 29~36절

위에서 길게 인용한 텍스트는 예수가 당국으로부터 체포되기 며칠 전 성전 안에서 일어났던 한 논쟁을 담고 있다. 여기서 예수의 상대편은 바리사이와 율법학자들이다. 이들에게 예수는 몹시 격한 욕설을 퍼붓는다. 예수가 이처럼 격렬하게 비판을 가한 경우는 다른 데선 거의 찾아볼 수 없을 정도다. 한마디로 바짝 '열 받았던' 상황에서 발설된 얘기였던 모양이다. 여기서 나는 그 이유, 예수가 '그토록 화가 난' 이유를 탐문해보고자 한다.

예수는 바리사이와 율법학자들이 '어떤 사람들'을 탄압하고 있는 것에 대해 문제시하고 있다. 이들은 '어떤 사람들'을 "죽이고 십자가에 매달고 채찍질"한다. 이들은 이 '어떤 사람들'을 색출하러 온 동네를 휘젓고 다닌다.

34절을 보면 이 박해의 대상이 '예언자들, 현인들, 학자들'로 묘사되어 있다. 그리고 35절에는 누구인지 정확히 알 수 없는 한 사람의 이름이 거명된다. 그는 바라키야의 아들 즈가리야다. 문맥을 보건대 예수 당시 죽임당한 지도급 인사 중 한 사람인 듯하다. 아무튼 우리는, 즈가리야가 누구든 간에, 그를 포함해서 박해당하고 있는 이 사람들이 당국에 대해 비판적이던 지식인들이었으리라는 인상을 받는다.

한편 이들에게 박해를 가했다는 '바리사이와 율법학자들'에 대해 보자. 공권력의 최종책임자는 필시 로마 당국자나 성전 귀족이었을 텐데, 본문에서 예수는 바리사이와 율법학자들만을 겨냥하고 있다. 물론 그렇다고 예수가 로마 당국자나 성전 귀족에게 관대했다는 것은 아니다. 예수는 권력 일반에 대해서 철저한 비판자였음이 분명하다. 그런데도 본문은 권력 일반이 아니라, 권력의 한쪽 편만을 문제 삼고 있다. 도대체 본문에서 문제가 되는 요소는 무엇일까.

33절을 보면, 바리사이와 율법학자들이 '뱀'에 비유되고 있다. 뱀은 '영리함'과 '교활함'을 상징한다. 즉 이들은 '지식'과 관련이 있는 자들이다. 『성서』에서 바리사이가 율법학자들과 나란히 언급될 때, 이들은 대체로 관변지식층을 가리킨다.*

정리해보면, 본문에 전제되고 있는 상황은 두 부류 식자층의 갈등이다. 이 갈등의 한편에는 정부에 비판적인 식자층이 있고, 다른 한편에는 관변적 지식층이 있다. '비판적 지식'은 감추어진 것을 드러내는 지식을 말한다. 반대로 '관변적 지식'은 '무언가'를 위장한다. 29절을 보면 이들은 지난날의 비판자들을 기리는 비석을 화려하게 치장하여 세웠으나, 실제로는 비판자들을 살해했던 과거 조상들의 행태를 답습하고 있다고 비판받는다. 요컨대 지난날의 비판자들의 정신을 기리는 척 했으나, 이들의 기림 속에는 비판의 내용과 의의가 망실되고 말았다는 것이다. 찬란한 야훼주의의 비판적 전통, 예언자들의 전통을 계승한다는 명분을 제시하기는 했지만, 실은 지난날의 예언자들의 비판정신을 도살하는 일에 앞장서고 있는 자들이라는 것이다. 이들이 공권을 주도하는 권력자는 아니더라도, 대중을 가르치는 자리에서, 재판정에서, 군인과 관료들을 관리하는 행정청 참모의 자리에서, 저술가의 자리에서 이런 은폐의 역할을 충실히 해왔던 것이다.

관변적 식자층은 '메시아'에 관한 『제1성서』(=『구약성서』)적 전통을 면밀히 연구했다. 사실은 예수 당시에 일반 대중은 메시아를 간절히 갈구하고 있

---

* 반대로 바리사이가 홀로 언급될 때는 종종 정부와 일정하게 갈등적인 견해를 가진 지식층/식자층을 가리키곤 한다.

었다. 당연히 사람들의 일상언어 가운데는 메시아에 관련된 이야기가 깊이 용해되어 있었다. 대중은 민족에 관련된 문제뿐 아니라, 가족이나 개인적인 소망들도 메시아와 관련하여 생각하게 된 것이다. 그러므로 '누가 메시아인 가'라는 물음에 대해서 사람들은 일상생활과 밀착된 기준을 갖게 된다. 그분은 사람들의 '결핍'을 구체적으로 '충족'시켜주는 분이다.*

그런데 관변적 식자층은 『제1성서』 연구를 통해서 메시아의 자격을 이와는 전혀 다르게 묘사한다. 그분은 율법에 박식한 분, 왕 같은 분, 누가 봐도 흠모할 만한 자태를 가진 분, 전통을 인정할 줄 알고, 선동을 일삼지 않고, 영웅다운 풍채를 지닌 분…… 기준이 하도 많고 복잡해서, 어떤 인간과도 비유할 수 없을 만치 이상적인 모습을 갖추어야 한다. 즉 그분은 우리와는 '절대적으로 타자'인 분이어야 한다. 누가 이 기준을 통과할 수 있을까? 설사 그런 이가 존재한다 하더라도 그는 절대로 대중이 품고 있는 한을 풀어주는 분이 아니라, 기존의 결핍 위에 세워진 전통을 더욱 화려하게 치장할 뿐인 존재다.

요컨대 이들 바리사이와 율법학자들은 메시아를 대중과 분리시키려는 전략을 취한다. 누가 와서 메시아를 자처한다 하더라도 그는 이들의 기준을 통과할 수 없다. 거짓 메시아가 되고, 대중의 비웃음을 한 몸에 받으며 유언비어 유포혐의로 처형당하게 되는 것이다. 그가 실제로 사기꾼 메시아가 아니라 참된 의인이라 할지라도 말이다. 세례자 요한이 그랬고, 예수 자신도 마찬가지의 운명에 처해졌다. 이렇게 의인을 비웃음의 대상으로 만드는 지식, 비판적 지식인은 바로 이것을 폭로한다. 그리고 예수도 이것을 비판하고 있는 것이다.

---

* 질병치유술사, 악귀추방자, 소생기적술사, 음식제공 기적술사, 세리와 병자와 창녀들의 친구 등.

우리사회에 널리 퍼진 용어가 하나 있다. 어떤 이는 이것을 '공주병 신드롬'이라고 이름 붙였다. '공주병' 담론은 그 누구도 '진짜 공주'가 아니라는 것을 전제로 한다. 사실은 누구나 '가짜 공주'라는 것이다. 즉 이 '공주병' 담론은 '결핍을 공유하는 사회공감대'를 밑바탕에 깔고 있다. 어쩌면 한동안 우리시대의 지식이 결코 존재할 수 없는 극단의 모범생, 최선의 인간형을 도덕담론으로 유포해온 것의 반대급부적 결과일지도 모르겠다. 또한 특히 오늘날 지식의 주요매체인 영화나 텔레비전 등이 결코 존재할 수 없는 최고의 용사나 8등신 미녀 같은 영웅들을 부각시킨 결과일지도……. 영웅이라는 이상형을 자신에게 투사시키지만, 자신은 결코 영웅이 아니었던 것이다. 아무튼 우리 모두는 '헤어날 수 없는 결핍'을 경험하고 있다. 헤어날 수 없는 결핍을 느낄 때 사람들은 메시아를 꿈꾼다. 벗어날 소망을 나 아닌 다른 존재의 개입을 통해서 바라게 되는 것이다.

그런데 한 탤런트가 코미디 프로그램에 나와서 '공주병 환자'를 연기한다. 그녀는 바로 우리 각자의 마음속에 숨겨졌던 부끄러운 치부를 마치 자신만의 것인 양 연기한다. 그녀는 8등신 미녀의 자태가 전혀 아닐 뿐 아니라, 그녀의 영웅 흉내 내기는 어수룩하기 짝이 없다. 그래서 관객은 이 탤런트를 보고 부끄러움을 느끼기보다는 오히려 그녀를 비웃는다. 이것은 동시에 우리 주변의 모든 사람을 향한 비아냥의 담론으로 발전한다. 공주병은 나와는 무관한 것이며, 나 이외의 모든 이를 비하하는 담론이 되는 것이다. 이제 우리 모두가 갖고 있는 결핍은 이 탤런트에게 투사되어, 그리고 내 주변의 모든 사람에게 투사되어 나와 별개의 것으로 변모한다. 그리하여 나의 결핍은 은폐된다.

바리사이와 율법학자들의 메시아 담론과 공주병 담론은 모두 결핍의 상황 위에서 생겨난다. 그래서 우리는 충족을 향한 꿈을 꾼다. 그것은 메시아 기다림 현상이다. 바리사이와 율법학자들은 충족을 향한 꿈인 메시아를 우리의 경험세계에서 분리함으로써, 즉 메시아를 우리의 영원한 타인으로 돌려버림으로써, 대중의 구체적인 소망을 추상화한다. 꿈속에서나 이루어질 메시아 동경에 빠지게 한다. 꿈의 현실성을 은폐하는 것이다. 한편 공주병 담론은 결핍을 타인에게 전가시킨다. 그래서 결핍 자체를 은폐한다. 그래서 소망을 이야기하는 것, 메시아를 꿈꾸는 것 자체를 우스운 이야기로 바꾸어 버린다.

양자는 방법은 다르나 결국은 '결핍 현실'에 대한 비판의 소리를 방해한다. 바리사이가 변화에 대한 갈망을 내세의 세계로 돌렸다면, 공주병 담론은 결핍을 타인에게 전가함으로써 변화에 대한 갈망 자체를 무의미한 것으로 돌린다. 이 둘은 방식은 다르나 결국은 쌍생아인 것이다. '비판'의 내용을 허망한 소리로 은폐할 뿐 아니라, 비판에 대한 권력의 공격을 정당화한다.

비판을 잃은 사회, 그것은 역사 속에서 끔찍한 결과를 초래했다. 파시즘이 그것이다. 비판을 해체하는 그릇된 담론은 엄청난 파국을 불러오는 것이다. 그래서 예수는 이러한 담론의 유포자들을 향해 독설을 퍼붓는다. "이 모든 죄에 대한 형벌이 이 세대에 내리고야 말 것이다."

'와전된 폭력'을 넘어*

폭력의 완충장치로서 원수사랑 계명

🌿요하난 벤 자카이(Johanan ben Zakkai)**를 승계한 랍비 가말리엘 2세(Gamaliel II)***가 보낸 서신을 수령한 팔레스타인과 디아스포라의 수많은 유대교 회당들에선 일대 소요가 일어났다. 그 서신은 "랍비 요하난 님의 가르침대로 율법을 충실히 지키는 데 최선을 다할 것이며, 나자렛 도당들은 저주받아 마땅한 자들이니 그들을 색출하고 추방하는 것이 마땅하다"는 내용을 골조로 하고 있었다.****

---

* 이 글은 2007년 8월 19일자 설교원고를 수정 보완한 것이다.
** 주후 66~70년의 반로마전쟁에서 패전한 후 헤로데 왕족이나 사제귀족 세력은 역사에서 사라져버렸다. 이런 상황에서 유대공동체의 재건을 이끌었던 것은 바리사이계의 랍비를 주축으로 하는 후기 유대교의 회당체제였다. 이 체제를 '랍비적 바리사이주의 체제'라고 하는데, 그것은 요하난 벤 자카이에 의해 시작된 것이었다.
*** 「사도행전」 5장 34~39절과 22장 3절에 나오는 가말리엘(1세)은 힐렐계의 온건파에 속했다면, 그의 아들 혹은 손자인 가말리엘 2세는 대단히 근본주의적 힐렐파 지도자로, 요하난 벤 자카이를 이어 랍비 유대교체제의 제2대 지도자가 된다. 주목할 것은 그가 유대교에서 예수 추종자들을 가혹하게 추방한 장본인이었다는 점이다. 이 사건으로 인해 예수 추종자들은 주후 80년 이후 각 지역의 회당에서 속속 축출당하며, 이로써 본격적인 대안적 제도로서의 교회가 탄생한다.
**** 이것은 당시 정황을 유념하면서 만든 가상의 서신이다.

대로마항쟁에 실패하고 온통 잿더미가 된 전후 유대사회의 복구를 담당할 수 있는 거의 유일한 주체는 70년경 얌니아에 세워진 '율법학교'(베트 미드라시, 미드라시의 집)였다. 이 학교의 창설자인 요하난 벤 자카이는 전쟁에 반대했던 온건파 바리사이 지도자로 매우 융통성 있는 인물이었다. 그는 폐허가 된 강토를 복원하기 위해서는 온 유대인의 단결이 최우선이라고 생각했고, 이를 위해 율법에 대한 충성을 극도로 강조했다. 그가 정치적 온건파였기에 로마황제 베스파시아누스(Titus Flavius Vespasianus, 재위 69~79년)는 그의 프로그램을 후원했고, 이로 인해 많은 유대공동체들은 그를 지지했다.

한데 요하난이 죽은 뒤 그를 승계한 가말리엘 2세는 전혀 다른 캐릭터의 인물이다. 그는 전쟁에 가담했던 행동파 바리사이 랍비 출신이었고, 여러모로 전임자보다 과감하고 공격적이었다. 80년경, 그는 율법학교를 한층 더 강력하게 재구축하고자 했고, 이에 '율법의 집'(베트 미드라시)이라는 뜻의 종교적 교육기구를 '재판의 집'(베트 딘)이라는 뜻의 행정적 기구로 확대 개편한다. 여기서 그는 율법을 강력한 도덕적 규준으로 해석했던 요하난을 계승하였지만, 더 나아가 그것을 법률적 틀로 재설정하여 적용하고자 했던 듯하다. 이런 맥락에서 18개조의 기도문을 만들어 모든 유대공동체의 신앙을 표준화하였다. 한데 이 기도문의 제12조에는 예수를 추종하던 회당 내의 사람들인 '나자렛 도당에 대한 저주'가 실려 있다.

또 100년경에는 39편의 정전적 텍스트를 확정한다.* 이것 역시 유대공동체의 신앙을 한층 더 명료하게 하려는 시도임에 분명하다. 여기서 주지할 것은, 가말리엘 2세의 전후 유대사회의 복구 프로그램은 근본주의적 바리사이

---

* 개신교가 사용하는 『제1성서』는 바로 이때 확정된 정전 텍스트 묶음과 일치한다.

즘의 기조를 띠었다는 것이다.

유대와 비유대 지역에 세워진 많은 회당들에서 나자렛 예수의 가르침을 공공연히 얘기했던 이들이 소환되었고 심문을 받는다. 심문의 주요목적은 그 일파의 우두머리를 포함한 전체를 색출하려는 데 있었다. 그들이 동료를 밀고할 때까지 그리고 자신의 생각이 잘못된 것임을 목숨을 다해 반성하겠다고 서약할 때까지 매질은 계속되었다.

어떤 이는 끝까지 버티다 매질에 죽었고, 어떤 이는 집안 재산을 빼앗기고 공동체로부터 쫓겨난다. 또 어떤 이는 가혹한 매를 맞은 뒤에 훈방 조치된다. 추방당한 자는 이제 더 이상 유대공동체의 보호를 받을 수 없게 되었다. 팔레스타인의 유대사회는 말할 것도 없거니와, 비팔레스타인 지역사회에서 유대인이 회당에서 축출당한다는 것은 정글과 같은 야수들의 사회에서 어떠한 보호막도 상실해버린, 하여 극도의 위험 속으로 아무런 방비책 없이 내던져진 것이었다.

그뿐만이 아니다. 그들 가운데 다수는 회당의 판관들 앞에 끌려가 모진 고문을 받으며 동료를 밀고해야만 했던 이들이다. 자기를 밀고한 이와 자기가 밀고한 이, 그들 중 어떤 이는 겨우 추방을 모면했고, 어떤 이는 함께 추방당하는 운명에 처해졌다. 배신감에 분노했고 동시에 배신한 자신을 저주했다. 그런데 그들과 계속 이웃하며 살아야 했고, 또한 그들 중 일부와 다시 공동체를 만들지 않을 수 없는 상황에 놓여야 했던 것이다.

「마태오복음」을 만들어낸 이들도 바로 그런 사람들이었다. 아니 실은 그 이상이었다. 이들은 아마도 갈릴래아 북쪽 경계 밖, 그 인근에서 살아야 했던 유대인들이다. 이들 중 상당수는 전란 전후에 화를 피해 이주했던 난민들이었다.

진압 로마군은 정규군만 6만 명에 이르는 대군이었다. 이만한 병력이 진군하기 위해 인근족속들이 겪었던 고초는, 비록 자료가 없어도 충분히 상상할 만하다. 무자비한 징용과 징발이 자행되었다. 뿐만 아니라 로마군과 함께 진압작전에 투입하고자 수만 명의 청년들을 징병으로 끌고 갔다.

로마의 진압작전은 그야말로 잔혹한 것이었다. 로마의 입장을 고려하면서 유대전쟁의 역사를 썼던 요세푸스(Flavius Josephus, 주후 38~100년경)*조차도, 로마군이 닥치는 대로 불사르고 약탈하고 노예로 끌고 가고 강간하고 죽여 대는 만행을 더는 숨길 수 없을 정도였다.

여기서 강제 징병된 인근족속의 병사들은 로마군을 따라 무자비한 학살자 역할을 수행했지만, 그것만이 전부는 아니다. 의도하지도 않았고 준비도 안 된 채 잔인해져야 했던 이들은 그 참혹함을 견뎌낼 마음의 준비도 갖지 못했다. 칼로 상대방을 찌르는 순간, 상대의 몸속을 파고드는 칼날의 소름끼치는 전율을 체감해야 했다. 찢긴 살에서 튀어나온 핏덩이들이 몸으로 얼굴로 사정없이 날아든다. 살이 터지는 소리, 그리고 비명소리…….

어쩌면 그들의 고통은 고향으로 돌아온 뒤에 본격적으로 시작되었는지 모르겠다. 그들도 적지 아니 전쟁에서 죽었고, 부상당해 불구가 되었을 것이다. 또 멀쩡하게 돌아왔다손 치더라도 그 전율의 체험으로 정신이 파괴되고 설명할 수 없는 병에 들어 앓곤 했을 것이다. 또 징용, 징병, 징발 등으로 겪은 고초에 많은 가족이 해체되었고 심각한 위기를 겪었을 게다. 바로 이러한 상황에서 사회는 심하게 병들었음직하다.

그렇지만 이곳 원주민들은 로마군을 향해 증오를 표현할 수 없었다. 그러기

---

* 유대전쟁 당시 약관의 청년이던 요세푸스는 반로마 임시정부가 파견한 갈릴래아 지역의 지도자였으나, 로마황제에게 귀순하여 평생을 황제를 위해 일하였고, 그 시선에서 방대한 유대의 역사서를 집필했다.

엔 저들이 너무 강했다. 사람들은 치밀어 오르는 분노를 안고 살아야 하지만 그 분노는 다른 곳, 더욱 약한 곳으로 표출되어야만 했다. 물론 이것은 의식된 행동이 아니다. 그랬더라면, 약자를 공격하는 분노를 자기 자신도 용납하지 못 했을 것이기 때문이다. 하여 사람들은 자신 속에서 이유도 모르게 치밀어 오르 는 것을, 다른 대상을 향하여, 가령 인종주의적으로 표현했던 것이다.

마태오공동체는 바로 이러한 분노의 대상이었다. 그나마 유대인 회당에 속했다면 로마 공권력의 보호를 받을 수 있고, 또 유대사회의 후견을 받을 수 있었다. 하지만 회당에서 쫓겨난 이들에겐 그것마저 사라졌다. 지역사회 의 적나라한 분노의 대상이 된 존재들, 바로 그들이 마태오공동체인 것이다.

이유 없이 미움의 대상이 되고, 이유 없이 집단폭력을 당한 사람들, 그들 은 과연 어땠을까? 많은 경우에 폭력은 연쇄반응을 일으킨다. 마태오공동체 는 유대회당으로부터 린치를 당하고, 지역사회 대중으로부터 공격을 당한 다. 회당에서 쫓겨날 때 자신도 이웃을 밀고하였기에 자기를 밀고한 이의 심 정을 이해할 만도 하다. 허나 폭력에 무방비로 노출된 이들, 그러나 그 가해 자에게 그것을 되돌려줄 수 없는 이들, 바로 이 상처받은 사람들은 저들 가 해자가 아니라 자기의 이웃, 자기의 가족을 향해 미움을 표출한다. 그뿐만이 아닐 것이다. 가정폭력이 대개 그렇듯이, 상처받은 그들은 자기의 아내와 자 녀에게 폭력을 휘둘렀다. 마태오공동체에도 그런 일이 있었으리라는 것은 미루어 짐작할 수 있을 듯하다.

이것이 마태오공동체가 처한 상황이었다. 해서 어느 복음서보다 이 텍스 트는 폭력적인 표현들로 들끓고 있다. 해서 어느 복음서보다 이 텍스트는 분 노의 언어들이 난무한다. 일상화된 폭력, 폭력에 대한 감수성이 현저히 퇴화 된 상황에서, 사람들은 주체할 수 없는 폭력성을 이런저런 모양으로 드러내지 않을 수 없었을 것이다. 서로를 미워하고 더 약한 자들을 향해 분풀이하는 일이 곳곳에서 드러났을 것이다. 바로 그런 상황에서 복음서의 지도자는 예수의 가르침을 다른 데서 좀처럼 볼 수 없는 방식으로 기억해낸다.

> 원수를 사랑하고 너희를 박해하는 사람들을 위하여 기도하여라.
> ―「마태오복음」 5장 44절

이 유명한 텍스트는 오늘날 기독교인뿐 아니라 많은 비기독교인들에게도 깊은 감명을 주는 것이지만, 실은 그 맥락을 섬세히 살피지 않으면 이해하기가 매우 난해하다. 우선, 과연 그것은 가능한 요구인가? 영화 〈밀양〉의 '신애'가 그랬듯이, 원수를 용서하는 것도 불가능에 가까운 일이건만 거기에 사랑까지 하라니. 골방에서 하는 말이 아니라면 도대체 그것이 어떻게 가능한가?

하지만 마태오공동체로선 그렇게 하지 않을 수 없었다. 복수하려고 해도 할 수 없는 처지였다. 그런 상황에서 분을 삭이는 게 아니라 더욱 고조시킨다면, 표현할 수 없는 분노는 다른 대상을 향해 와전되게 마련이다. 물론 무의식적으로 말이다. 이웃, 아내, 자식 등 약자는 그러한 와전된 폭력성의 상투적인 희생양이 되었을 것이다. 「마태오복음」에서 적나라하게 나타나는 폭력적 언사들은 아마도 폭력에 대한 감수성이 해체된 공동체의 사회심리적 병리성을 시사하고 있다고 볼 수 있다. 오늘 우리는 이와 같이 전쟁을 겪은 사회에서 폭력이 일상화되어 있고, 약자를 향한 사회의 가학성이 무분별하게 만연된 현상을 흔히 볼 수 있다. 마태오공동체도 그러했던 것으로 보이고, 그렇기에 이 공동체는 "원수를 사랑하라"는 예수의 가르침에 특별히 주목했던 것이리라.

폭력의 완충이 필요하다. 어디에선가는 그것을 '단(斷)'하는 과감한 선언이 필요한 것이다. 그런데 앞서 말했듯이 폭력을 억제하면, 그것이 내면으로 들어가서 엉뚱한 곳으로 와전된다. 그렇기에 단순히 억제하는 것만으로는 해결책이 아니다.

한데 「마태오복음」은 이러한 주의 계율을 유대인, 즉 근본주의적인 랍비적 바리사이체제의 주역들보다 더욱 철저히 수행해야 한다고 말한다. 이것은 유대인보다 우월한 자의식으로 신앙이 구성되어야 한다는 것을 뜻한다. 즉, 할 수 없어 참는 게 아니라 저들보다 우월한 자기를 갖고자 하기에 참는다는 것이겠다. '우월감'이다. 피해로 인한 자아의 파산이 아니라 더욱 견고한 자아의 구축, 이것이 바로 「마태오복음」이 말하는 '폭력을 넘어서는 (하나의) 법'이었다.

지난해 아프가니스탄 카라바그 지역에서 한국인 단기 선교팀 23명이 피랍되었고, 그들 중 두 사람이 사살되었다. 정부가 나서서 협상에 총력전을 편 결과 43일 만에 남은 인질 모두가 석방되었다. 그 와중에서, 피랍된 이들의 안전에 심각한 위해가 될 수도 있는 동영상을 유포하거나 피랍자 가족을 향해 사이버테러를 가하는 등 우리사회의 가학적 폭력성은 여러 형태로 표출되었다. 최근 들어 그리 낯선 현상은 아니지만, 아무튼 이 사태는 우리사회가 얼마나 폭력적인지를 단적으로 보여주는 또 하나의 사례였다.

이런 문제의식에서 내가 속한 교회는, 기획한 것은 아니었지만, 폭력과 복수, 사랑 등에 대해 진지한 토론을 몇 주 동안 나누었다. 나는 이러한 고민의 연장에서 이 『성서』 텍스트를 주의 깊게 생각하고자 했다. 그것은, 적어도 이 텍스트에 대한 나의 해석에 따르면, 우리가 그간 나누었던 폭력과 용서에 관한 논의에서 빠진 부분을 말해주고 있다고 생각되었기 때문이다.

그간 우리가 주로 얘기했던 것은, 첫 번째 폭력의 수행자인 가해자를 응징하는 대항폭력(두 번째 폭력)이 완전히 등가적인 것은 가능하지 않기 때문에, 그 대체물로써 용서와 사랑 같은 윤리적 문제의식이 제기된 것이 아니냐는 것이었다. 등가적일 수 없기에 제2의 폭력이 다시 제3의 폭력을 낳는 악순환이 되풀이된다는 논리다. 하여 국가가 폭력을 독점하는 현대사회의 법률적 체계는 바로 이러한 보복의 등가성의 근원적 한계 때문이라는 생각으로 이어졌다.* 그런 점에서 원수사랑의 신학은 복수의 정치학을 해체하는 신앙적 문제의식의 발로라고 할 수 있다는 것이 우리의 잠정적인 결론이었다.

교인들 간의 토론이 이렇게 멋진 이해에 이르게 됐다는 것에 나는 경의를 표하지 않을 수 없다. 그리고 토론의 일원인 나는 많은 자극을 받았다. 하지만 그럼에도 폭력에 관한 다른 하나를 이야기할 필요가 바로 예수의 원수사랑 가르침에 대한 마태오공동체의 해석을 주목하게 했던 것이다.

그 다른 하나의 문제의식이란, 간단히 얘기하면 '폭력의 와전현상'이다. 이것은 첫 번째 폭력이 많은 경우에 응징되지 못한다는 것을 주목하는 데서 시작된다. 특히 가해자가 강자인 경우 그렇다. 그/그녀의 권력 때문에 많은 경우 피해자들은 복수를 포기한다. 한데 문제는 그것으로 끝나지 않는다는 데 있다. 피해자는 끓어오르는 분노를 삭여야 하지만, 그것이 그렇게 간단히 사라지지는 않는다. 특히 문제는 의식에서 사라지지만 무의식에서 분노가 계속되는 경우이다. 그것은 종종 다른 존재를 향한 공격성으로 표출되곤 한

---

* 고대 법전들은 "이는 이로, 눈은 눈으로"와 같이 대개 복수의 등가성을 원리로 한다. 그러나 가령, 이를 부러뜨린 이에게 등가의 복수를 했는데 마침 그 사람이 허약한 사람이어서 그 일로 죽게 되었다면 복수는 다시 죽은 이의 가족에게로 넘어간다. 이렇게 완전한 등가성이 불가능하기 때문에 복수는 꼬리에 꼬리를 물고 계속될 수 있다. 하여 근대의 법은 개인의 복수를 허용하지 않고 국가가 독점하는 방식으로 문제를 해소하려 했다. 하지만 피해자는 그 감정에서 벗어나지 못한다는 데 여전히 문제가 남는다. 곧 근대법으로 이 문제가 해소되지는 못한다는 것이다.

다. 이는 두 가지로 나누어 생각할 수 있는데, 하나는 외부를 향한 공격성이요, 다른 하나는 내부를 향한 공격성이다. 후자는 자기 몸이나 정신을 공격하여, 자아가 (치명적으로) 훼손되는 경우이다. 반면 전자는 전혀 엉뚱한 타자를 향해 가해지는 뜬금없는 폭력이다. 그리고 그러한 폭력은 먹이사슬처럼 계속 와전된다.

이를테면, 사회에서 상처받은 가부장은 아내에게 폭력을 행하고, 남편의 린치 대상인 아내는 다시 자녀를 때린다. 그리고 자녀들은 학교에서 이른바 '왕따'에게 가해한다. 이렇게 폭력의 먹이사슬에서 말단부에 위치한 존재를 '희생양'이라고 부른다. 보복할 수 있는 사회적 수단을 갖추지 못한 존재, 심지어는 자아까지 훼손되어 복수의 주역으로 스스로를 주체화할 수 없는 존재, 바로 그런 이들이 희생양으로 선택되어 사회적 폭력성의 최후 대상이 된다는 것이다.

이렇게 폭력은 종종 권력 때문에 당사자에게 제대로 앙갚음되지 못하고 엉뚱한 제3자에게 전가된다. 가령, 남편 또는 아버지에게, 혹은 오빠에게 상습적인 폭력을 당한 아내나 자식 혹은 여동생을 우리는 기억해야 하기 때문이다. 말했듯이 대부분의 가정폭력은 가해자가 다른 곳에서 받은 상처를 자기보다 약한 자에게 전가하는 행위다. 위에서 이야기했던 것처럼 '집단따돌림' 현상도 상처받은 이들이 만만한 타인에게 전가하는 집단적 폭력이라고 할 수 있다. 또 오늘날의 테러리즘은, 적을 상징하는 표적을 겨냥했던 과거의 테러리즘과는 달리, 엉뚱한 제3자에게 폭력을 가함으로써 그 효과를 배가하려는 전략으로 바뀌고 있다.

이렇게 폭력은 연쇄적으로 일어나고, 의식하지 않은 중에 더 약한 이들을 향하고 있다. 그러므로 많은 경우에 폭력은 당사자 간의 문제가 아니다. 그것은 약한 자를 공격하는 의도하지 않은 폭력의 메커니즘인 것이다. 바로 그렇기에 우리는 폭력의 완충장치가 필요하다. 바로 마태오공동체가 그렇게 해석했던 것처럼, 예수의 '원수사랑 계명'은 폭력의 와전을 제어하는 신앙의 장치였던 것이다.

무너지지 않는 집*

실용정부 시대의 배제의 견고화를 우려하며

✿ 20년째 프랑스에서 살고 있다는 한 번역가는 "이곳 집들은 수명이 300년이에요"라고 말했다.** 나는 어린시절을 보낸 신촌의 철길 옆 언덕배기의 동네를 떠올렸다. 그곳을 떠난 것은 초등학교를 졸업한 직후였고, 대학 4학년 무렵 그 동네를 다시 찾았을 때 내가 살던 집은 온데간데없었다. 심지어 동네의 형태조차도 거의 바뀌어 있었다. 그러니까 10년 만에 내 유년시절의 기억은 장소를 잃어버린 것이다.

우리사회의 급속한 산업화는 끊임없이 지었다 부수고 다시 짓곤 하는 과정을 수없이 되풀이하면서 진행되었다. 그 과정에서 우리가족은 월세에서 전세로, 그리고 자그마한 집을 장만했고, 또 제법 살 만한 주거지가 생겼다. 다

---

* 이 글은 2008년 1월 20일자 설교원고를 수정 보완한 것이다.
** 남프랑스의 프로방스 지방 주도(州都)인 마르세유(Marseille)를 여행할 때였다. 현재는 꽤나 쇠락해 가는 모습이었지만, 과거 프랑스가 북아프리카에 많은 식민지를 두고 있던 시절 급성장한 도시여서인지, 한때는 상당한 위용이 있었을 법한 건물들이 무수히 많았다. 말 한마디 못하는 낯선 여행자인 나는 무너지지 않는 제국의 꿈이 여운처럼 감도는 낡은 도시를 보면서 무너지지 않는 집, 무너지지 않는 권력, 무너지지 않는 제국의 욕구를 떠올렸다.

행히도 이 숨 가쁜 격동의 세월을, 비록 몇 번의 부침이 있었지만, 전반적으로 꽤나 성공적으로 지내왔다. 신촌의 그 동네에서 이사한 때부터 불과 10년도 안 되는 기간 동안 아마 열 번은 족히 이사를 다녔으리라. 그 덕에 집이 생겼고, 거기에서 20년간을 지낼 수 있는 안정된 삶의 터전을 얻게 된 것이다.

아마도 우리이웃들, 아니 이 변화무쌍한 도시의 주민들은 어떤 형태로든 지난 몇 십 년 동안 수차례의 몰락과 성공을 되풀이하며 반전에 반전을 거듭하는, 그야말로 스펙터클한 체험 속에 살아왔을 것이다. 대략 지난 40년간 우리의 역사는 그랬다. 학계는 이러한 광속엔진을 장착한 초고속열차 같은 산업화를 '돌진적(rush-to)'이라는, 듣기만 해도 숨이 차오르는 용어로 묘사한다.

아마도 이러한 돌진적 산업화의 가장 큰 수혜자 세대는 나와 비슷한 또래인 40~50대 연령층이 아닐까. 산업화와 더불어 학교를 다니고, 대학졸업 이후 직장을 얻고, 결혼하여 자식을 낳게 될 때까지 고도성장사회의 긍정적 성과물을 비교적 가장 많이 누린 세대이니 말이다.

'격동 속의 안정', 아마도 이러한 표현이 지난 40년과 그 전후시기를 구별 짓는 한 특징이 아닐까. 그런데 이 세대의 전반적인 성공화·안정화의 체험은 결코 적지 않은 대가를 지불하면서 얻은 것이다. 많은 친구를 잃어버렸고, 많은 이웃과 헤어졌다. 그리고 그 시절의 추억을 담은 숱한 장소들이 사라져버렸다. 그와 함께 수많은 '기억의 삭제'를 체험해야 했다. 최근 40~50대 연령층 사이에서 유행했던 이른바 '친구찾기' 캠페인은 이러한 삭제된 기억의 복원을 갈망하는, 세대적 기억상실증의 한 징후일지도 모른다.

말했듯이 이러한 격동적인 산업화의 시대는 공간을 지우고 그곳에 새로운 공간을 만들어내는 과정을 수없이 되풀이하면서 전개되었다. 동네가 없어지고 이웃이 없어지고 친구가 없어지고, 이 속에서 기억이 제거되는 체험이 반복된 것이다. 그런 점에서 우리사회 산업화의 가장 핵심적인 동력이 '건설업'인 것은 당연한 것 같다. 이렇게 건설업을 중심으로 산업화가 추동되는 사회를 여러 학자들이, 일본 연구자들의 표현을 빌려서, '토건국가(土建國家)'라고 명명한 바 있다. 건설업이 GDP의 10퍼센트를 상회하는 나라는 OECD 국가들 중 우리나라밖에 없고, 정부 총지출의 30퍼센트가 건설 관련 지출인 나라도 OECD 국가들 중 타의 추종을 불허한다.

'참여정부' 이후 집권한 이른바 '실용정부' *가 새롭게 추진하려는 대운하사업은 바로 건설부문이 병적으로 과잉성장한 사회다운 발전전략이라고 할 수 있을 것이다. 하지만 나는 여기에 약간의 다른 의견을 추가할 필요를 느낀다. 그것은 이명박 정부의 등장이 지난 20년간의 이른바 '민주화의 시대'가 지나고 '포스트민주화의 시대'를 알리는 일종의 전환기의 자명종 같은 의미를 지니고 있다고 보기 때문이다. 즉, 지난 40년간 지속되어온 토건국가식 발전의 연속성에도 불구하고, 다른 한편으로는 어떤 불연속의 요소가 여기에 게재되어 있다는 것이다.**

---

* '참여'를 슬로건으로 내세운 지난 정권에서 가장 많은 비정규직이 양산되고 다양한 배제의 양식이 제도화된 것처럼, '실용'이라는 새 정부의 슬로건도 시민사회 일반이 상상하는 직설적인 어의로써 제도화될 가능성은 매우 낮아 보인다. 실제로 진행될 제도화의 양상은 변화를 추동하는 세력의 문화적 주체양식이라는 변수와 밀접히 연관될 것이다. 아마도 군부독재정권들에서 '개발'이 제도화의 추동세력인 군인들의 문화적 맥락이 사회 전체의 가치로 번안되는 양상과 관련되고, 직전 정부에서 '참여'가 새롭게 사회적 주체로 부상하는 시장화된 시민의 문화적 맥락의 변수와 연관되는 것처럼, 작금의 '실용'이라는 표상어의 이면에는 민주화·지구화의 태풍 속에 사회적 추동세력으로 부상한 한국 특유의 기업적 문화양식이 어떻게 사회적 제도화를 견인하게 되느냐의 문제와 깊이 연관되어 있지 않을까 한다.
** 경제윤리신학을 다루는 연구자인 강원돈은 권위주의 정부와 실용정부 사이의 개발주의적 연속성에도 불구하고 '국가주도적 개발독재'와 '국가종속적 기업독재'라는 차이를 주목한 바 있다. 이것은 실용정부에 대한 나의 문제의식과 유사한 시각이다. 강원돈, 「경제대통령 신화의 해부」, 『시대와 민중신학』 10집(평화나무, 2008) 참조.

이제까지 우리사회의 '토건국가'적 성격은 공간의 파괴와 함께 기억의 파괴를 가져왔다. 삶의 공간이자 기억의 공간인 집이 철거되고 또 새로 지어져 온 것이다. 그런데 오늘날의 토건욕구는 흥미롭게도 공간의 파괴가 기억의 파괴를 동반하지 않을 것처럼 보인다는 것이다.

젊은 작가 김애란은 최근 소설들에서 무한경쟁으로 내몰린 지구화시대에 '자기만의 방'을 얻지 못하고 부유하는 20대 청년들의 이야기를 '노량진'이라는 공간적 특징을 통해 묘사한다.* 온통 입시와 취업학원으로 채워진 도시의 공간, 이곳에 몰려드는 사람들은 이곳을 떠나기 위해 이곳에 산다고 하는 공간, 노량진은 바로 그런 곳이라고 말한다. 한데 그녀가 묘사하는 사람들은 몇 년이 지나도, 붙박을 다른 공간을 찾지 못한 채 여전히 그곳에서 부유하고 있는 오늘의 보헤미안들이다. 설사 대학에 들어가거나 취업을 하여도 여전히 노량진의 '습속(習俗)'에서 탈주하지 못한 한국의 현대판 '집시'들인 것이다.

흥미롭게도 작가는 노량진을 떠나지 못하는 사람들을 세상의 떠돌이로 묘사하고 있다. 그런 점에서 '노량진'은 삭제되는 기억의 공간이지만 동시에 여간해선 탈출하지 못하는 폐쇄회로 같은, 결코 삭제되지 않는 공간이다.

다시 앞으로 돌아가서 돌진적 근대화의 세대에게 공간의 철거는 기억을 삭제하지만, 안주할 새로운 귀속공간을 선사해주는 가능성이기도 했다. 한데 '노량진'은 철거의 공간이고 기억삭제의 공간이지만, 하여 떠돌이들의 공간이지만, 그 철거작업으로는 좀처럼 탈출할 수 없는 닫힌 철창 같은 공간이기도 한 것이다.

|* 특히 김애란의 소설집 『침이 고인다』(문학과지성사, 2007)에 실린 단편들이 그렇다. |

이것은 하나의 은유다. 그 은유가 시사하는 현실은 궁핍의 공간을 벗어나려 발버둥치지만 여간해선 벗어나지 못하는 사람들의 무망한 여정을, 저 희망 없는 유랑을 말해준다. 막대한 사업비를 치러야 하는 대운하 프로젝트는 건설사업자들과 지방토호들에게 꽤나 큰 선물보따리를 안겨줄 가능성이 있고, 잘하면 다수의 시민사회 안정계층에게 어느 정도의 떡고물을 던져줄지도 모르겠다. 물론 그것을 위해 친구를, 이웃을, 기억을 삭제하고, 나아가 생태환경과의 행복한 관계를 파괴하는 대가를 치러야 하겠지만 말이다. 하지만 '자기만의 방'이라는 자생공간을 아직 확보하지 못한 시민사회의 불안정계층에게는, 귀속할 집이 없는 무망한 여정의 유랑자들에게는 거의 희망이 될 수 없다는 것을 이야기하는 은유인 것이다. 바로 이 점이, 내가 여기서 얘기하고자 하는, 포스트민주화 시대의 토건국가가 과거 돌진적 산업화 시대의 토건국가와는 다른 요소라는 것이다.

예수는 예루살렘 성에 입성해서 며칠간을 성전 당국자들과 귀족들, 정치권력자들에 대항하는 하느님 나라 캠페인을 주도한다. 이제 많은 이들이 그이를 주목하게 되었고, 또 당국은 이를 예의주시하며 공격할 명분과 기회를 찾고자 하였다. 이제 예수는 자신이 생각했던 그때가 거의 다가왔다고 생각했다. 바로 그 즈음 어느 날, 저녁때가 되어 그이가 언제나처럼 성전을 벗어나 은신처로 돌아갈 즈음, 제자 한 사람이 말한다.

제자 한 사람이 (예수께) "선생님, 저것 보십시오. 저 돌이며 건물이며 얼마나 웅장하고 볼 만합니까?" 하고 말하였다.
예수께서는 "지금은 저 웅장한 건물들이 보이겠지만 그러나 저 돌들이 어느 하나도 제자리에 그대로 얹혀 있지 못하고 다 무너지고 말 것이다" 하고 말씀하셨다.

—「마르코복음」13장 1~2절

며칠 전 성전에 입성할 때 그네들은 곧 하느님 나라가 도래할 줄 알았다. 비록 한 번도 본 적은 없었지만 그쯤이야, 풍랑을 잔잔케 하고 음식이 불어나 수천 명이 먹을 수 있게 되며 죽은 이를 살리기까지 하는 예수의 능력으로 한 방에 날려버릴 것이라 생각했을지도 모른다. 그런데 성전에서 며칠간 활동하면서 그네들은 점점 그 힘에 두려움을 느끼고 있었는지도 모른다. 필경 마지막 만찬을 나누던 그날 초저녁 한 제자는 자기도 모르게 그러한 두려움을 그만 발설하고 만 것인지도 모른다.

이때 예수의 말은 통렬하다. "저 돌들이 어느 하나도 제자리에 그대로 얹혀 있지 못하고 다 무너지고 말 것이다." 저 무너지지 않을 것 같은 권력을 향한 말이다. 바로 앞에 나온 과부의 헌금 이야기를 읽으면 이는 더욱 의미심장하다. 과부가 헌금함에 지극히 작은 액수의 기부금을 헌납하는 것을 칭찬하는 이야기다. 이것은 그녀의 기부가 당시 성전 당국과 유력한 랍비들에 의해 폄하되고 있는 현실을 전제하고 있다. 달리 말하면 그녀의 기부행위를, 지배자들과 그들에게 생각이 예속된 대중은 구원을 받을 만하지 못한 열등한 것으로 해석하고 있었던 것이다. 그녀는 가난하기에 많은 기부금을 헌납할 수 없었는데, 그렇기 때문에 열등한 신앙을 가진 존재이고, 하여 구원에 이르는 데 부족한 자라는 것, 그리하여 결국은 축복받지 못한 자로서 가난할 수밖에 없다는 것, 이러한 순환논리는 그녀로선 탈출할 수 없는 견고한 체제였다. 결코 무너지지 않는 집이 그녀를 저주의 장소에 가둬버리고 있었던 것이다.

반면 이러한 논리에 대해 예수는 다른 틀을 제시한다. 그녀의 행위가 양이 아니라 질로 평가되어야 한다는 것이다. 이렇게 해석하면 그녀는 다른 누구보다도 더욱 빛나는 신앙행위를 한 셈이 된다. 자기의 모든 것을 다 하느님에게 바친 것이기 때문이다. 하여 예수의 새로운 논리는 이렇게 그녀를 감금하고 있던 집을 해체해버린 셈이다.

　앞서 인용한 『성서』 구절은 바로 이러한 맥락에서 해석될 수 있다. 무너지지 않는 집, 그 위압적인 체제의 힘의 논리에 실망한 제자의 말에 대해서, 예수는 그 집의 붕괴를 선언한다. 무너지지 않는 집, 바로 그러한 집과 예수는 투쟁을 하고 있는 것이다.

십자가와 부활

잃어버린 몸의 언어를 찾아*

'십자가'의 뜻

한 청년이 삶을 저주하며 죽기로 결심했다. 약간 술에 취한 그는 부엌으로 가서 조리용 렌지에서 가스가 새어나오도록 장치하고는 식탁의자에 몸을 의지한다. 점점 정신이 혼미해진다. 이제 잠시 후면, 그는 이 지긋지긋한 세상으로부터 자유를 얻게 될 것이다. 그런데 갑자기 부엌문이 열렸다.

조금 전 그의 모습을 미심쩍어하던 여자친구가 이상한 낌새를 느껴 그를 찾아 되돌아왔던 것이다. 코를 찌르는 불쾌한 냄새에 모든 걸 간파한 그녀는 신속하게 환기를 시킨다. 그러고는 몽롱한 상태가 된 청년에게 식초 냄새를 맡게 하고, 찬물로 세수를 시켜준다. 이윽고 청년은 정신이 돌아온다. 청년과 여자는 서로 부둥켜안고 한동안 운다. 그리고 여자는 남자를 설득하기 시작한다. 너무나도 간절한 그녀의 호소에 청년은 감동한다. 살아야 할 이유가

* 이 글은 2001년 1월 28일자 설교원고를 수정 보완한 것이다.

생긴 것이다. 이런 여자친구가 있으니 말이다. 이제 그는 그녀를 위해서 다시 한번 뭔가를 해야겠다고 생각한다.

사태가 좀 진정되자 여자는 남자에게 먹을 것을 해주기 위해 동네가게로 달려간다. 혼자 남은 청년은 담배 한 대를 피우며 살 궁리를 해보기로 한다. 라이터를 켜는 순간, '펑' 하는 소리와 함께 청년이 되찾은 삶의 의지는 물거품이 되고 말았다.

이 이야기는 몇 년 전 신문에 나온 조각기사를 임의로 각색하여 구성해본 것이다. 실상 이 기사는, 유가족과 보험사 간에 있었던 사고사냐 자살이냐를 둘러싼 법정 논쟁에서 유가족이 승리했다는 보도였다.

한 편의 콩트 같은 얘긴데, 웃음이 나오질 않는다. 우선은 청년의 죽음이 내 귀에까지 들려오기 위해선, 그의 죽음 자체의 문제가 아니라, 그것에 '관한' 보험금 지급 논쟁이 필요했다는 데서 나는 깊은 허탈감을 느껴야 했다. 요컨대 신문을 통한 이야기의 전승은, 그의 죽음의 의미를 보험사의 횡포로부터 개인의 이익이 보호받을 수 있게 되었다는 데에만, 그 공익적 사실을 확인하게 되는 것으로만 주목하게 한다는 것이다. 곧 이러한 사회적 기억방식에는 청년 자신의 인생이 생략되어 있다. 그것과 더불어서 한 사람이 죽기를 각오하기까지 겪었을 수많은 사연도 깊은 심연 속으로 묻혀버린다.

그도 한때는 아름다운 꿈을 꾸던 소년이었을 것이다. 한때는 수많은 추억이 그의 품안에 소중히 간직되어 있었을 테고, 이루고 싶었던 많은 소망이 그의 발길을 이끄는 길잡이가 되기도 했을 것이다. 그런데 번번이 세월은 그를 배신했고, 좌절의 순간마다 혹독한 세상의 심판을 받았을 게다. 참을 수 없는 모욕감에 절망하다가 한순간 죽음의 강렬한 유혹을 느꼈을까? 한데 그는 죽는 순간도 자신의 의지대로 할 수 없었다. 죽고자 했으나, 운명의 신은 그 순간까지도 그를 가지고 놀았다. 극적으로 여자친구를 등장하게 했고, 순간이나마 삶의 의욕을 되품게 했다. 그러나 그 순간 그는 죽어야 했다.

이러한 심술궂은 운명의 장난을 주목하면서 한 인간의 좌절과 고통을 엿보는 것은 그의 사망에 관한 공익적 함의를 가진 사회적 기억방식에서는 거의 불가능하다. 사실 그 기사는 공익이 기업(보험사)의 사익을 압도하는 사건으로 묘사함으로써 사람들에게 공의로운 세상을 만끽하게 할지언정, 바로 그러한 만족감 이면의 비극에 관해서는 오히려 은폐하는 결과를 빚었다. 이 기사 속에 담긴 비극적 반전(反轉)의 블랙코미디적 요소에서 사람들이 그 청년의 꿈과 좌절, 그리고 비극적 운명의 사연을 연상하기란 쉽지 않다. 그 공익적 요소가 사회적 이야기 구성과정에서 그것을 추방해버렸기 때문이다.

여기서 인류문명의 악마성을 읽으려 하는 것은 나의 쓸데없는 과민함 때문일까? 논리적 비약이 없이는 그런 상상력은 불가능한 것일까? 그럼에도 나는 이러한 문제의식에서 결코 자유로울 수 없었다. 왜냐면, 나 자신도 그 신문보도에서 한 편의 코미디를 발견했고, 잠시나마 그것에 실소했던 탓이다. 그 이야기에 대한 나의 즉각적인 반응은 반전적 드라마를 즐기는 향락, 그것뿐이었기 때문이다. 나도 이 세상의 악마성에 공모하는 자가 되어 그 이야기를 읽었던 것이다.

이때 나의 머릿속을 사정없이 진동시켰던 것이 바로 「먼 곳에서부터」라는 김수영의 시였다.

먼 곳에서부터
먼 곳으로

다시 몸이 아프다

조용한 봄에서부터
조용한 봄으로
다시 내 몸이 아프다

여자에게서부터
여자에게로

능금꽃으로부터
능금꽃으로

나도 모르는 사이에
내 몸이 아프다

　도대체 시인은 왜 몸이 아프다고 할까? 이 시를 처음 접할 때 품었던 의문
이다. 조용한 봄, 여자, 능금꽃, 아무리 생각해도 그것들과 시인 몸의 아픔과
의 인과관계가 떠올려지지 않았기 때문이다. 계절의 이미지에서 '겨울'이라
면 모르되 '봄'이 왜 아픔의 정서와 관련되는가? 남자에게서 여자는 짜릿한
호기심의 이미지로 각인되어 있는 것 아닌가? 꽃사과의 신맛은 아무리 생각
해도 '아름다운 시절'의 추억을 불러일으키는 것 아닌가? 도대체 왜 시인은
이런 것들을 열거하면서 몸이 아프다고 말하고 있을까?
　이 시는 1961년에 발표된 것이다. 그 시기에 쓴 김수영의 여러 시들이

4·19 혁명의 허무한 귀결, 개혁의 그림자도 이루지 못한 채 전전긍긍하는 비겁한 정치모리배와 암울한 사회상황에 대한 절망의 기조를 담고 있다는 점에서, '먼 곳에서부터'의 '시인 몸의 아픔'이 필경 그러한 사회정치적 상황과 깊은 연관이 있으리라는 것은 더 말할 것도 없다.

하지만 나는 이 시를 포함한 김수영의 전체 시작(詩作)들 속에는 인간에 관한 존재론적 천착이 깊이 새겨져 있다는 확신을 갖고 있다. 하여 그로부터 40년이 지난 오늘의 우리에게도 시인의 아픔은 여전히 뭔가를 말하고 있다는 것을 굳게 믿으면서 그의 시를 읽고자 했다. 그런데 도대체 그것이 무엇일까? 하루 종일 그것을 생각하고 또 생각했다. 그런데 청년의 자살에 관한 신문기사를 통해서 그 숨은 뜻이 번뜩 떠올랐다.

앞서도 말했거니와, 신문기사에서처럼 오늘의 시대를 사는 우리에게 하나의 사건에 대한 기억은 주로 타산적 가치에 의해 지배되고 있다. 그것은 사회적 빈부의 문제이고, 잉여가치 배분의 문제다. 거기에 발전논리가 개입되어 있고, 거기에 평등의 가치가 관여되어 있다. 사람은 더 잘살기 위해서 자신의 발전을 추구하지 않을 수 없고, 그것은 사회적 발전의 논리와 자신을 일치시켜야 함을 뜻한다. 또한 사람은 자신의 권리를 지키기 위해서 무한대의 자유 개념으로부터 자신을 보호해줄 평등의 가치를 추구하게 된다. 이런 맥락에서 사람이 처세하는 방식이 형성되고, 합리성이라는 추상적인 규범이 구체화된다.

이런 식의 합리성이 지배적인 영향력을 발휘하는 시대를 '근대'라고 한다. 그리고 우리는 근대를 사는 사람으로서, 이러한 합리성에 충실한 사람이 되어야 잘 적응하며 생활을 영위할 수 있다. 물론 그러한 요소는 지난 시대보다 근대가 훨씬 풍요로운 사회로 될 수 있었던 주된 비결임은 의심할 수 없을 것이다. 한데, 바로 여기에 우리가 '잃어버린 것들'이 들어 있다. 자신의 일이든 남의 일이든 아픈 현실을 보면서 그것에 '자기도 모르게' 공감하는 법을 우리는 놓쳐버린 것이다. 그래서 현실에 절망하던 청년이 죽음을 선택하는 것을 보고 그의 고통에 우리의 몸이 반응하기 전에 우리는 타산적 판단을 먼저 한다. 그것이 옳으니 그르니, 어떻게 하는 게 그에게 더 유리한 것이니 아니니 하는 생각에 빠진다. 실은, 사실을 말하면, 그렇게 말할 때조차도 대개 우리의 몸은 아무런 아픔을 느끼지 않는다. 심지어는 자신이 겪고 있는 일에서조차 우리의 반응이 그렇게 되곤 한다. 요컨대 인류문명사는 우리에게 몸의 언어를 앗아간 것이다.

한데 시인은 세상의 일 하나하나에 먼저 몸이 아프다고 한다. 별것 아닌 것에도 아픈 몸을 느낀다. 아니, 그렇게 아파해야 시를 쓸 수 있다고 한다. 그것도 '자신도 모르게' 그것에서 아픔을 느껴야만 비로소 시를 쓸 수 있다고 말하는 것이다.

예수는 느닷없이 예루살렘으로 향한다. 종말의 때가 다가왔다는 신호다. 하느님의 최종심판과 축복의 때가 임박했다는 암시인 것이다. 그런데 그 초입에서 예수는 제자들을 향해, 종말은 자신의 좌절과 버림받음과 죽임당함을 전제해야 도래하는 것이라고, 폭탄 같은 말을 내던진다. 그러니 예루살렘으로의 행보는 그러한 몸의 고통을 극한적으로 체현하려는 길이라고 선언하는 것이다. 그러자 제자 중의 제자인 베드로가 말린다. 절대로 그래서는 안 됩니다, 라고. 합리적으로 판단하라는 것이리라. 그런 일이 일어나지 않게끔 계획을 세우고 잘 추진하라는 뜻이리라. 허나, 예수는 그를 향해 독설을 퍼붓는다. "이 사탄의 새끼야, 저리 비켜라. 너는 하느님의 일을 생각지 아니하고, 네 계산만 앞세우느냐"(「마르」 8: 33).

하느님의 일은 세상의 죄와 세상의 고통을 하느님 자신이 함께 괴로워하는 데서 시작한다. 그래서 몸이 필요했다. 그래서 몸에 그 고통을 체현해야 했다. 그것이 바로 '십자가' 다. 즉 십자가는 '하느님의 몸의 언어'인 것이다.

그러면 십자가의 길을 따르는 제자의 길, 예수의 삶의 길을 따르는 우리의 신앙의 자세는 곧 시인이 시를 쓰는 바로 그 자세와 맞물릴 것이다. 세상에서 일어나는 일 하나하나에서 몸의 아픔을 체현하는 것, 바로 그것이 신앙이라는 것이다.

"기다림 안에서
자유를……"*

죽음에 대한 신학적 이해

✤ 전통적인 교회력에 따르면 부활주일 전 여섯 주 동안을 사순(四旬)절기로 보내고, 이 중 마지막 주일을 종려주일로, 그리고 그 주간을 고난주간으로 지킨다. 많은 경건한 그리스도인들은 이 한 주를 각별히 의미 있게 보내기 위해 특별한 주의를 기울인다. 다툼이 생길 만한 일을 가능한 피하고, 혹 있을지 모르는 방만한 생활을 억제하고, 매일매일 특별히 기도와 『성서』 읽기에 열심을 낸다. 그리고 그 주의 금요일, 곧 주가 죽임당한 날을 기리는 '성'금요일 하루는 단식을 한다. 이 모든 것은 기쁨의 극치를 상징하는 '부활절'을 자신의 삶 속에 얼마만큼은 체현해내기 위함이다.

부활절 이전의 40일간 분위기는, 처음엔 천천히 숨죽이듯 미동하다 점차 고조되는 긴장감과 더불어 다소 거세지는 흔들림, 그리고 마지막엔 광풍 속에서 광란의 춤을 추는 나뭇가지처럼 절규하듯 몸부림치며 허공을 가르다

---

* 이 글은 1998년 4월 6일, IMF 체제를 보내며, 부활절을 앞둔 마지막 수난주간의 설교원고를 수정 보완한 것이다.

이내 부러져 땅에 떨어져버림, 죽음, 침묵, 무거운 암울함으로, 그러한 기조로 펼쳐진다. 절제됨이 없이 폭로되는 죽음을 향한 길. 이것이 교회력이 홍보하는 사순절기의 색깔이다.

바로 이런, 일상을 압도하는 과장스러움을 후광으로 하며 승리의 입성을 하는 부활, 아니 부활절. 그렇기에 부활절에 울려 퍼지는 승리의 찬가는 매우 드높다. 거기에는 일상을 압도하는 과장스러움이 지배한다.

그러므로 예배란 천국과 지상의 중간지대에 있다. 예배는, 결코 현실을 초월할 수 없는 곳에서, 결코 현실을 넘어선 채 살지 못하는 사람들의 이야기인 동시에, 현실을 사는 사람들의 일상에서는 결코 체험할 수 없는 과장된 이야기이기 때문이다. 예전학(禮典學) 연구자들은, 이렇게 두 지대의 접경에서, 두 지대와는 다른 이야기 공간을 창출할 때 예배로서의 진가가 발휘된다고 말한다.

좀 어렵다. 모호하다. 죽음에 관해서 예전학의 메시지를 좀더 생동감 있게 체험할 수 있는 언어가 필요하다. 그래야 수난주간이 더욱 의미 있지 않을까?

이런 질문을 던져보자. "과연 진리는 대중으로부터 자유로울 수 있는가?" 만약 진리가 대중과 무관하다면 대중의 입장에서 그것처럼 분별없는 폭력은 없을 것이다. 실제로 한국의 역사에서 이러한 폭력은 얼마나 우리의 삶을 황폐케 했는가? 독재권력이 정한 진리의 침대가 우리 몸에 잘 맞지 않음에도, 혹 밖으로 삐져나온 목과 발이 잘릴까봐 거북스럽게 움츠려야 했던 기나긴 세월은 그 독내 나는 여운을 아직도 풍기고 있다. 사실 우리 모두는 그 독성에 중독되어 얼마만큼 기형인간이 되어버렸다. 진리가 대중을 외면한 채 대중에게 압박을 가할 때, 그 진리는 흉측하게 일그러진 얼굴을 한 채 우리에게로 달려드는 야수였던 것이다.

하지만, 우리는 진리가 대중의 환호를 따라가다 길을 잃어버린 경우 또한 잘 알고 있다. 소크라테스가 처형당하기 직전 제자 크리토는 스승에게 이렇게 말했다고 한다. "대중은 아테네로부터 도망치지 않는 당신을 비난할 겁니다." 이것은 끊임없이 여론의 바람 아래 동요하지 않을 수 없는, 진리를 이야기하는 자의 현실을 시사하고 있다. 어쩌면 푸코(Michel Foucault)의 말대로 소크라테스는 죽음의 시간, 그 마지막 시간의 힘줄을 느끼고서야 비로소 여론의 권위로부터 자유로움을 얻었는지 모른다. '대중의 평가'라는 허구에 구속된 채, 무수히 자기 양심의 원칙을 유보하지 않을 수 없었던 삶에서, 죽음은 그를 해방시켰던 것이다. 그러므로 나는 이렇게 이야기하고자 한다. 진리는 대중으로부터 결코 자유로울 수 없지만, 진리는 대중으로부터의 자유를 추구할 때 비로소 그 진가를 드러낸다고. 그리고 '죽음'은 바로 이런 진리의 해방구라고.

나는 '죽음론'을 이야기하려는 것이다. 신학적으로 이것은 사후세계에 대한 얘기가 아니다. 그것은 삶 속에서 맞이하는 죽음의 의의에 관한 것이다. 죽음은 결코 삶의 외부에 위치한 어떤 것이 아니라는 얘기다. 사람들은 살면서 죽음을 '미리 앞당겨 봄'으로써 삶을 기획한다. 그럼으로써 사람의 삶은 풍성한 의미를 갖게 되는 것이다.

그런데 죽음은, 앞서 본 소크라테스처럼, 진리에 대한 대중의 평가에 연연해하던 욕망으로부터 해방되는 지점이다. 그러므로 죽음 그 자체는 '자기 비움의 진리'다. 삶 속에서 욕망하던 모든 것으로부터의 비움, '공수래공수거(空手來空手去)'의 진리인 것이다.

'잠'은 죽음의 그림자다. 우리는 잠 속에서 죽음을, 죽음의 그림자를 본다. 히브리인들의 사유에서도 '잠잔다'와 '죽어 있다'는 동의어다. 곤하게 잠자는 이는 '말'로부터 해방되어 있다. '논리'로부터 해방되어 있다. 온갖 '욕구'로부터 해방되어 있다. 그는 자기 자신을 둘러싼 모든 굴레로부터 자유를 누리고 있다. 요컨대 우리는 잠을 통해 죽음이 삶의 한가운데 있는 것임을 체험하는 것이다.

사람은 깊은 잠에서 깨었을 때 상쾌함을 느낀다. 세상을 대면할 용기를 얻는다. 그에게 펼쳐질 시간은 무한이 열려 있고, 할 수 있는 일, 해야 할 일이 세상을 포용하려 하는 이의 가슴 한가운데로 한가득 다가온다. 비록 어제의 그 세상이 그를 잔뜩 위협하고 있었을지라도 말이다. 그러므로 잠은, 죽음을 미리 당겨보는 체험인 잠은, 깨어서 맞이할 삶에게 하루를 대면할 열린 가슴을 준비시킨다.

우리는 잠처럼, 이렇게 매일 죽음을 대면하며 산다. 사순절기를 보내며, 고난주간을 보내며, 성금요일을 맞이하며 대면하는 죽음은 바로 이렇게 우리가 매일매일 맞이하는 의미의 죽음, 그 연장이다. 그것을, 그것의 의의를 다시금 되새기도록 우리의 기억을 환기하고자 함인 것이다. 그것은 죽음을 앞당겨 봄으로써 자기 비움의 원리를 환기하도록 하는 것이다.

> 세 시에 예수께서 큰 소리로 "엘로이, 엘로이, 레마 사박타니?" 하고 부르짖으셨다. 이 말씀은 "나의 하느님, 나의 하느님, 어찌하여 나를 버리나이까?"라는 뜻이다. …… (그리고) 예수께서는 큰 소리를 지르시고 숨을 거두셨다.
> ―「마르코복음」15장 34~37절

십자가에 달린 예수. 대중으로부터 하느님의 선택을 받은 특별한 이로 추앙받았던 그는 철저한 하느님의 침묵 속에서 절규한다. "나의 하느님, 나의 하느님, 왜 나를 버리십니까?' 우리는 삶 속에서 하느님의 침묵을 무수히 겪는다. 공의로운 것이든, 개인적 욕망에 따른 것이든, 하느님은 거의 모든 경우에 우리의 요구에 응답하지 않은 채 타인처럼 무심하다. 우리는 어느 때도 부활 승리의 찬가를 부를 만한 역전된 세계를, 우리의 욕망이 실현된 그런 세계를 체험해보지 못했다. 예전(禮典)에서 과장되게 표현하는 그것은 우리의 일상으로부터 평행선을 달리고 있는 것이다.

사람들은 그이의 외침 속에서, '그가 엘리야를 부르는가 보다' 하고 생각한다. 사실 그것은 많은 사람들의 바람이기도 하다. 마치 할리우드 영화의 클라이맥스처럼 거대한 승리의 찬가와 더불어 시작될 대반전의 드라마가 펼쳐질 것을 기대하는 것이다. 그러나 우리의 일상의 경험처럼, 그런 일은 결코 없었다. 예수는 큰 소리를 부르짖으며 죽음을 맞는다.

실패의 역사. 그러나 여기서 기적이 일어난다. 이제 예수는 대중의 기대로부터 자유를 얻은 것이다. 모든 시대 모든 사람이 결코 죽은 뒤에 살 수 없듯이, 모든 시대 모든 사람에게 죽음은 늘 다른 세계의 영역이듯이, 죽음으로 말미암아 예수의 진리는 비로소 대중의 기호로부터 해방되었던 것이다. 그런데 동시에 예수의 진리는 대중의 기다림 속에서 끊임없이 살고 있다.

한 시인은 (누군가의) 죽음을 두고 이렇게 노래한다.

......

난 이제 거리(距離)가, 어긋남이 고통스럽게 느껴지지 않는다
세계를 가득 채우고 있는 낮은 낮은 비명소리도

내 생은 고비를 넘겼다

거리 위로 천사들이 옷자락을 쓸며 지나간다

……

천사들이 내 눈물을 가져갔다
기다림 안에서 내가 한없이 자유로워지도록

난 가만히 있다 다만 가만히 있다
때로 시간의 힘줄이 만져진다

― 김정란, 「천사」

우리는 죽음에서, 죽음을 미리 앞당겨 보는 데서, 승리에 대한 욕망의 채움이 아니라, 자기 비움의 진리를 발견하게 된다. 그것은 우리에게 기다림의 소망을 품게 한다. 진정한 자유를 얻기 위한 소망이다.

이른바 IMF 체제가 우리에게 주는 죽음의 그림자, 그 속에서 사람들은 종종 파국을 기리며 극단의 행동을 하곤 한다. 때로는 세상에 대해 자신을 닫아버린다. 때로는 적대감에 가득 차 세상을 향해 무차별적인 보복을 하기도 한다. 때로는 자기 자신의 생명을 끊기초차 한다. 그리고 많은 사람들은 한결 어려워진 욕망 실현의 벽 앞에서 더욱 자기중심성에 몰입되어간다.

그러나 우리는 주의 죽음을 기억하도록 권고 받는 특별한 때를 맞이하여 이렇게 노래하려 한다. "복되어라, 고난 중에 자유에의 소망으로 기다리는 자, 기다림 안에서 자유를 얻으리라!"

정복당한 신의 반란*

예수 부활의 정치학

      🌿 무협영화는 대체로 천하무적의 무술 달인을 주인공으로 한다. 또 서부활극은 뒤통수에도 눈이 달린 백발백중 전설적인 총잡이를 중심으로 이야기를 전개한다. 이렇게 영웅담 형태의 스토리 구성을 갖는 영화들은 때로는 무술인으로, 때로는 총잡이로, 때로는 형사로, 때로는 용병으로, 때로는 운동선수로 변신하며 등장한다. 하지만 그럼에도 언제나 그 분야에선 '전능함'을 속성으로 하는 영웅을 스토리의 핵으로 삼는다. 한 영화평론가는 이런 유사성을 두고 해석하기를, '인간의 영웅추구 심리에는 어떤 보편성이 있는 것이 아니냐'고 조심스럽게 주장한다.

    대중은, 그리고 대중의 일원인 '나'는 이런 영화를 보기 이전에도 전능한 영웅적 존재를 이미 마음속에 간직하고 있다. 하지만 동시에 자신이 결코 그와 동일하지 않다는 것을 잘 알고 있다. 그래서 마음속의 그 영웅은, 사회 속의 평범한 일원으로 살아야 하는 '나'의 가슴속 깊은 곳으로 숨어버린다. 평

* 이 글은 1997년 4월 20일, 부활절 예배 때 설교한 원고를 다듬은 것이다.

소 그 영웅은 막연한 모습으로 잠재되어 있다가 특별한 계기 때마다 특정한 얼굴로 자신의 모습을 드러내곤 한다. 하지만 언제나 그는 '나'의 타자다. '나'로선 도무지 흉내를 낼 수조차 없는 그런 존재다. 결코 넘나들 수 없는 '깊은 강'이 그 사이를 가로막고 있다. 그런데 그런 꿈같은 존재가 영상매체를 타고 관객인 '나'에게 시각적으로 다가온다. 영상을 통해 건널 수 없는 강을 넘어 내게 다가와 말을 건넨다. 막연한 모습이었다가 구체적인 형태를 띠고 나타나서, 억제된 욕망으로 굶주려 있는 나를 향해, 알 수 없는 탈출구를 찾아 헤매는 관객인 '나'를 향해, 통쾌하고 선명한 해결의 장면을 선사해준다. 현실에선 아무것도 바뀐 것이 없지만, 영화관을 나서는 '나'는 가상현실, 그 위조된 현실을 통해 그 영웅이 선사해준 이상세계의 비전을 가슴에 품은 채 영웅의 또 다른 현현을 꿈꾸는 영웅주의자임을 다시금 확인하게 된다.

사실 이것은 인간의 영웅추구 심리의 보편성이 영화를 통해 드러나는 한 단면에 불과하다. 역사 속의 수많은 독재자들은, 의도했든 아니든, 바로 대중의 이런 영웅주의를 조작해내는 탁월한 기술자들이었다. 프로스포츠는 우리의 가슴속에 숨겨진 대중의 영웅을 스포츠를 통해 환생시킴으로써 성공적으로 안착한 신종 산업이다.

그런데 이 점에서 매우 장구한 역사를 가진, 그리고 오래전부터 그 탁월한 효과를 발휘해온 영역이 있다. 종교가 바로 그것이다. 종교는 인간의 내면에 감추어진 영웅을 '신'으로 설정함으로써, 영웅의 전능함의 범위를 무한대로 확장할 수 있게 되었고, 이 전능자에 의해 위장된 현실 속에서 구현되는 이상세계를 그 무엇보다도 완벽한 틀로 구성해낼 수 있게 되었다.

신이 인간의 창조물에 불과하다는 천박한 유물론자식의 논변을 펴고자 하는 것이 아니다. 내가 여기서 말하고 있는 종교는 신앙을 제도화한 하나의 체계를 지칭한다. 여기에는 일관된 교리(적 틀)가 있고, 그것의 수호자들인 이른바 성직자들의 위계적 체제가 존재한다. 교리란 개개인의 신앙을 일반화한 것인데, 역사적으로 볼 때 개별적인 신앙들을 규격화하는 교리화 과정은 대개 신앙의 권력화와 결부되어 있었다. 또한 그 과정은 동시에 일반 신도들과 분리된 직업적 성직자의 등장 및 성직자들의 위계화 과정(직제화)과 맞물려 있다. 물론 이런 과정은 부정적으로만 볼 게 아니다. 필시 이런 신앙의 제도화·종교화의 과정이 없었더라면 어떤 종교 전통도 오랫동안 생존하지 못했을 것이고, 또 개개인의 신앙을 세계와 우주에 대한 책임 있는 성찰로 승화시키지도 못했을 것이다.

그럼에도 나는 예수의 부활에 대한 교회적 신앙의 종교화의 또 다른 측면을 들춰내려 하는 것이다. 그것은 '예수의 부활신앙'이, 교리화되고 직제화된 종교의 노예가 되어버렸을지도 모르는 우리에게 주는 따가운 질책이라고 생각하기 때문이다.

옥타비아누스가 '로마의 평화'를 선언했던 주전 17년 5월 31일부터 그것을 기념하는 3일간의 축제가 로마시에서 벌어진다. 성직자들은 팔라틴 산 위 (옥타비아누스에 의해) 대리석으로 화려하게 만들어진 신전 앞에서 수만의 시민들이 지켜보는 가운데 경축행사를 개최한다. 어용 시인들이 앞 다투어 만든 노래들이 쉰네 명의 청량한 소년 소녀들의 목소리로 이 행사의 절정을 장식한다. 이 노래들은 정적(政敵)들을 물리치고 반란자들을 패퇴시킨 옥타비아누스와 그의 수호신의 전능함을 찬미하는 데 초점이 맞추어져 있다. 그 누구도 모방할 수 없는 탁월함과, 그 누구도 대항할 수 없는 강력함을 갖춘 존재를 노래한다. 로마의 많은 시민은 자신들을 축복하고 승리를 안겨준 신과 그 신에 의해 선택된 통치자를 열광적으로 환호한다. 그들은 이 통치자에게서 자신들 내면에 감추어진 전능한 영웅의 모습을 발견한 것이다. 하여 이 축제가 기리고 있는 '평화선언'을 마치 신국의 도래이기라도 한 양 받아들인다.

이 선언은 신속하게 제국 내 각 지역으로 포고된다. 그리고 제국의 거의 모든 식민통치자들은 이 '평화선언'을 옥타비아누스 자신보다도 더욱 열렬히 홍보하는 사도임을 자처한다. 몇 년이 못 돼서 거의 모든 사람들은—도시의 시민들뿐 아니라 시골 촌부들까지도— '팍스 로마나'(로마의 평화)라는 어휘를 낯설게 여기지는 않게 되었을 것이다.

그러나 이 어휘를 사람들이 숙지하고 있다고 해서 모든 사람들이 그것이 갖는 의미에 구구절절 동의한다고 보아서는 안 된다. 고대의 역사가인 타키투스에 의해 인용된 스코틀랜드의 지도자 칼가구스의 다음 말은, '로마의 평화'가 로마인이 아닌 다른 사람들에게는 어떤 식으로 이해되었는지를 단적으로 증언해준다. "로마 사람들이 평화화(平和化)라고 부르는 것, 그것은 곧 사막화다."

예수 시대 팔레스타인도 그랬다. 세례자 요한이 나타나 외친다. "하느님 나라가 가까이 왔다, 회개하라." 그를 이어 예수도 비슷한 선포를 한다. 이것은 옥타비아누스와 그의 하수인들이 십여 년간 선포했던 '로마의 평화', 그리고 그로 인해 도래하였다는 '신의 나라' 선포를 단숨에 뒤엎어버리는 주장이다. '그것은 사실 허위였다'는 것이다. 칼가구스의 말처럼, 그것은 사실은 평화화가 아니라 '사막화'였다는 것이다. 그것은 정복당한 자들의 시체 위에 깃발을 꽂고 우악스럽게 부르짖는, 정복당한 신들의 파괴된 제단 위에 오물을 뿌리며 사납게 포효하는 야수의 협박일 뿐이라는 주장이다. 하여 이제 정복당한 신의 반란 시대의 도래를 선포하는 것이며, 정복당한 시체들의 일어섬, 곧 부활을 선언하는 것이다.

그래서 예수는 (성전의 돌팔매질에 의해서가 아니라) 바로 로마의 반란자 처벌방식에 따라 십자가형으로 처형당한 것이다. (반란족속인) '유대의 왕'이라는 팻말 아래서 말이다. 요한이 그랬던 것처럼 또다시 정복당한 신과 그의 백성들은 정복자의 이빨에 찢겨야 했다. 그리고 그 시체 위에서 또다시 한 포고령이 울려 퍼진다. '팍스 로마나', '하늘엔 영광, 땅엔 평화.'

그러나 동시에 그 시쳇더미 위에서 하늘을 향해 속삭이듯 부르짖는 소리가 있다. "희망은 남아 있다. 우리 모두가 이제까지 고통에 고통을 겪고 있으면서 갈구해 마지않는 구원에의 소망을……."「마르코복음」은 이런 대중의 갈망이 아직 살아 있음을 두고 이렇게 말한다. "아니, 그분은 죽지 않았다. 그분은 살아서, (고난의 땅, 오욕의 땅, 민중의 땅) 갈릴래아에 계시다"(「마르」 16: 7). 갈망하는 대중을 향해 '갈릴래아로 가자!'라는 구호를 외치고 있는 것이다. 예수의 죽음은, 그 좌절 속에서도 희망을 잃지 않는 대중의 갈망과 더불어 예수사건을 다시 일으키기 위해 용기한다.「마르코복음」 저자는 이것을 '예수의 부활'이라고 강변한다.

영웅주의 담론이 세계의 지배담론이 되고 무수한 영웅주의자가 이에 공명할 때, 마치 세상은 그 '전능한' 영웅의 세상인 듯이 보일 때, 그것의 허위를 고발했던 '불온한' 정신의 소유자들과 그들의 신의 외침이 짓밟히고 신음소리조차 잃은 듯이 보일 때, 바로 그 속에서도 '침묵당한 진실'을 갈구하는, 그 소망을 잃지 않으려는 자들의 몸부림이 있다. 바로 여기서 그들은, 그들의 주검 같은 얼굴에는 여전히 영웅주의적인 주류 시대정신에 타협하지 않는 생명성이 잉태한다. 그래서 그들은 이렇게 고백한다. "우리는 이 소망으로 구원을 받았습니다."

부활, 그것은 정복자들의 노래가 아니다. 교리화되고 직제화된 잘 짜여진 주류담론의 개선행진곡이 아니다. 그것은 정복당한 자들의 다시 일어섬, 정복당한 신의 반란인 것이다.

제국적 공존의 그늘을
거두는 사람들

예수 부활사건의 두 배후

🌿 뻐꾸기는 멧새의 둥지에 알을 낳았다. …… 교활하게도 …… 멧새가 이미 까놓은 알 중 하나를 둥지 밖으로 떨어뜨리고는 날아가 버렸다. 돌아온 멧새는 잠깐의 외출 중에 엄청난 변화가 있었던 사실을 모른 채 열심히 알을 품었다. 뻐꾸기 알이 먼저 부화되었다. 뻐꾸기 새끼는 부화되자마자 이미 어미 멧새보다도 몸집이 컸다. 어미 멧새는 분주해지기 시작했다. 그 큰놈을 먹여 살리자니 열심히 밥벌이를 해야 했던 것이다. 그런데 …… 아직 털 한 오라기 안 난, 눈도 못 뜬 상태의, 그 주름투성이의 징그런 뻐꾸기 새끼가 멧새 알을 둥지 밖으로 밀어내려고 쉬지 않고 뒷발질을 해댔다. 몇 시간 만에 하나를 떨어뜨리는 데 성공하고, 한참 후 다른 하나도 떨어뜨렸다. 그러나 나머지 하나는 밀어내지 못한 채 부화가 돼버렸다. 오호라! 갓 태어난 멧새 새끼는 이유도 모른 채, 태어나자마자 엄청난 시련을 겪어야 했다. 밀어내려는 뻐꾸기 새끼의 집요한 노력과 살려는 멧새 새끼의 안간힘은 한 편의 드라마였다. 혼신의 투쟁 끝에, 승리는 뻐꾸기 새끼의

것이었다.*

한 불문학자가 동물생태에 관한 텔레비전 프로그램 내용을 글로 옮겨놓은 것이다. 마치 인간사회의 단면을 풍자하는 듯이 보인다. 지나친 단순화이지만, 우리 세상에는 이렇게 두 부류의 사람, 두 부류의 사회, 그리고 두 부류의 국가가 공존하고 있는 것 같다. 말이 공존이지, 실은 기생이라 해도 과언이 아니다. 뻐꾸기 알은 멧새의 둥지에서 멧새의 온기를 받으며 부화되고, 멧새의 피땀 어린 노동으로 성장한다. 이처럼 우리 인간 세상에도 타인의 노동의 대가를 빼앗아먹는 존재와 그를 위해 노동하는 '군상'이 살고 있다.

흔히 '기생'이라 함은 강자에 빌붙은 약자를 연상하게 한다. 그런데 뻐꾸기와 멧새의 관계는 반대로 강자가 약자에 빌붙어 있다. 어미 멧새는 자기보다 더 커다란 갓 부화된 뻐꾸기를, 그 식성을 충족시키느라 죽을 지경이다. 우리 상식과는 다른 모습의 기생생태인 듯하다. 그런데 우리가 (머릿속의 상상에서 벗어나) 세상으로 눈을 돌리면 이것이 우리 모습에 대한 얼마나 적나라한 시사인지를 금세 깨달을 수 있다. 강자가 약자의 땀과 피를 빨아먹으며 자신을 살찌우는 것은 마치 역사의 자연법칙인 것처럼 일상적으로 경험되어 왔던 모습이 아닌가.

『성서』에도 이러한 현실에 관한 비평이 곳곳에서 발견된다. 가령, 왕실 예언자인 나단은 자신의 주군(主君)인 다윗이 부하장수 우리야의 아내 바세바—후에 그녀는 솔로몬의 모친이 되어, 국모의 자리에 오른다—를 빼앗으려고 음모를 꾸며 그를 죽게 한 일에 대하여 주군을 비판할 때, 강자가 약자

* 조한경, 「비평 기계, 질 들뢰즈」, 『세계의 문학』 79 (1996 봄), 33~34쪽.

에게 기생하는 일상의 불합리함을 지적함으로써 왕에게 호소한다(「사무엘하」 12장). 즉 그는 부자가 자신의 손님을 접대하는 데 이웃에 사는 가난한 자의 생명줄인 가축을 잡았다는, 아마도 당시 흔히 일어나곤 했던 부당한 상황을 다윗의 소행에 유비시키는 비유를 주군 다윗에게 고언했던 것이다.

물론 이러한 기생방식은 국가 간에도 예외가 아니다. 약소국이 강대국에게 바쳐야 하는 조공외교는 바로 이러한 현실을 단적으로 보여준다. 오늘날 전 세계적으로 심화되고 있는 빈곤화의 배후에는 무자비한 대식가인 초국적 기업들이 있으며, 이들 지구적 자본 세력은 대다수가 미국에 그 기반을 두고 있다. 미국은 마치 이러한 기업들의 배후 세력인 양, 이들을 위한 국제질서를 구축하는 중심축 역할을 충실히 수행하고 있고, 이러한 지구적 권력 네트워크는 '21세기판 제국'의 실체를 이루고 있다. 즉 조공외교에 의존했던 전근대적 제국과는 달리 지구화된 세계에서 새로운 방식의 기생관계가 21세기형 제국에 의해 구축되고 있는 것이다.

아무튼 강자임에도 뻐꾸기의 기생방식은, 이 세상 착취자의 근성과 너무나 유사하다. 본능적으로 새끼 뻐꾸기는 가상의 경쟁자를 제거한다. 어떤 위해가 있어서 그런 것이 아니다. 설사 새로 태어난 멧새와 공정한 먹이 경쟁을 하더라도 자신이 유리할 것이 뻔한 데도 뻐꾸기는 그것마저도 허용할 수 없다는 자세다. 남의 밥상이라도 그는 독차지해야만 만족하는 그런 대식가적 욕망의 소유자인 것이다. 더구나 뻐꾸기의 생리엔 자신과 한 둥우리의 멧새들이, 서로 공생해야 할 사이인데도, 한갓 경쟁자로만 인식되었던 것이다. "굴러들어온 돌이 박힌 돌을 빼낸다"는 말처럼, 뻐꾸기는 지극히 폭력적으로 자신의 욕망 충족을 위해서 멧새 가족의 삶을 파괴한다.

그런데 더욱 불행한 것은 멧새는 이 난폭자를 자신의 새끼로 오인하고 있다는 사실이다. 자신의 둥지에서 알을 깐 뻐꾸기의 농간을 모른 채, 멧새는 열심히 최선을 다해 노동하고 있다. 마치 이 노동의 대가가 자신과 가족에게 돌아오리라는 생각으로 말이다. 갖은 위험이 도사리는 세상에서 가족을 위해 온 힘 다해 일하면 그것으로 행복을 얻을 줄 알았다. 그러나 결과는 파멸이었다. 그래서 나는 이런 세상을 '뻐꾸기와 멧새의 기생관계'라고 하는 대신 '공존'이라는 표현을 사용했고, 그것에 '그늘'이라는 말을 덧붙여 글의 제목으로 삼았던 것이다.

나는 이 글에서 '뻐꾸기의 기생'이, '그 난폭한 기생의 생태'가 '공존'처럼 보이게 하는 세상질서에 주목한다. 이 세계질서의 중심에는 말할 것도 없이 미국이 있다. 예수 시대 '팍스 로마나'가 지중해지역의 국제질서의 축이었고, 그것을 통해 강자가 약자에 기생하는 국제관계, 나아가 지중해 주민들 사이에서 그러한 일상이 구성됐던 것처럼, 오늘날 이러한 강자와 약자 사이의 불공정한 공존의 그늘을 지탱하는 세계원리는 미국 중심의 제국 이데올로기인 '팍스 아메리카나'라고 해도 과언이 아니다.

나는 여기서 프란츠 카프카(Franz Kafka)의 소설 『심판』에 들어 있는, 한 유명한 우화적 텍스트를 떠올린다. 소설 전체의 주제를 함축적으로 보여주고 있는 이 우화는 '법' 안으로 들어가려는 한 시골사람과, 그것을 막는 문지기의 얘기다. 시골사람은 '모든 사람에게 평등하다'는 법의 안으로 들어가려 문지기와 실랑이하면서, 기다리고 연구하며 평생을 보낸다. 그러나 끝내 법은 그에게 문을 열지 않는다. 이 시골사람은 죽을 때까지도 알아차리지 못했으나 실은 그것은 그에게 주어진 '운명'이었던 것이다.

흔히 법치국가는 독재국가나 전제군주국가와는 대립된다고 한다. 이유인즉, 모든 이에게 항상 문을 열어놓는, 곧 기회균등의 사회이기 때문이라는 것이다. 그리고 이 공평한 기회를 보장하는 필요조건이 법이라고 한다. 나아가 호혜성을 원칙으로 하는 법에는 모든 이가 존중해야 하는 최소한의 기본적 의무가 상징적으로 표상되어 있으므로, 법이 존중되는 사회일수록 타인에 대한 약탈이라는 야만성이 제거된 양상을 담고 있다고 한다. 이렇게 생각하는 한, 서양 근대성에 대한 선망은 우리 내면에 역사주의적 상상을 불러일으킨다. 언젠가는 도달하고 말리라는 발전주의적 역사인식 말이다.

그런데 카프카는 시골남자에게 절대로 열리지 않는 '법의 문'을 얘기한다. 이것이 한갓 사변적 지식인의 무망한 불평이었으면 좋겠다. 그러나 내 눈에는 우리 세상이 카프카가 겨냥한 과녁과 전혀 무관하다는 확신을 가질 수가 없다. 평생 시골남자를 속이며 그 '정의로운 지엄함'을 주장하는 법, 그것이 우리를 옭아매고 있고, 우리 자신의 둥지에서 우리의 삶을 파멸시키고 있는 권력의 생존양식의 한 단면처럼 보인다.

「마르코복음」15장 42~47절과, 이에 바로 이어지는 16장 1~4절에는 예수가 죽임당한 이후의 연관된 두 에피소드를 다루고 있다. 앞의 것은 무덤 제공자가 나타나 예수의 시신을 안장하는 이야기며, 나중 것은 시신에 향료를 바르기 위해 여자들이 그 무덤으로 향하는 이야기다. 그리고 이 둘은 예수 부활사건의 결정적인 배경이 되고 있다.

> 아리마태아 사람 요셉이 용기를 내어 빌라도에게 가서 예수의 시체를 내어달라고 청하였다. …… 요셉은 시체를 내려다가 미리 사 가지고 온 고운 베로 싸서 바위를 파서 만든 무덤에 모신 다음, 큰 돌을 굴려 무덤 입구를 막아놓았다.
>
> ―「마르코복음」15장 43~46절

안식일이 지나자 막달라 여자 마리아와 야고보의 어머니 마리아와 살로메는 무덤에 가서 예수의 몸에 발라드리려고 향료를 샀다. 그리고 안식일 다음 날 이른 아침해가 뜨자 그들은 무덤으로 가면서 "그 무덤 입구를 막은 돌을 굴려내줄 사람이 있을까요?" 하고 말을 주고받았다. 가서 보니 그렇게도 커다란 돌이 이미 굴려져 있었다.

— 「마르코복음」 16장 1~4절

무덤 제공자는 아리마태아 사람 요셉이다. 그는 지체 높은 귀족이었으나, 하느님 나라를 대망하는 사람이었다고 「마르코복음」은 전한다(15: 43). 이것은 다른 귀족과는 달리, 현세의 권력을 추구하기보다는 이 세상을 개탄하고, 세상의 질서가 무너지는 날을 기다렸던 사람이라는 대중적 평판을 시사한다. 그는 '두려움'을 무릅쓰고 총독 빌라도에게 간청해서 '의인' 예수를 자신을 위해 만든 무덤에 안장한다. 일반적 관행은 처형자를 들판에 내던져버림으로써 야수들의 밥이 되게 하는 것이었다. 그에게 최대한의 모욕을 주자는 것이다. 그래서 그곳이 골고다, 곧 '해골 골짜기'였다. 이것은 동시에 사람들에게 시신에 대한 불손함을 내면화시키는 기제이기도 했다. 그러니 아무리 지체 높은 양반이라 해도, 총독에게 국사범의 시신을 안장하겠다는, 그것도 자신을 위해 잘 마련해둔 훌륭한 무덤 속에 안치하겠다는 청탁은 위험천만한 것이었다. 따라서 이때 그의 '두려움'은 그의 권력이 빌라도 앞에서 얼마나 왜소한 것인지를 시사한다.

큰 돌이 무덤 입구를 차단하고 있다. 「마태오복음」에 따르면, 그것은 예수의 추종자들이 시신을 탈취해갈 것을 막으려 했던 빌라도의 용의주도한 예방조치였다(27: 64). 정권에 비판을 가하다 죽은 의인의 시신에 반정부 세력이 접근하는 것을 막으려는 공권력의 모습은 예나 지금이나 흔히 볼 수 있는 일이다. 그것은 뻐꾸기 같은 권력의 기생적 존재양식을 은폐하기 위함이며, 그것을 위해 차단해놓은 은폐막이 뚫리지 않게 하기 위함이다. 그래서 동굴 입구에는 병사들도 지키고 있었다고 한다. 그런데 그곳을 향해 여인들이 간다. 남자들도 여간해선 굴리기 힘든 커다란 바위가 가로놓여 있으니, 그 방벽을 뚫고 예수에게로 접근하기에는 이들 여자들은 너무나 나약한 존재들이다. 마치 카프카가 묘사한 법의 문 앞에 있는 시골사람처럼 무장해제된, 무력한 존재들인 것이다.

비록, 인용된 「마르코복음」을 포함해서 다른 모든 복음서들에서는 그녀들 행동의 위험천만한 정황이 거의 드러나고 있지 않지만, 병사들이 지키고 있는 살벌한 그곳을 향해 간다는 것은 쉽지 않은 행동임에 분명하다. 그것이 시신을 향한 예우를 표현하려는 것이든 아니든 관계없다. 권력의 무자비한 폭력이 난무하는 공간 한가운데서, 그들의 하수인들이 칼날을 번뜩이며 지키는 그곳으로 간다는 건, 충분히 있을지도 모르는 극단적 봉변을 감수할 각오가 없이는 불가능한 일이기 때문이다. 그러니 필시 이 여인들이 걱정과 두려움에 휩싸여 있었으리라는 추정은 그리 무리한 것이 아니다.

여기서 아리마태아 사람 요셉의 '두려움'과 여인들의 '두려움'이 중첩된다. '큰 돌의 막아섬'과 '여인들', 그것은 이 차단막이 확고한, 숙명과도 같은 장벽인 것처럼 느끼게 한다. 카프카의 시골사람처럼 평생 모르고 있었다면 할 수 없지만, 알고서는 결코 가려 하지 않는, 차라리 '그냥 사는 거야'라고 자위하며 자포자기의 삶을 살아가는 것이 오히려 편한 것처럼 보이는 상황이다.

그러나 아리마태아 사람 요셉이 그랬던 것처럼, 그녀들은 철벽과도 같은 방어망을 향해 나아간다. 두려움을 안고서. 카프카의 시골사람이 평생을 기다림으로 일관했던 것과는 달리, 기다림만으로 법의 문이 열리리라고, 그리하여 스스로의 믿음에 의해 속았던 것과는 달리, 그녀들은 숙명을 넘어서, 두려움을 넘어서 그 장벽을 향해 나아간다. 과거처럼 뻐꾸기의 약탈적 기생을 순응하며 용인했던 그곳으로 다시 돌아갈 수는 없었기 때문이리라. 빼앗고 약탈함으로써만 욕망을 충족시킬 수 있는 권력자의 법칙에 더 이상 속아 넘어가서 살 수는 없었기 때문이리라.

『성서』는 그녀들이 무덤에 당도했을 때, 장벽이 열려 있었다고 한다. 예수에게로 가는 길을 막아서는, 필경 있으리라고 생각했던 그 두려움의 대상은 이미 존재하지 않았던 것이다. 이 순간 「마르코복음」은 예수의 부활을 이야기한다. 바로 이것이 그들에게는 진정한 부활이요 복음이었던 것이다.

오늘날, 뻐꾸기의 공존논리의 그늘을 꿰뚫어보는 이들이 있다. 권력은 이런 이들을 결코 용납하지 않으려 한다. 그럴 가능성만 보여도, 권력은 그들을 제거하려 한다. 서양의 근대성은 그러한 제거의 과정이 더욱 은폐된 양상으로 전개되게 할 뿐이다. 근대가 첨예화된 양상인 지구화는, 그 21세기형 제국의 이데올로기인 '팍스 아메리카나'가 구축하고 있는 세계는 이 은폐의 장치를 점차 전지구적으로 확대·심화하고 있다. 여전히 뻐꾸기적인 약탈은 예외 없이 계속된다. 더욱이 '기생'이나 '약탈'이 아니라 '공존'이라고 할 만큼, 교묘하게 수행되는 사회적 장치가 고도화된 세상이 바로 근대화의 이름으로 우리를 둘러싸고 있지 않은가. 하지만 그럼에도, 아니 그럴수록 굴복하지 않는, '두려움'을 무릅쓰고 계속되는 오늘의 '아리마태아 요셉', 오늘의 '막달라 마리아(들)'의 행진, 우리는 바로 여기에서 예수 부활사건을 체험하게 되고, 복음의 소식을 접하게 된다.

일회용 인간*

인간도구화에 대한 대항담론으로서 예수의 부활

🌿 온 세상 어디든지 복음이 전해지는 곳마다

이 여자가 한 일도 알려져서 사람들이 기억하게 될 것이다.

— 「마르코복음」 14장 9절

현대를 특징짓는 이미지 하나를 택한다면 무엇을 꼽을 수 있을까? 어떤 문화연구자에 따르면 그것은 단연 붉은색 바탕에 흰색의 영문 필기체로 된 '코카콜라 마크'와 붉은색 바탕에 노랑색 영문 M자인 '맥도널드 마크'라고 한다. 전 세계에서 이 마크를 볼 수 없는 곳이 거의 없을 정도이니 이 말이 그

---

* 이 글은 2003년 4월 20일 낙골교회의 부활절 예배 때 설교한 원고를 수정 보완한 것이다. '일회용 인간'이라는 표현은 한국의 대표적인 달동네였던 난곡(지금은 재개발되어 많은 이들이 또 다른 달동네를 찾아 흩어졌다)의 이 작은 교회에 속한 사람들을 우리사회가 기억하는 방식을 염두에 둔 것이다. 하지만 더 넓게는 한국사회 곳곳에 내버려진 수많은 사람들, 나아가 전 지구사회 곳곳의 잉여인(marginal human)들을 일회용화된 존재로 기억하는 주류 사회에 대한 문제의식을 담고 있다. 이 용어는 케빈 베일스의 책 『일회용 사람들—글로벌 경제 시대의 새로운 노예제』(편동원 옮김, 이소출판사, 2003)에서 빌려온 것이다.

리 과장된 것은 아니다. 더욱이 많은 문화비평가들이 지적한 바 있듯이 그 파급력이 광고판이나 점포의 수 이상을 의미한다는 점은 이미 주지의 사실이다.

얼마 전 '불량감자' 운운하는 광고가 공전의 히트를 친 적이 있다. 이때 불량이라는 것은 크고 둥그런 모양이 아닌, 이른바 '못생긴' 감자를 뜻한다. 맛이나 영양소 함유량 등 음식의 일반적인 평가기준은 별로 중요하지 않은, 이상한 방식의 기준이 감자에 대한 정상과 불량의 잣대가 되었다는 것이다. 맥도널드의 감자칩이 단지 하나의 먹을거리를 넘어 일상의 기억에 침투한 결과다. 또한 일회용품 문화는 맥도널드로 대표되는 패스트푸드점과 더불어 발전했다고 해도 과언이 아니다.

그뿐이 아니다. 그곳의 종업원은 누구라도 할 수 있는, 이른바 철저한 비숙련 노동자다. 그것은 예비노동자가 그만큼 많다는 뜻이니, 아무 때라도 갈아치우는 데 전혀 문제가 없는 열악한 노동 문화를 조장한다. 하여 일회용 노동자 문화는 패스트푸드점을 중심으로 오늘날 널리 확산되고 있는 실정이다.

종업원과 고객의 관계에서도 중요한 변화가 있다. 가령, 종업원과 고객 사이에 오가는 대화를 보자. 식당아줌마를 '엄마' 혹은 '이모'라고 부르면서 이런저런 이야기를 정겹게 나누던 문화는 이미 옛날 추억이 돼버렸다. 패스트푸드점에서 나누는 종업원과 고객 사이의 대화는 간단명료하다. '친절'이라는 것도 고객의 취향을 읽는 종업원의 예리한 판단력에서 나온 것이 아니라, 기계적으로 반복되는 대사의 기교에 의존한 것에 지나지 않는다. 그들은 단지 스쳐 지나가는 일회용 관계에 불과하다.

공간구조도 그렇다. 고객은 바닥에 고정된 테이블과 의자에 맞추어 앉아야 하고, 지나치게 환한 불빛과 시끄러운 음악 때문에 동료와 깊은 대화를 나눌 수 없다. 게다가 절로 침이 고이게 하는 음식 냄새도 패스트푸드에는 거의 없다. 맛을 음미할 기회조차 주어지지 않는 공간이다. 여기서 사람들에게 허용되는 경험은 일회용 용기, 일회용 종업원과의 일회용 관계, 여운 없는 일회용 맛의 식사뿐이다.

요컨대 맥도널드로 대표되는 패스트푸드점은 인간의 일상적 경험까지를 도구화하는 포스트모던적 기계의 사회를 상징적으로 표상한다. 이른바 효율성이 극대화된 사회, 그 효율성을 극대화하기 위해 일체의 관계와 경험이 재배치되는 사회, 이것이 바로 우리들이 살고 있는 세계라는 것이다. 곧 '일회용 문화'가 지배하는 세계다.*

글 서두에 인용한 구절이 포함된 「마르코복음」 14장 3~9절의 이야기를 통해 나는 이러한 '일회용 문화'에 대한 예수의 문제제기를 읽어냄으로써 신앙적 성찰의 한 자료를 제기하려 한다. 물론 여기에는 예수 시대와 포스트모던(적 기계의) 시대라는 깊은 간극이 있다. 하여 나의 해석은 기본적으로 복음서의 텍스트를 역사비평학적 분석에 의존해서 다룰 것이지만, 우리시대의 문제의식을 통한 문학적 상상력을 동원하여 심대한 시공간의 간극을 메우려 할 것이다.

이 이야기는 네 복음서에 모두 나오는 몇 안 되는 텍스트의 하나다(「마르」 14: 3~9; 「마태」 26: 6~13; 「요한」 12: 1~8; 「루가」 7: 36~50). 그것은 초기 예수공동체들 사이에서 이것이 매우 유명한 일화였다는 것을 의미한다. 많은 비평가들은 이 이야기가 예수 자신이 행한 사건에서 유래했다는 데 대체로 일치된 견해를 보이고 있으며, 이 네 가지 변형체에서 원형을 재구성하려고

---

* 조 킨첼로, 성기완 옮김, 『버거의 상징 ― 맥도널드와 문화권력』(아침이슬, 2004)에서 나는 많은 안목을 제공받을 수 있었다.

많은 노력을 기울여왔다. 아래에서는 이러한 연구들을 참조하면서 나름의 관점에 따라 이야기를 재구성해보겠다.

한 여인이 예수에게 향유를 붓는다. 「루가복음」은 그녀를 죄 많은 여인―아마도 매춘녀―으로 묘사하고(7 : 37), 「요한복음」은 마르타의 여자 동기 마리아로 그리지만(11 : 1), 「마르코복음」(14 : 3)과 「마태오복음」(26 : 6)은 예루살렘 근처 베다니아에 사는 '익명의 한 여인'으로 기술하고 있다.

그녀가 부은 '향유'가 '옥합'에 들었다는 것은 그것이 꽤나 귀한 것임을 의미한다. 실제로 「루가복음」을 제외한 세 복음서는 모두 '값진' 것임을 명시하고 있고,* 특히 「마르코복음」(14 : 5)과 「요한복음」(12 : 5)은 그 가치가 노동자의 1년 수입―삼백 데나리온―과 맞먹는다고 한다. 반면 「루가복음」은 자신을 위해 축적할 여유가 거의 없는 여자처럼 묘사한다. 이것은 이 복음서가 여성을 다룰 때 전형적으로 활용하는 방식의 하나에 속한다. 따라서 가장 오래된 텍스트인 「마르코복음」을 포함한 「루가복음」 외의 두 텍스트의 것이 사실에 가까운 것으로 판단된다.

아무튼 값진 향유를 예수의 몸―「마태오복음」과 「마르코복음」은 머리, 「루가복음」과 「요한복음」은 발―에 붓는 행위는 이 이야기에서 핵심적 소재다. 죄 많은 여인을 용서하는 데 얽힌 논쟁으로 해석하는 「루가복음」을 제외한 세 복음서는 모두 이 여인의 낭비행위를 문제제기하는 사람들과 예수 사이의 논쟁을 중심으로 이야기를 구성하고 있기 때문이다. 「루가복음」을 제외한 세 복음서는 모두 그 집에 모인 사람들 일부가 이 여인의 행위를 보고는

---

* 「마태오복음」(26 : 7)은 바루티무($\beta\alpha\rho\tau\iota\mu o\upsilon$, 귀중한)로, 「마르코복음」(14 : 3)은 피스티케스 폴루텔루스($\pi\iota\sigma\tau\iota\kappa\eta\varsigma\ \pi o\lambda\upsilon\tau\epsilon\lambda o\upsilon\varsigma$, 순수하고 값진)로, 그리고 「요한복음」(12 : 3)은 피스티케스 폴루티무($\pi\iota\sigma\tau\iota\kappa\eta\varsigma\ \pi o\lambda\upsilon\tau\iota\mu o\upsilon$, 순수하고 값비싼)라고 묘사한다.

"그것을 가난한 사람들에게 나누어주지 않았다"고 술렁거렸다(「마르」14:
4~5;「마태」26:8~9;「요한」12:5).

필시 예수는 다른 곳에서처럼 여기서도 모인 회중에게 가난한 사람에게
나누는 행위의 아름다움에 관해서 말했을 것이다. 그러니 사람들이 이 여인
의 행위에 대해 이런 식으로 술렁거리는 게 이상하지는 않다.

그런데 뜻밖에도 예수는 그녀를 두둔한다. "너희들은 주변에서 가난한 사
람들을 볼 것이지만, 나를 항상 만나는 것은 아니다"(「마르」14:7;「마태」26:
11;「요한」12:8). 많은 사람들이 이 구절을 이해하는 데 어려움을 겪는다. 그
래서 이것은 예수의 말이라기보다는 후대 교회가 첨가한 구절이라고 말하곤
한다. 한데 가장 중요한 대목에서 예수의 말이 허구라면, 우리는 이 구절을
도대체 어떻게 이해할 수 있다는 말인가.

가장 오래된 복음서인 「마르코복음」을 보면 술렁거린 이들이 그곳에 '모
인 사람들'이라고 하는데(14:4), 나는 바로 이 점이 본문에서의 예수의 말을
이해하는 실마리라고 이해한다. 「마태오복음」은 그들을 '제자들'로 표기한
다(26:8). 이 복음서는 일반적으로 제자들의 명예를 훼손하지 않으려는 경
향이 있다. 반면 「마르코복음」은 제자들을 가급적이면 폄하하려 한다. 이 복
음서는 예수를 잘못 이해하는 대표적인 사람들로 '제자들'을 언급하고 있는
것이다. 그렇다면 「마르코복음」이 폄하의 대상인 제자들 대신 그냥 '주변의
사람들'이라고 묘사하고 「마태오복음」이 존경의 대상인 '제자들'이라고 표
현한 꾸짖음의 주체는, 적어도 텍스트 자체에 따르면, 예수를 잘못 이해하는
사람들을 유념한 표현이 아닌 것이다.

분명 예수 자신도 자신의 발/머리에 값비싼 향유를 붓는 것보다 가난한
사람들에게 나누어주는 게 더 가치 있다고 생각했을 것이다. 복음서에서 이

것을 입증하는 구절들은 수없이 많다. 또한 위에서 말한 것처럼 꾸짖음의 주체가 복음서들이 일반적으로 예수를 잘못 이해하고 있는 이들이라고 평가하는 대상이 아니라면, 이 텍스트도 그것이 예수의 일반적인 신념임을 반증하지는 않는다. 한데, 예수는 지금 이 여인을 두둔하고 있는 것이다.

예수가 주위 사람들의 생각에 공감하면서도 여인을 옹호한 까닭은 무엇일까? 혹 사람들이 여인의 행위를 예수의 가르침이라는 일반적인 기준으로만 평가하고 있다는 점이 문제였던 것은 아닐까? 반면 이 여인의 행위에 대해서 예수는 일반적 기준으로 평가하기보다 이 사건에 얽힌 특수한 사정을 유념하고 있는 것은 아닐까?

막스 베버(Max Weber)는 효율성을 지향하는 근대적 인간의 행위를 '목적지향적 합리성'이라는 관점에서 보고 있다. 목적지향적 합리성이란 목적을 위해 과정을 수단화하는 태도다. 근대는 이러한 태도를 통해 전대미문의 발전을 이룩했지만, 동시에 모든 것의 도구화를 추구하는, 반인간적 문명을 낳게 되었다는 주장이다. 반면 과정 자체를 합리성으로 보는 관점도 있을 수 있다. 그것은 미리 정답이 주어지기보다는 타인과 어떻게 관계하느냐의 문제를 중요시하는 태도로 나타나게 마련이다. 하지만 이런 시각은 근대인의 자기비판적 성찰 속에서나 가능했다. 이런 관점에서 나는 이 텍스트에 대한 그간의 모든 해석들이 빠진 위기는 바로 목적지향적 합리성의 시각을 무의식적으로 전제하면서 본문의 갈등상황을 바라보았기 때문이라고 본다.

이 일화에서 사람들은 예수의 가르침을 지키는 것이 목적이었다. 그들은 '예수가 한 말'이라는 진리를 추구하기 위해 여인의 행동을 수단화했던 것이다. 이런 태도는 우리 주변에서도 흔히 볼 수 있다. 국가안보를 위한다는 명분으로, 이념을 위한다는 명분으로, 이런 저런 공적·사적 결사체의 명예를 위한다는 명분으로, 나아가 가문을 위한다는 명분으로 폭력이 방조되고 인권이 수단화되는 것이다.

허나 예수는 여인을 보았고, 그녀의 눈으로 그 행동을 평가한 것이다. 물론 그는 가난한 자에게 축복을 나누어주는 태도를 결코 포기하지 않았다. 앞서 말한 것처럼 사람들은 아마도 그 방금 전에 예수로부터 가난한 이들에게 축복을 나누어주어야 한다는 설교의 말을 들었을지도 모른다.

「마르코복음」에서 이 단락은 예수의 죽음 직전에 위치한다. 「루가복음」과 「요한복음」이 예수의 발에 향유를 붓는 반면 나머지 두 복음서는 머리에 향유를 붓는데, 어느 것이 실제 이야기에 부합하는지 확신할 수는 없다. 하지만 통상 발에 붓는 행위가 손님에 대한 예의에 속하는 행동이라고 볼 수 있다면, 머리에 향유를 붓는 행위는, 예언자가 하느님이 선택한 이의 머리에 기름을 붓는 것처럼, 메시아에 대한 예의라고 할 수 있다. 즉 「마르코복음」은 여인이 극진하게 이 권위 있는 손님에게 최선의 접대를 한 것이 아니라 바로 메시아에게 최선의 접대를 하고 있다고 말한다. 그것은 '의인의 죽음'의 개념을 넘어서 '메시아의 부활'을 염두에 두고 있는 표현이라고 할 수 있다. 요컨대 「마르코복음」은 향유 붓는 여인 이야기를 예수의 부활에 관한 기억으로 되새기고 있는 것이다. 그래서 복음서는 예수의 입을 통해서 이런 말을 덧붙인다. "온 세상 어디든지 복음이 전해지는 곳마다 이 여자가 한 일도 알려져서 사람들이 기억하게 될 것이다"라고(「마르」 14 : 9 ; 「마태」 26 : 13).

일회용 문화 속에서 사람들은 모든 것을 효율성이라는 잣대 아래서 수단화하려 한다. 성공을 위해, 출세를 위해, 유명해지기 위해 …… 목표하는 그것을 이루기 위해 모든 것을, 모든 관계를 대상화하려 한다. 심지어 예수 주변의 사람들도 그랬다. 그의 가르침을 받은 이들도 말이다. 그러나 예수를 따른다는 것은 이러한 가치관으로 인해 일회용 인간이 되고, 또 일회용이어서 천대의 대상이 되는 것을 암암리에 전제하고 있는 문화를 비판하고 부정하는 것이다. 한데, 여기서 주의할 것은 그 문제제기, 그 비판과 부정이 또 다른 목표가 되어, 모든 것, 모든 관계를 수단화할 수 있다는 것이다. 「마르코 복음」이 암시하는 예수의 부활은 바로 이러한 기억을 통해 되새겨지고 있다.

그녀의 진짜 남편은
누구인가*

사두가이와의 부활 논쟁 이야기

🌿그뿐만 아니라 우리는 고통을 당하면서도 기뻐합니다. 고통은 인내를 낳고
　인내는 시련을 이겨내는 끈기를 낳고 그러한 끈기는 희망을 낳는다는 것을
　우리는 알고 있습니다. 이 희망은 우리를 실망시키지 않습니다. 우리가 받은
　성령께서 우리의 마음속에 하느님의 사랑을 부어주셨기 때문입니다.
　―「로마서」 5장 3~5절

「마르코복음」은 예수가 예루살렘 성에 입성한 후 3일간 성전 안에서 활동
하는 이야기를 전한다. 첫째 날은 성전 안을 이리저리 둘러봤다고 하고(11:
11), 둘째 날은 그 유명한 성전 청결사건을 주도한다(11: 15~19). 그리고 셋
째 날에는 여러 사람들과 논쟁을 벌였다고 한다. 11장 27절부터 시작해서
12장 전체가 바로 이 셋째 날의 논쟁을 모은 것인데, 초기 예수 당파들 사이
에서 이 논쟁들은 매우 잘 알려져 있는 이야기인 듯하다.

* 이 글은 지난 1996년 4월 21일, 부활절 예배 때 설교한 원고를 다듬은 것이다.

아래 표에서 볼 수 있듯이 「마르코복음」은 8개의 논쟁을 담고 있는데 (I~VIII), 「마태오복음」과 「루가복음」은 그 순서나 내용에서, 약간의 변형을 제외하고는(표에서 색이 칠해진 부분), 거의 대부분 일치한다. 조금 더 섬세하게 살피면, 「마르코복음」을 참조한 것으로 보이는 이 두 복음서는 다른 텍스트들 의 경우에는 종종 원본의 순서를 바꾸기도 하고 내용에 적지 않은 변형을 가하기도 했지만, 이 논쟁 텍스트들의 경우엔 그러한 변용이 최소화되어 있다.

공관복음서에 수록된 성전에서의 논쟁들*

		「마르코복음」	「마태오복음」	「루가복음」
I	예수의 권한 논쟁	11장 27~33절	21장 23~27절	20장 1~8절
			21장 28~32절	
II	포도원 소작인들의 우화	12장 1~12절	21장 33~46절	20장 9~19절
			22장 1~14절	
III	황제에게 바치는 주민세에 대한 논쟁	12장 13~17절	22장 15~22절	20장 20~26절
IV	부활 논쟁	12장 18~27절	22장 23~33절	20장 27~40절
V	첫째 계명	12장 28~34절	22장 34~40절	10장 25~28절
VI	다윗과 그리스도	12장 35~37절	22장 41~46절	20장 41~44절
VII	'율사를 조심하라'	12장 37~40절	23장 1~14절	20장 45~47절
VIII	가난한 과부의 헌금	12장 41~44절		21장 1~4절

* 이 도표에서 보듯이 성전에서의 논쟁 이야기들은 세 복음서에서 순서까지 일치한다. 단 「마태오복음」은 두 부분 (I과 II 사이 그리고 II와 III 사이)에서 새로운 이야기들을 첨부하고 있고, 「루가복음」의 경우는 V가 성전 논쟁 밖으로 떨어져나갔다.

우리가 이 글에서 주목하려는 부활 논쟁(IV)은 바로 이 문맥 속에 포함되어 있다. 이 문맥 속에 들어 있는 다른 논쟁들처럼 세 복음서는 내용상 중요한 차이가 거의 없다. 다만 흥미롭게도 예수의 논쟁상대가 사두가이파 사람들이라는 점이다. 이들은 대지주인 사제와 평신도 귀족계층을 대변하는 종교적 당파로, 예수의 처형에 직접적 책임이 있는 자들이지만, 복음서에서 논쟁의 상대로 거명되는 것은 오직 이 대목뿐이다.

여기서 사두가이가 제기하는 시비의 소재는 '부활'에 대한 이해의 문제였다. 당시는 '죽은 자의 부활'이라는 믿음이 사람들 사이에서, 특히 평민 사이에서 널리 퍼져 있었다. 게다가 부활신앙은 이른바 '무식한' 평민들만의 현상으로 그친 것이 아니라, 기성 종교체계의 틀 속으로 비집고 들어가고 있었다. 그 때문에 지식인들 가운데서 어떤 부류는 부활신앙을 신학화하려 했고, 또 어떤 부류는 그 허황된 면을 비꼬는 논거를 만드는 것이 유행이던 시절이기도 했다. 소자산가들의 이해를 과잉 대표하고 있던 신학적 분파인 바리사이들은 거의 예외 없이 부활신앙을 받아들이고 있었고, 다만 유대교신학에서 어느 정도의 비중으로 받아들일 것인가의 문제에서만 입장의 차이를 보이고 있었다.

한편 사두가이들 가운데는 평민들의 이런 신앙형태를 존중하는 이도 없지 않았지만, 그것을 한갓 무식쟁이들의 몽매한 미신 따위로 무시하는 이들이 많았다. 그들은 『제1성서』(=『구약성서』)에는, 후대에 저술된 중요하지 않은 몇몇 텍스트들―「이사야서」의 몇 구절과 「다니에서」 등―을 제외하고는, '죽음 이후'에 대한 어떠한 언급도 없다는 것을 강조했다. 따라서 바리사이들이 부활의 근거로 제시하고 있는 구전 전승들은 율법에 무지한 이들이나 받아들이는 서툰 지식에 불과하다고 그들은 믿었다. 이런 분위기 탓에 바리사이나 사두가이로 대표되는 유대 종교지도자들 사이에는 부활문제가 서로의 감정을 건드리는 미묘한 사안이었고, 그렇기에 공식적인 신앙집회에서는 조심스럽게 다루어졌지만, 비공식적 모임에서는 상대방에 대해 원색적인 혹은 냉소적인 논전이 벌어지곤 했다.

부활 논쟁 텍스트에서 사두가이들이 예수에게 부활문제로 시비를 거는 장면은 바로 이런 분위기를 배경으로 하고 있다. 그들이 볼 때 이 집회의 주역인 예수라는 인물은 미신으로 백성을 미혹하는 사이비 예언자에 불과했다. 그래서 그들은 부활신앙의 허점이라고 할 만한 요소를 지적함으로써 예수를 궁지에 빠뜨려 백성의 비웃음거리가 되게 하려 한다. 그들의 질문요지는 이렇다. 맏며느리가 아들을 낳지 못한 상황에서 남편이 죽게 됐을 때, 형사취수혼 전통에 따라 동생이 형수와 결혼하여 형의 자손을 낳아주는 경우, 부활의 때에 이 여인의 남편은 도대체 누구여야 하느냐는 것이다. 여기에 그들은 자신들의 논지를 명쾌하게 표현하기 위해 일곱 형제의 이야기로 상황을 극단화한다. 여기서 사두가이들은 부활신앙을 '내세론적 지식'으로서 이해하고 있다. 예수는 그들에게 이렇게 대답한다. "이 말씀은 하느님께서 죽은 이들의 하느님이 아니라 살아 있는 이들의 하느님이라는 뜻이다. 그러니 너희의 생각은 아주 잘못된 것이다"(「마르」 12 : 27).

여기서 우리가 발견하게 되는 것은, 예수와 사두가이 간의 논쟁은 부활을 바라보는 시선의 관점이 다르다는 점이다. 사두가이들은 부활신앙을 내세(의 지식)에 초점을 두면서 이해하고 있고, 예수는 '지금 여기'에 살고 있는 이의 실존적 상황에 초점을 두고 있다. 즉 부활신앙은 죽은 뒤에 어떤 일이 일어날지에 대한 지식을 전달하는 것이 아니라, 살아 있는 이들에게 그것이 무엇을 의미하고 있는지, 그 속에 삶의 어떤 구체적인 현실과 꿈이 담겨 있는지를 암시하고 있다는 것이다. 그렇다면 사두가이는 부활을 '내세적 지식'으로 이해하는 반면, 예수는 사람들의 '소망'의 차원에서 이해하고 있다는 것이다.

한데 역설적이게도 예수의 부활을 기점으로 시작된 그리스도교의 역사에서도 사두가이식의 부활 이해는 변함없이 깊이 뿌리를 내리고 있다. 오늘날 우리가 흔히 만날 수 있는 이른바 '시한부 종말론자'들의 신앙은 '내세론'으로서의 부활신앙에 기초한다. 그 지도자들은 내세에 대한 지식을 전함으로써 대중을 동원하려 한다. 하지만 여의도에서 부활절 새벽 대규모 집회를 열던 주류 교회도, 비록 시한부 종말론자들을 신앙에 무지한 이들이라고 극렬히 비하하고 있지만, 이 점에서는 별다른 차이가 없다.

그뿐 아니다. 그것은 동양과 서양, 북구와 남구 할 것 없이 교회가 서 있는 곳이라면 예외 없이 드러나는 신앙유형이 되어버렸다. 심지어 신학사에서 예수의 종말 선언의 내용을 두고 그것이 미래적이냐 현재적이냐, 혹은 복합 시제적이냐 등 복잡한 주장을 펼쳤던 '쟁쟁한' 신학자들도 이 점에선 크게 다르지 않다. 이들에게서 부활신앙은 한결같이 '살아 있는 사람들의 생생한 이야기'와는 무관한 얘기인 것이다.

엘리엇(T. S. Eliot)의 「황무지」 서두에 인용된 '쿠마의 무녀'는 기원후 1세기 그리스의 한 소설에 나오는 인물인데, 여기서 이 무녀 시빌은 아폴로 신에게 영원히 살게 해달라고 기도하여 영생을 얻게 됐다고 한다. 그러나 그녀는 '늙지는 말게 해주소서'라는 기도를 미처 못했다. 그래서 늙어 쪼그라들 대로 쪼그라든 병약하고 비참한 '영생'을, 죽음보다 훨씬 저주스러운 삶을 영원히 살아야 했다. '영생'이라는 말은 그리스도교 신앙에서 최고의 가치로 간직하고 있는 개념의 하나인데, 이 이야기는 그런 우리의 느낌을 조소하고 있는 듯 보인다. 아마도 이런 식의 냉소는 사두가이가 냉소했던 바로 그 방식으로 부활신학/신앙을 펼쳤던 그리스도교의 어긋난 발전을 배경으로 삼고 있을 것이다.

그런데 '어긋난 그리스도교'의 내세론은 역사 속에서, 비록 계획된 것은 아님에도, 흉물스러운 욕구와 결합돼 있다. '천국 대 지옥'이라는 내세론적 도식은 죄를 조금이라도 짓지 않고는 결코 살아갈 수 없는 인간으로 하여금 세례를 통해 죄사함을 베푸는 교회의 권력에 승복하게 한다. 이로써 세례를 베푸는 권한을 쥔 교권은 비판의 대상이 될 수 없는 절대적 존재가 된다. 또한 교회가 보증해준 권력은 절대적 정당성을 보증받게 된다. 이로써 신은 권력이 행하는 모습에 따라 그것을 보호해주는 것이 아니라, 그것이 바로 권력이기 때문에 보호받는 존재가 된다. 또한 대중은 권력의 횡포에도 불구하고 순종이 신앙의 미덕임을 배우게 된다.

'천국 대 지옥'이라는 도식은 중세에 이르면 한층 더 정교한 새로운 해석의 길로 나아간다. 애석하게도 이것 역시 어긋난 길이라는 점에서는 예외가 아니다. 천국과 지옥 사이에 '연옥'이라는 중간단계가 설정된다. 완전히 악한 이도 아니고 완전히 선한 이도 아닌, 중간단계의 사람들은—이 중간영역에 자신을 귀속시킬 때 그 누가 감히 그 부당함을 주장할 수 있을까—세례를 통해 죄사함을 받더라도 자기가 지었던 죄를 씻김받는 '불의 정화 기간'을 내세에 받아야 하는데, 그 중간단계의 내세가 바로 연옥인 것이다.

자크 르 고프(Jacques Le Goff)라는 역사학자가 쓴 『연옥의 탄생』이라는 세계적인 책이 한 권 있다. 이 책에 따르면, '연옥'으로 상징되는 신앙은 민간신앙에서 유래하는데, 12세기에 오면 그것이 권력에 의해 하나의 신학으로 확립된다는 것이다. 여기서 중요한 것은, 이러한 신학화 속에는 교회의 인간 길들이기 전략이 은폐되어 있다는 점이다. 이 시기 갑자기 대두한 신흥 자산가인 부르주아들, 특히 고리대금업을 일삼는 졸부들, 그들이 사악하게 벌어들인 재산을 교회 안으로 끌어들이기 위한 교권의 전략이 연옥신학과 결합되어 있다고 르 고프는 주장하는 것이다. 부활신앙을 통한 내세론적 상품은 세계 속에서 적절하게 변모하면서 상품성 있는 제품으로 재생산됐던 것이다.

그런데 예수는, 이미 말한 것처럼, 부활신앙을 '살아 있는 이들을 위한 신앙'이라고 주장한다. 그것은 내세론이 아니다. 죽은 뒤의 세계에 관한 지식을 전하면서 현세를 준비하라는 것이 아니다. 거기에는 현재를 살고 있는 사람들의 '지금 여기'에서의 갈구를 담고 있다는 것이다. 내세의 삶, 부활 이후의 삶을 준비하기 위해 지금을 사는 것이 아니라, 지금 여기에서 채워지지 못한 그 무엇을 향한 갈구가 담겨 있다는 것이다.

'남편이 일곱이나 됐던 여인의 진짜 남편은 부활한 이후의 세계에서 누구인가'라는 물음에서, 사두가이처럼 관점을 내세로 돌려 이해하려 하지 않고, 그러한 기구한 운명의 여인이 겪을 현실, 그 무자비한 폭력성을 주목해야 한다는 관점에서 이 말을 생각해야 한다는 얘기겠다. 그런 이의 고통을 유념하지 않는 체계, 바로 그런 세상에서 죽어간 이들, 아니 죽음을 예감하며 고통을 감수해야 하는 살아 있는 이들에게 주는 선물이 바로 부활신앙이라는 것이다.

『제2성서』(=『신약성서』)에 등장하는 부활에 관한 언급은 하나도 예외 없이 고난의 상황에서 발설된다. 거기에는 고통스러운 현실이 있다. 거기에는 권력의 횡포가 있다. 거기에는 저항하기엔 벅찬 불의가 판치는 숨 막히는 질서가 있다. 또한 거기에는, 카인의 칼에 난자당한 아벨의 몸뚱어리에서 터져 나온 피가 호소하듯이, 무력한 사람들의 봉쇄된 입에서 새어나온 가느다란 비명소리, 그러나 결코 끊어질 줄 모르는 질기디 질긴 희망의 소리가 있다.

한평생이 온갖 고초뿐이었다고 술회하는 야곱. 이 말은 동시에 그의 아버지 이삭의 이야기이기도 하고, 그의 할아버지 아브라함의 고백이기도 하다. 하지만 이들은 한 가닥 보이지 않는 희망을 잡으며 목적지 없는 유랑의 삶을 살았다. 예수는 사두가이를 향해 말한다. "'나는 아브라함의 하느님, 이삭의 하느님, 야곱의 하느님이라 하지 않았느냐?' 하느님은 …… 살아 있는 이들의 하느님이시다."

예수는 죽임당했으나 부활했다. 그러나 그이의 부활은 내세에 대한 약속 사건이 아니다. 그이의 부활사건은 '영원히 죽지 않는 괴물'의 탄생을 말하려는 데 초점이 있는 게 아니라는 것이다. 내세가 있다면 그것의 실제 모습은 그때에서야 이야기할 수 있을 뿐일 것이다. 물론 그때의 설명도, 마치 우리가 이 세계에 살면서도 이 세계를 충분히 설명하지 못하듯, 불완전할 것이겠지만 말이다. 그럼에도 우리가 부활을 이야기하는 것은 그때, 곧 내세 자체를 예고하는 것이 아니라 지금 여기에서 우리 염원의 최대치를, 우리 소망의 극단을 강조하여 이야기하려는 데 초점이 있는 것이다.

그것은 고난 중에서만, 헤어날 수 없을 것 같은 역사의 괴기스러운 체제를 직시하는 삶 속에서만 고백될 수 있는 언어다. 그것은 '희망 없음'이라고 판단하는 무슨무슨 이론과 전략들이 우리를 좌절시킬 때, 바로 그때에야 우리의 가냘픈 숨을 내쉬는 기도를 따라 흘러나올 수 있는 언어다. 하여 그것은 우리에게 '인내'하는 의지를 주며, 역경을 헤쳐 나갈 '단련'된 강인함을 준다. 그것을 통해서 우리는, 마치 예수의 부활을 믿게 된 제자들이 '좌절의 골짜기'를 뛰어넘어 온 세상을 향해 예수 그리스도의 삶과 사역, 그이의 실천의 본질을 전하는 삶을 살아갔듯이, 우리에게 부여된 하느님의 사랑을 드러내는 삶을 살게 되는 것이다.

어떤 부활*

✿ 서구의 주류 신학은 그리스도교 신앙의 기점을 '부활절'로 잡는다. 즉 그리스도교 신앙은 부활신앙으로 말미암아, (유대교 내의 한 갱신운동이 아니라) 독자적인 종교로 성립하게 되었다는 것이다. 여기에는 예수의 부활이 역사 속에서 '유일무이한 사건'이라는 교리가 전제되어 있다. 그리고 이 유일무이한 사건은 전적으로 '하느님의 의지'의 소산이라는 주장이 전제되어 있다. 하느님 이외에는 누구도 이 위대한 사건의 주인공이 될 수 없다는 것이다. 이러한 부활절 신조는 기나긴 역사를 갖는 동안 그리스도교 전통의 '핵'을 이루게 되었고, 일종의 '신앙적 무의식'처럼 여겨져 왔다. 요컨대 교회의 신앙고백에 익숙한 사람은, 자기도 모르는 사이, 위에서 말한 부활절 신학을 마치 신앙의 본질인 양 생각하게 되었다는 것이다.

그런데 이러한 신앙적 무의식은 그리스도인에게 세계에 대한 '무관심, 무

---

* 이 글은 1998년 4월 19일 부활절 예배 때 설교한 원고를 다듬은 것이다.

배려'의 태도를 낳았다. 예수의 부활은 유일무이한 사건이기 때문이다. 그러한 부활은 이전에도 이후에도, 그 어떤 다른 사회에서도 결코 다시 일어날 수 없는 것이기 때문이다. 그래서 부활은 우리가 살고 있는 세계의 역사적인 문제와 아무런 관계가 없는 것이 되어버렸다. 더욱이 이 유일무이한 사건에 개입할 자격을 가진 이는 '오직 하느님뿐'이라는 주장은 신앙 안에 역사의 현안을 담아내려는 일체의 인간적 의지를 말살시켜버렸던 것이다. 물론 어느 곳에나 예외는 있듯이, 이런 신조 속에서도 역사적 실천에 깊이 연루된 그리스도인들이 존재해왔다. 그러나 정통 그리스도교의 주류는 대체로 자기 시대의 역사적 문제로부터 벗어난 신학적·신앙적 세계관을 형성해왔던 것이다.

이렇게 세계에 대해 무관심과 무배려한 태도로 말미암아 그리스도인들은 '부활신앙'을 자신의 삶과 관련시키는 데 어려움을 겪게 되었다. 그것은 '그때 거기서' 오직 '단 한 번' 일어난 사건일 뿐이기 때문이다. 그것은 오늘 우리의 삶 속에서는 '그때 거기'에서 같은 생생함으로 결코 재생될 수 없는 것이기 때문이다. 그것은 '지금 여기'의 문제를 가지고 하느님을 향해 하소연하는 그리스도인들에게 단지 옛날 얘기만을 회고하는 것으로밖에는 대답하지 못하는, 그리하여 (우리의 삶에 체현된 '그 부활'이 아니라) 우리와는 근본적으로 무관한 '어떤 부활'일 뿐이기 때문이다. 결국 '예수의 부활'은 예전(禮典) 속에 의례로만 남아 있는 오래된 유골일 뿐인 것이 되어버렸다. 우리 신앙의 핵심에 자리잡고 있는 것이 해골뿐이라니!

최근 나는, 이 해골을 간수하는 데 몰두해왔던 우리와는 달리, 생생한 부활신앙의 효력을 실로 '감동적으로' 재현해내고 있는 사람들에 관한 하나의 사건을 접했다. 이들의 생생함은 마치 아직 부활교리가 신앙에 착근되기 이

전의 초기 그리스도인들이 예수의 부활을 전하고 그 생명력을 공유하던 때의 모습을 연상하게 해준다.

박정희, 그가 사망한 지 벌써 20년이 넘었지만, 놀랍게도 그를 추종하는 신화공동체 구성원들 가슴속에서 그는 여전히 생생한 생명력을 발휘하고 있다. 1997년 봄, 복제인간에 대한 논란이 한창일 때 어떤 설문조사에 따르면 가장 복제하고 싶은 인간 1위가 바로 박정희였다. 그해 대선 때는 모든 대선 후보들이 그의 생가로 달려가 '죽은' 그가 나누어주는 '생기'를 받아먹고자 열을 올렸다. 1998년 4월 2일 실시됐던 국회의원 보궐선거 때는 자신의 딸의 얼굴로 그는 환생한다. 마치 세례자 요한의 얼굴로 환생한 예수처럼. 그는 죽었으나 그의 이미지는 살아서 활동하고 있는 것이다. 그는 죽었으나 그의 이야기는 역사 속에 끊임없이 개입하면서 속편의 이야기를 만들어가고 있다. 그는 죽었으나 그의 생기는 여전히 역사를 창조하고 있는 것이다. 요컨대 그는 (생물학적으로는) 죽었으나, 그의 사건은 부활하여 더욱 강력한 생명력을 역사 속에, 추종자들의 삶 속에서 펼치고 있는 것이다.

오직 예전을 행할 때만 '성직자'의 거룩한 체하는 복장과 동작으로 그리고 그런 말투로 선포되는 유일무이한 부활신화의 주인공 예수, 역사 속에선 아무런 영향력도 파급력도 없으면서 예전 안에서 "싸움은 모두 끝나고 생명의 승리 얻었네 개선가 높이 부르세 할렐루야"(「싸움은 모두 끝나고」, 『찬송가』 156장)라고 성도들이 소리 높여 찬송하는 부활절 노래의 주인공 예수, 그와는 달리 박정희는 계속해서 역사 속에, 역사 한가운데서 후속되는 사건들을 일으키고 있는 것이다. 비록 그 사건이 예수의 사건과는 그 목적을 달리하는 것이라 하더라도 말이다.

여기서 우리는 '박정희 부활신화'를 다시 검토해볼 필요가 있다. 우선 그의 부활은 결코 유일무이하지 않다. 끊임없이 역사의 구체적인 상황 속으로 개입해 들어가고, 끊임없이 그 상황의 계기를 이루는 역사의 구체적인 인물 속에서 환생한다. 설사 부활할 만한 구체적인 상황이 만들어지지 않을 경우에라도, 그는 사람들의 가슴속에 잠복하고 있으면서 매일매일의 일상 속에서 한없는 그리움의 대상으로 이미지화한다. 이렇게 그는 자신을 그리워하는 사람들과의 '만남'을 통해 부활하고 있다.

이때 만남은 그가 사람들의 일상 속으로 개입해 들어감으로써 이루어진다. 사람들을 거룩한 성소로 불러냄으로써가 아니라, 역사를 외면하게 하는 골방으로 따로 데리고 감으로써가 아니라, 사람들 자신이 접하고 느끼고 판단하는 역사 속으로 그가 헤집고 들어와서 사람들과 만나는 것이다. 여기서 '만남사건'이 일어난다. 그를 그리워하는 사람들이 접하는 모든 사건들 속에서 그는 부활신화의 주인공으로서 그 사건들에 결합된 채 사람들에게 희망의 원리로서 재현되는 것이다.

유일무이하다고? 물론 예수는 유일무이한 존재다. 그러나 인류역사상 단 백만 분의 일초라도 살았다가 죽은 인간 모두가 생물학적 형질상으론 유일무이하다. 그러나 예수라는 역사상의 존재는, 단순히 생물학적으로 삼십여 년 살다가 죽었다는 사실만으로는 결코 사람들에게 기억의 대상이 되지 못한다는 사실을 주목해야 한다. 사람들에게 그런 이의 이미지는 백만 분의 일초 살았다가 죽은 이와 아무런 차이가 없기 때문이다. 그이의 삼십여 년이라는 시간의 길이가 이천 년 이상의 길이로서 우리에게 의미를 지니는 것은 그이의 이미지가 끊임없이 구체적인 역사적 사건으로서, 그 역사적 사건들에 착종하여 재현됨으로써 가능한 것이다. 이것이 바로 부활의 논리다. 그이는 십자가 위에서 처형당했으나, 그이의 이야기가 사람들에게 여전히 그 생명력을 발휘하고 있다는 것이다. 그이는 십자가 위에서 싸늘한 주검이 되어버렸으나, 그이의 생명력은 제2, 제3의 예수를 통해 계속 역사의 무대 위에 살아나고 있다는 것이다. 그이는 생물학적으로는 단지 한 사람의 인간이었으나, 그이의 생명력은 역사 속에 살면서 그이를 그리워하고 희망의 원리로서 기억하고자 하는 모든 사람들을 통해 부활하여 역사를 창조하는 새 힘, 새 근거로서 살아 움직이고 있는 것이다.

그리스도교가 해골을 숭배하는 예전주의적 종교로 탈바꿈하게 되면서, 교회는 더 이상 예수의 부활사건이 일어나는 공간이 될 수 없었다. 그리하여 민중 예수는 '부활절 이후'라는 곤룡포를 입게 된다. 바로 민중신학이 부활절 이전의, 즉 교회의 부활절 해골주의에 의해 오염되지 않는 예수의 역사적인 삶에서 그리스도교의 본질을 묻게 된 것은 바로 이런 이유 때문이다.

> 그들이 무덤 안으로 들어갔더니 웬 젊은이가 흰옷을 입고 오른편에 앉아 있었다. 그들이 보고 질겁을 하자 젊은이는 그들에게 "겁내지 마라. 너희는 십자가에 달리셨던 나자렛 사람 예수를 찾고 있지만 예수는 다시 살아나셨고 여기에는 계시지 않다. 보아라. 여기가 예수의 시체를 모셨던 곳이다. 자, 가서 제자들과 베드로에게 예수께서는 전에 말씀하신 대로 그들보다 먼저 갈릴래아로 가실 것이니 거기서 그분을 만나게 될 것이라고 전하여라" 하였다.
> —「마르코복음」16장 5~7절

이 구절은 예수의 부활에 관한 가장 오래된 전승을 담고 있다. 그런데 여기서 예수 부활의 목격자들은 '여인들'로 나온다. 증인으로서의 효력도 갖지 못하던 사람들이 그이의 부활을 증언하는 유일한 목격자다. 마치 「루가복음」이 예수 탄생의 목격자를 가장 천대받던, 그래서 증인으로서 가치를 인정받지 못하던 '목동'으로 묘사하고 있는 것처럼 말이다. 또 그녀들의 부활 목격담이라는 것도 고작 '빈 무덤'을 발견했다는 사실뿐이다. 되살아났음을 증명하는 생생한 목격담도, 의학적인 설명도 생략되어 있다. 아니 사실 그런 것에 대해서 가장 오래된 『성서』의 부활 이야기는 아무런 관심도 기울이지 않는다.

오직 본문이 담고 있는 것은 흰옷 입은 한 청년이 여인들에게 이렇게 얘기했다는 것뿐이다. "그분은 갈릴래아로 가실 것이다." 세례자 요한이 체포되었을 때도 그랬다. 그때 예수는 갈릴래아로 갔다. 그리고 그곳에서 하느님 나라 사건을, 베레아에선 꺼져버렸던 그 사건을 계속 일으키고 다녔던 것이다. 그때 사람들은 예수를 향하여 '요한이 되살아났다, 요한이 부활했다'고 생각했다.

예루살렘에서 처형당한 예수. 그러나 이제 그이의 사건은 그때처럼 다시 갈릴래아에서 계속될 것이다. 예루살렘에선 꺼져버렸던 그 사건이 갈릴래아에서 다시 불붙게 될 것이다. 당신의 고향이 있고, 가족이 있고, 청중이 있는 곳, 그리고 무엇보다도 민중 이야기가 여전히 살아 있는 곳, 그곳에서 당신의 사건이 계속될 것이라는 주장이다. 바로 이것이 「마르코복음」이 전하는 예수의 부활이다.

어떤 이의 부활신화는 이 땅의 대중을 더욱 고통스럽게 한다. 또 어떤 부활절 행사는 고통당하는 대중의 현실을 외면한다. 그러나 우리가 믿고 기리는 이의 부활사건은 해방을 염원하는 이들의 땅 위에서, 해방을 염원하는 이들의 가슴속에서 지금도 이야기를 계속 만들어나가고 있다.

시간의 끝*

부활절 날짜에 관한 성찰

✹ 성탄절이 12월 25일이라는 사실은 그리스도교인이든 아니든 누구에게나 잘 알려져 있다. 이미 그리스도교만의 축제가 아니라 전 세계인의 축제가 된 것이다. 한데 교회에서 성탄절 이상으로 중요한 절기인 부활절은 언제일까? 비교적 교회 충성도가 높은 편인 신자 몇 명에게 물었더니, 대부분이 모르고 있거나 교회력을 확인해보고서야 답을 말할 수 있었다. 성탄절처럼 고정된 날이 아니라 특정한 계산법에 따라 해마다 다르게 정해지는 터라 모르는 것이 그리 이상하지는 않다.

부활절은 언제일까? 정답은 '춘분이 지난 첫 번째 보름을 기준으로 바로 직후 주일'이다. 부활절은 성탄절뿐 아니라 다른 어느 절기보다 오래됐고, 매우 초기부터 지역을 불문하고 거의 모든 그리스도인들에게 공통된 유일한 축일이었다. 그럼에도 날짜 확정을 둘러싼 동·서방 교회 간의 논쟁과정에서

* 이 글은 2000년 4월 23일, 부활절 예배 때 설교한 원고를 초안으로 해서 수정 보완한 것이다.

양자를 모두 만족시키기 위해 이렇게 복잡하게 조정되었다.* 이렇게 복잡한 계산법이 필요한 날이기에 세계적인 축제로 소비되기엔 적절하지 않다. 하지만 바로 이러한 복잡함은 부활절을 날짜보다는 의미에 더 비중을 둔 절기로 기억되게 하는 효과가 있다. 매년 날짜를 계산해야 한다는 것은 그 의례가 고착화되는 것을 방해하며, 이것은 그 의미를 다르게 읽을 가능성이 더 많이 열려 있다는 것을 뜻한다.

한국에서도 주의 부활담론은 도그마를 넘어 다양한 재해석을 낳았으며, 이것은 의례 속에 다각도로 반영되고 있다. 심지어 내가 속한 교회는 날짜까지 재해석했다. '4월 19일 이후 첫 번째 주일'을 부활절로 기린다. 물론 4·19 민중항쟁을 염두에 둔 것이다. 그것은 주의 부활에 관한 교회의 전통보다는 그 의미에 대한 나름의 해석에 따른 것이다.

한국교회의 도그마적 풍토를 고려할 때, 생각보다 많은 그리스도인들은 이러한 '위험스러운' 시도에 그리 부정적으로 반응하지 않았다. 성탄절을 다른 날로 기리는 것은 아마도 훨씬 어려웠을 것이다. 외부의 비판도 그렇거니와 교회 내부에서도 만만치 않은 문제제기가 있었을 법하다. 익숙하지 않기 때문이리라. 여하튼 그만큼 부활절은 그 중요성에 비해 덜 제도화된 영역이며, 해석의 자유에 더 많이 열려 있다.

이 글은 부활절 날짜에 대한 토론에 집중함으로써 그 의미의 다양한 상상

* 부활절 날짜는 대체로 유대교의 유월절인 니산 월 14일을 기준으로 하였는데, 동방의 교회들은 바로 그 날이거나, 그 이틀 후(14일에서 3일째 되는 날)를 부활절로 지켜왔다. 반면 로마(시) 교회와 그 영향권에 있는 교회들은 반드시 주일이어야 한다는 믿음을 강조했다. 이러한 차이는 종종 심각한 논쟁을 불러 일으켰다. 2세기 말 에페소교회의 지도자 폴리크라테스와 로마교회의 지도자 빅토리우스 간의 논쟁이 대표적이다. 사실 이 논쟁은 초기 교회들 사이에 있었던 논쟁의 한 전형을 보여주는데, 자신의 권력을 공고히 하기 위해 다른 전통에 대한 배타성을 강화하는 방식이었다. 교회가 제국의 종교가 된 4세기 초 니케아공의회에서 확정된 부활절 날짜 역시 그런 점에서 예외가 아니다. 아무튼 이때 확정된 것은, 주가 부활한 날은 춘분이 지난 보름 이후 첫 번째 주일이라는 것이다.

력을 자극하고자 한다.

앞서 말했듯 교회 전통에서 부활절은 '춘분 직후의 보름 이후 첫 번째 주일'로 계산한다. 물론 이렇게 정하는 계산법도 치열한 논쟁의 결과였고, 또 이미 확정된 이후에도 적지 않은 도전이 있어왔다. 아무튼 가톨릭과 개신교 교회는 부활절 날짜를 이미 위와 같이 정하는 데 동의하고 있으니, 그리스도교의 다수는 이와 같은 방식을 부활절 날짜 계산법으로 활용하고 있는 셈이다.

왜 하필 춘분 직후 보름이 기준이 되었을까? 아마도 예수가 부활한 때가 '유월절 절기 중의 안식일 다음 날'이라는 복음서의 기록을 염두에 둔 것 같다. 유대교에서 유월절은 '니산 월(3~4월) 15일'이다. 이날, 대속을 뜻하는 유월절 어린양을 잡는 날, 마치 대속의 어린양이기라도 한 양, 예수는 십자가에 달려 죽임당했다. 그리고 그 이튿날인 안식일을 지나 사흘째 되는 날 부활했다고 전한다. 이 유대력은 태음력이므로 15일은 보름달이 뜨는 날이다. 그래서 보름이 지나 첫 번째 주일이 주가 부활한 날이라는 얘기다. 그런데 이것이 태양력을 쓰는 서구사회로 오면서, 번역과정에서 '춘분 직후 보름 이후 첫 번째 주일'로 해석된 것이다.

대부분의 절기가 그렇듯이 교회의 절기도 대개 1년 주기로 순환한다. 그런데 교회의 절기에서 기준점이 바로 부활절과 성탄절이다. 양력 12월 25일인 성탄절 이전 4주 동안은 '대림절기/대강절기'로 지켜진다. 주의 탄생을 준비하는 기다림의 절기다. 또 성탄절 시즌을 지나 1월 6일 이후부터 '주현절기'가 있다.*

---

* 실은 주현절인 1월 6일은 소아시아나 이집트교회에서 주의 탄생을 축하하는 날이었다. 그러나 로마교회 중심으로 교회의 신학이 재조정되는 니케아회의 이후, 주의 탄생을 축하하는 성탄절과 구별되어, 세례의 축제로 특화되었다. 하지만 성탄절과 부활절 같은 중요한 축제 사이에 끼인 탓에 점차 세례절기의 특성도 사라졌고, 단지 교회력상의 성탄절 이후로서 기억될 뿐이다.

한편 부활절을 기준으로 해서 6주간은 '사순절기'로 참회의 수요일에 시작되어 주일을 제외한 40일 동안 이어진다. 사순절의 마지막 여섯 번째 주는 수난주간이고, 그 금요일은 예수가 죽임당한 날이라고 하여 '성금요일'로 사순절이 상징하는 고난의 클라이맥스에 해당한다.

그리고 부활절 이후 40일째 되는 날은 '승천일'이다. 예수가 부활한 이후 예루살렘에 남아서 제자들을 가르치다 40일째 되는 날 승천했다는 데서 유래한 절기다(「사도」 1: 3). 그리고 그로부터 10일 후, 즉 부활 이후 50일째 되는 날은 '강림절/오순절'이다(「사도」 2: 1~13). 이렇게 해서 '사순절-성금요일-부활절-승천일-강림절'로 이어지는 절기는 부활절을 기준으로 한다. 이상이 대략 11월 말의 대림절기부터 이듬해 6월의 강림절/오순절까지 이어지는 교회력이 구성되는 원리이다.

한편, 강림절/오순절 이후부터 11월까지는 교회력에서 비어 있게 된다. 그래서 후에 '삼위일체교회력'이라고 하여, '대림절~강림절/오순절'까지는 예수와 관련된 절기라는 점에서 '성자계절', 그리고 그 계절 전인 9~11월을 하느님의 창조를 기리는 '성부계절', 성령 강림절 이후부터 8월까지는 '성령계절'이라는 세 계절이 만들어졌다. 그리하여 교회력은 1년을 순환주기로 하는 절기로 이루어졌다.

이상의 논의에서 시사되어 있듯이, 교회력의 정신은 예수의 탄생과 부활을 중심으로 인간과 세계, 나아가 우주를 향한 하느님의 사건을 기리자는 데 그 핵심이 있다. 그리고 각각의 절기는 서로 연결되어 있지만 동시에 서로 다른 함의를 갖는다. 즉 그것은 연관되어 있으면서도 또 서로 각각인 의미를 가지고 있다는 것이다. 하여 교회는 하느님과 관계 속에서 획일적인 하느님 사건이 아니라 다양한 사건과 의미를 기억하게 되는 것이다.

그런데 이러한 절기는 실행에 옮기는 데 두 가지 문제가 있다. 하나는 1년을 순환주기로 한다지만, 성자계절은 빡빡하게 절기가 채워져 있는 데 반해, 다른 계절은 이렇다 할 절기가 없다. 또 하나의 문제는 이러한 절기가 다양한 하느님 사건을 반영한다지만, 각 지역에 세워진 교회와 동시대에 일어난 사건들과는 직접적인 관련이 없는, 서양 고대와 중세기의 특수한 교회사적 결과라는 것이다. 이런 문제들에 대한 보완으로, 교회들은 각 지역마다 그곳의 역사와 전통을 반영한 절기들을 채워 넣고 있다. 특히 절기가 많은 성자계절이 아닌 다른 계절에 새로운 민족사적 혹은 민속적 절기들이 교회력에 포함되곤 하였다. 가령, 광복절, 추수감사절 등이 그런 예에 속한다.

아무튼 이렇게 해서 교회력은 만들어졌고, 그에 따라 예배의 내용과 형식이 구성되었다. 1년 주기의 절기별 설교 본문이 만들어지기도 하고, 절기를 상징하는 색으로 교회를 치장하기도 한다. 여기서는 네 가지 색이 사용되는데, 창조를 상징하는 '녹색'은 성탄절 후부터 1월초까지와 9~11월의 성부계절에 쓰이고, 고난을 상징하는 '보라색'은 사순절기와 대림절기에 사용된다. 성탄절과 부활절엔 기쁨과 희망을 상징하는 흰색을, 그리고 성령의 뜨거움을 상징하는 붉은색은 강림절 및 성령계절에 쓰인다.

이상이 교회력에 관한 간략한 개요다. 그것은 역사적으로 기나긴 시간을 거치면서 서서히 확정된 것이다. 하지만 간과해서는 안 되는 사실은, 아직도 끊임없이 논의되고 수정되며 또 새로이 결정되는 과정에 있기도 하다는 점이다.

이제 이 글의 관심인 부활절 얘기에 초점을 맞추어보자. 위에서 말한 대로 부활절은 유대교의 유월절과 연관되어 있다. 「출애굽기」에 따르면, 모세가 마지막 열 번째 재앙 기적으로 파라오를 압박함으로써 기어이 히브리가 출애굽을 단행할 수 있었다는 데서 유월절이 기원했다고 한다. 이때 죽음의 사자가 이집트를 휩쓸며 모든 집안의 장자를 살해했으나, 히브리인의 집은 비켜갔다. 죽음의 사자는 문설주에 발린 어린양의 피를 보고 그 집이 히브리인의 집인 줄 알고 비켜갔다는 것이다. 그래서 '비켜가다'는 어원을 가진 유월절(Passover)이 유래하였다. 이 사건이 결정적인 계기가 되어 히브리의 영광의 대탈주(엑소더스)가 실현됐다는 신화는 유대역사에서 이날을 '해방절'로 기억하게 했다. 즉 유월절의 핵심 정신은 '해방'이다.

바로 그것을 기리는 날, 예수는 예루살렘에서 해방을 위한 사건을 벌이려다 비명에 숨져갔다. 그와 함께 예수를 따르며 해방을 염원했던 많은 사람들의 가슴속에 불타올랐던 희망도 주검이 되었다. 그러나 그이의 부활은 억압으로부터의 해방을 기리는 날이며, 억압의 현실이 지금 여기서는 아직 지연되고 있다 하더라도, 그리하여 권력에 의해 우리의 해방 염원이 무참하게 도살당하고 있다 하더라도, 그 속에서도 꺾이지 않는 희망을 상징하고 있다. 하여 해방을 향한 우리의 불굴의 실천을 새삼스레 다짐하는 날이 바로 부활절이다. 그러니 어느 교회가 이러한 정신이 깃들은 상징적 날을 4·19로 잡은 것이 그리 문제될 것은 없다. 오히려 4·19의 해방과 유월절의 해방을 연계시키는 의미의 적절한 해석과정이 더욱 중요하다.

앞서 말했듯이 내가 속한 교회가 4·19 직후 주일을 부활절로 20여 년 가까이 지켜왔지만, 여전히 해석을 위한 토론이 부족하다. 다만 교회의 전통적 부활절이 그 정신을 담보하지 못하고 있다는 문제의식을 그 속에 담아내는 데 급급했을 뿐이다. 물론 이러한 문제제기는 그 자체로 의미가 없지 않다. 왜냐면 역사적으로 교회는 권력으로부터의 해방을 추구하기보다는 권력과 야합해왔다는 것에 대한 신앙적 자기비판이 그 속에 담겨 있기 때문이다. 교회는 억눌리고 소외된 사회의 소수자를 향하기보다는 다수의 기호에 타협하는 상업주의를 선택해왔다는 것에 대한 자기비판이다. 교회는 우리의 구체적인 '지금 여기'의 역사에 개입하여 하느님 나라의 진리를 실천하려 하기보다는 역사 밖에서나 존재할 만한 모호한 미래적 진리를 애기하면서 고난을 단순 추상화해왔다는 것에 대한 자기비판인 것이다.

신영복 선생은 지난 천 년대에서 새 천 년대로 넘어갈 즈음 저술한 한 편의 에세이에서, 당시 널리 회자됐던 '새 천 년 담론'이라는 미래주의 속에 담긴 사람들의 욕망을 날카롭게 드러냈다.* 여기서 미래는 현재 밖에 있는, 현재와는 무관한 것, 이른바 '유토피아'다. 그러한 생각은 즐겁기는 하나 현재를 읽는 냉철한 눈을 멀게 하며, 결국 사람들을 '우민화'하는 동원의 담론으로 활용될 뿐이다. 이러한 문제제기를 통해 선생이 말하고자 한 것은 현재를 '비평적으로 바라보는 시선의 부활'에 관한 것으로 보인다.

부활신학은 하느님 나라에 대한 대중의 소망에 기초한다. 그것은 낡은 시대, 주(主)를 죽게 하고, 주를 따르는 이를 죽게 하며, 주에 관한 대중의 꿈을 죽이는 시대, 그러한 죽임의 시대를 추방하는 담론이다. 그런 점에서 주의 부활은 새 시대의 출발을 알리는 신호탄이라 할 수 있을 것이다. 하여 부활절이라는 그리스도교의 절기는 하느님 나라를 선취하기 위한 상징적 의식을 나타낸다. 한데 신영복 선생의 지적처럼 이 부활절 신앙 속에는 미래담론이 넘실거린다. 그리스도인으로 하여금 현재를 냉철히 읽게 하기보다는 도래하는 미래를 선취하는 즐거움에 도취하게 한다. 꿈에 취해 현실의 고통을 잊을 수 있다면 그것도 그리 나쁜 것은 아닐 수 있지만, 문제는 그것이 다른 동원

* 신영복, 「강물과 시간」, 『진보평론』 3 (2000 봄).

의 논리 속에 연루되게 한다는 데 있다. 현재를 읽는 비평적 시선을 앗아가는 부활절 신앙은 결국 그리스도인을 우민화하는 교회의 전략일 뿐이라는 것이다.

그런 점에서 부활절을 기린다는 것은, 그러한 부활의 의미를 '현재'라는 우리 삶의 지평 속으로 육화시키는 데서 시작해야 한다. 우리 삶의 지평 속에서 세계를 비평적으로 읽고, 교회를 비평적으로 바라보며, 우리 자신의 일상을 비평해야 한다는 것이다. 다음에 인용하는 바울의 말은 비평이 살아 있는 신앙의 한 사례를 보여준다.

> 그러나 이제는 여러분이 하느님을 알고 있을 뿐만 아니라 하느님께서 여러분을 알고 계신데 왜 또다시 그 무력하고 천한 자연 숭배로 되돌아가서 그것들의 종노릇을 하려고 합니까? 여러분이 날과 달과 계절과 해를 숭상하기 시작했다고 하니…….
> ―「갈라디아서」 4장 9~10절

여기서 바울은 날과 달과 해의 절기 준수를 신앙의 요체로 믿는 종교심을 비판하고 있다. 그러면서 오히려 신앙의 요체는 시간의 준수가 아니라, 그것으로부터의 '탈출'이라고 권고한다. 그것은 고정화된 '시간의 종교'의 끝을 선언하는 것이다. 때를 고정시키는 것은 현재 맞이하는 시간의 생생함을 외면하게 한다. 그날에 낭송하고 노래하고 고백하는 내용을 고정시키는 것은 경험의 생생함을 외면하게 한다. 그래서 매번 돌아오는 절기를 맞이하면서도 인간사의 희로애락이 그러한 신앙 속에서 생략되어버린 것이다. 바른 신앙은 하느님의 해방사건을 기리기 위해 그때마다의 역사의 구체적 경험과 결합되어야 하는 것이다. 신앙은 고정시키는 데 있는 게 아니라, 그런 식으로 신념의 확실함을 구가하는 데 있는 것이 아니라, 세계의 구체적인 현실 속에 자신을 투신하여 해방의 염원을 실천할 때 비로소 실현된다. 그리고 예배는, 절기는 그것을 고백하는 무대이어야 한다.

이것은 물론 4월 19일을 부활절로 기리는 교회에게도 적용되어야 한다. 만약 이 새로운 날짜가 사람들에게 고착화된 신앙심의 근거가 된다면, 그날에 관한 상상과 비평의 정신을 앗아간다면, 교회의 통상적 부활절의 상투성에 대한 문제제기에서 시작된 새로운 날짜 계산법도 폐기되어야 하는 것이다.

글을 마무리하면서 위에서 인용한 신영복 선생의 글에 실린 한 구절을 인용하고자 한다. 그것은 이 글에서 내가 지루하게 얘기한 모든 이야기들을 몇 문장으로 명쾌하게 함축하고 있다.

북극을 가리키는 지남철은 무엇이 두려운지 항상 그 바늘 끝을 떨고 있다. 여윈 바늘 끝이 떨고 있는 한 그 지남철은 자기에게 지워진 사명을 완수하려는 의사를 잊지 않고 있음이 분명하며, 바늘이 가리키는 방향을 믿어도 좋다. 만약 그 바늘 끝이 불안스러워 보이는 전율을 멈추고 어느 한쪽에 고정될 때 우리는 그것을 버려야 한다. 이미 지남철이 아니기 때문이다.

예수의 권력비판

예수 시대의 지배체제, 두 유형

🌿 세례자 요한은 외쳤다. "회개하여라, 하늘나라가 다가왔다"(「마태」3: 1). 그러고는 그에게로 온 이들에게 '죄를 사면하기 위한 회개의 세례'를 베풀었다(「마르」1: 4). 죄를 사면받기 위해선 성전에서 속죄 제물을 바치며 제사를 드려야 한다. 이것은 유대의 율법이다. 그런데 요한은 제사 대신 세례를 받으러 자신에게로 오라 한다.

유대인의 신앙에 따르면 성전은 '하느님의 집'이다. 이곳을 기초로 하느님의 통치가 실현된다. 그래서 왕들은 자신의 도읍에 성전을 짓곤 한다. 그러면 이제 왕의 통치는 곧 신정통치가 되는 것이다. 다시 말하면 '왕의 나라는 곧 하느님의 나라'라는 것이다. 그런데 세례자 요한은 현존하는 '그 나라'가 아닌 '다른 나라'의 도래를 부른다. 현존하는 그 나라에서 행해지는 '죄 사면의 제사'를 거부하면서 말이다. 이것은 '불의한' 성전체제와 그 체제의 지배기구이자 일종의 유대의 원로원인 산헤드린, 그리고 그 배후의 로마제국을 향한 정면도전이다.

성전체제에 대한 이 같은 비판은 주전 8세기의 반체제 예언자 미가에게서도 나타난다(「미가」 3 : 9 이하). 또 그 얼마 후에 활동한 우리야와 예레미야 예언자도 마찬가지다(「예레」 26장). 반성전주의적 선포는 오래전부터 권력비판 전통에 속하는 구호의 한 전형이었던 것이다. 물론 이때 권력은 성전체제와 그 배후의 정치권력을 뜻한다.

1세기 팔레스타인 역사

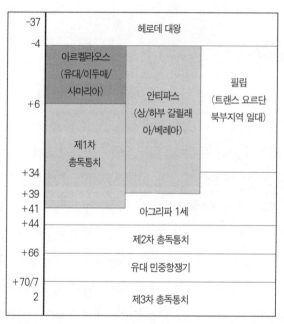

그러기에 갈릴래아와 베레아의 통치자 안티파스가 요한을 체포한 것(「마르」 1 : 14)은 당연한 일이다. 군대를 동원해서 진압작전을 폈고, 주모자를 체포하는 데 성공한다. 많은 이들이 죽거나 다쳤고, 또 많은 이들이 흩어졌으리라. 훗날을 도모하며. 요한운동의 일원인 예수, 그가 역사의 무대에 등장한 것은 바로 이때다. 진압군의 칼날과 몽둥이를 피해 갈릴래아로 되돌아왔지만, 아마도 적지 않은 이들이 그랬던 것처럼, 그는 다시 조심스럽게 활동 재개를 모색한다. 「마르코복음」의 틀에 따르면 그가 제일 먼저 한 일은 동조자를 규합하는 것이었다. 「요한복음」은 이들 가운데 여럿은 세례자 요한의 명시적인 추종자였다고 진술한다(「요한」 1: 35~42). 다른 것은 몰라도 이 점에서 「요한복음」의 진술은 신빙성이 있어 보인다. 하지만 설사 명시적인 요한의 추종자가 아니라 하더라도, 아마 대다수 예수의 제자가 된 이들은 요한의 하느님 나라를 신뢰했을 것이며, 요한이 그 나라의 예언자임을 믿어 의심치 않았을 것이다.

안티파스 당국은 예수를 '요한과 연계된 자'로 파악하고 있다(「마르」 6: 16). 예수를 처형한 로마 식민지 당국이나 성전체제도 그를 '왕을 참칭하는 자'로 이해했다(「마르」 15: 2). 예수 자신도 세례자 요한과 동일한 선포를 한다. "하느님 나라가 다가왔다. 회개하라"(「마르」 1: 15).

하지만 이런 이해만으로 예수운동을 다 설명할 수 없다. 예수의 하느님 나라 선포는 정치적 권력에 대한 비판이라는 차원에서 세례자 요한의 전통을 승계했다고 할 수 있지만, '권력에 대한 한층 더 근원적인 비판'의 새로운 차원을 창조했던 것이다. 우리는 복음서에서 바로 이것을 읽어내는 안목이 필요하다.

계속해서 「마르코복음」의 틀을 따르면, 예수의 다음 행보는 당국의 손길이 미치지 못하는 촌락에서 하느님 나라를 선포하고 약자를 그 나라의 수혜자로 초대하는 이른바 복음의 선포로 요약된다. 여기서 주목할 것의 하나는 예수는 요한처럼 한곳에 붙박여서 활동한 것이 아니라, 끊임없이 이곳저곳

예수 시대 팔레스타인

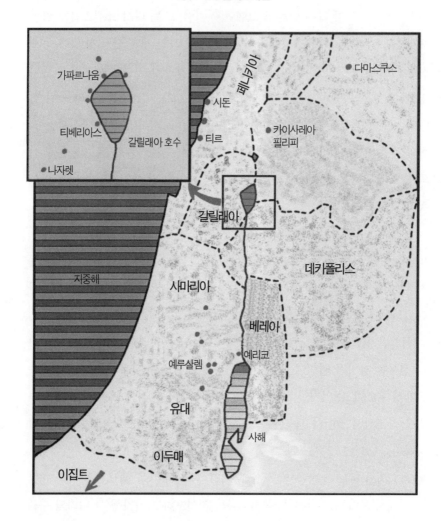

을 옮겨다닌다는 점이다. 요한이 당국에 의해 체포된 터에 그의 추종자로 이해되는 이의 활동이 자유로웠을 리 없으니, 예수는 처음부터 당국의 감시망을 피해가면서 하느님 나라 운동을 펴나가야 했을 것이다. 예수운동에 관한 복음서의 기록 곳곳에 나타나는 '비밀의 모티브'는 그것을 반영한다. 자신이 메시아임을 사람들에게 알리지 말라고 당부하는 것, 은밀한 거처에서 기거하는 것, 산으로 광야로, 심지어는 공권력의 치안영역을 벗어나는 이방지역으로 도피한 것 등. 한데 이것은 예수운동이 더욱 적극적인 하느님 나라 운동의 양상이 되게 하는 셈이 되었다. 사람들이 오기를 기다리기보다는 사람들 속으로 들어간 것이다. 나아가 그것은 운동이 삶의 일상과 마주하면서 펼쳐지도록 이끄는 계기가 되기도 하였다. 그리하여 예수는 점차 사람들의 삶 속에 깊이 각인된 메시아로 기억된 것이다.

예수 시대 팔레스타인에서 율법은 그 사회의 규범체계였다. 이미 지파동맹 시절부터 공동체규범인 토라(율법)가 존재했으나, 그것은 유력한 가문 혹은 사제계층들에게만 한정된 의미를 지녔고, 연합체 차원의 결속을 다지는 이데올로기였을 뿐이다. 대다수 백성의 일상적 삶은 토라의 정신—특히 평등공동체의 정신—에 거의 영향을 받지 않는, 씨족적 관습법에 따라 유지되었다. 게다가 오랜 식민지를 거치면서 정체성의 혼란이 심화됨에 따라 그나마 민족적 결속의 규범으로서의 지위조차 토라에게 부여되지 않았다. 그러나 페르시아 시대부터 본격화되기 시작한, 민족공동체 재건을 열렬히 바라마지않던 일단의 엘리트들에 의해 시작된 민족공동체 재건운동에서 율법은 다시 규범적 가치로 자리를 되찾기 시작한다. 특히 바리사이운동은, 우리가 아는 한, 율법의 대중화 및 생활화운동을 성공적으로 이룩한 가장 두드러진 사회규범화운동이다. 이 운동은 주로 촌락과 도시에서 소자산가로 등장한 엘리트들에 의해 주도되었는데, 이 계층의 세계관을 중심으로 사회의 통합적·보편적 가치를 구현하려는 경향을 가진 규범체계로 민족공동체를 재구축하려 하였다.

그런데 특정 가치가 규범적 가치로 자리잡는 데는 반드시 '제도적 장치'가 뒤따르게 마련이다. 제도적 장치란 그 규범적 가치에 의거해서 응징(벌)과 보상(축복) 메커니즘을 작동하는 사회적 기구를 가리킨다. 예수 시대 이역할을 맡은 기구가 바로 '회당', 특히 촌락에 세워진 회당이었다(이러한 촌락에 세워진 회당제도를 '촌락회당'이라고 부르기로 하자).

그런데 제도적 장치는 두 가지 차원의 '담장'을 필요로 한다. 첫째로, 제도적 장치는 그것의 보상/응징 메커니즘을 작동하는 '관념상의 담장'를 필요로한다. 우선 여기서 '안'과 '밖'이 나뉜다. 실재의 삶에서 안과 밖의 경계가 명확한 것이 아니더라도, 이 제도적 장치는 그 경계선을 나누는 관념체계를 사람들의 가슴속에 심어놓는 것이다. 그 사이를 넘나드는 것은 지극히 어려운일이다. 선과 악의 이분법이 눈 부라리고 있기 때문이다. 깨끗함과 부정함의이분법이 날선 칼을 벼리고 있기 때문이다. 누구나 조금은 선하고 또 조금은악하게 마련이지만, 어떤 이는 '용서받지 못한 자'라는 낙인이 찍힌 채 경계선 저편으로 추방당한다. 가령 현대한국의 반공주의가 만들어놓은 신화적경계처럼.

한편 이 제도적 장치의 경계짓기는 내부에 또다시 담장을 만든다. 이때 이것은 안팎을 가르는 담장보다는 월장하기가 훨씬 용이한 것이지만, 그럼에도 그것이 미치는 효과는 그리 과소평가할 것만은 아니다. 아무튼 경계 내부에 형성된 중심-주변의 구획짓기가 마치 피라미드 모양으로 형성되는데, 이것은 경계 내의 사회적 신분상의 위계와 상응한다.

둘째로, 제도적 장치는 그것의 보상/응징 메커니즘을 작동하는 '물리적 담장'을 필요로 한다. 고대 농경사회에서 일상적 규범단위는 촌락사회다. 마찬가지로 예수 시대 회당의 사회적 작동 무대 또한 주로 촌락이었다(물론 당시에 도시의 회당도 존재했으나, 그 의미는 위의 설명과는 다소 다르다). 즉 사람들의 일상을 지배하는 규범적 가치의 단위가 촌락이었다는 것이다. 그것은 대부분 사람들의 일상적 경험이 태어나서 죽을 때까지 주로 촌락 내부에서 펼쳐지기 때문이다.

이렇게 '율법-회당'의 결합체는 예수 시대 사람들의 삶을 지배하는 규범적 근거를 제공해주는 준거이자, 이 근거에 의해 사람들의 존재가치를 구별 짓는 기준이기도 했다. 한편 회당의 중심에는 촌락사회의 담장 쌓기에 의해 주로 소자산가 층으로 이루어진 바리사이가 포진하고 있다. 이들은 주로 농민계층에서 상향 분화한 소자산가층과 관련된다.

주전 4세기경 헬레니즘에 의해 통합된 지중해와 메소포타미아 지역에는 주로 도시 간을 연결하는 국제적 교역량이 급증하는데, 이 와중에서 상인, 무역업자 등이 어느 정도 부를 축적할 기회를 갖게 되며, 또한 농업생산자 가운데도 자산축적에 성공한 사람들이 생겨난 것이다. 이들은 도시와 농촌에서 새로운 사회정치적 세력으로 부상하여 한때 메소포타미아 지역의 진보적 운동의 핵을 이루기도 했다. 시간이 흐르면서 이들은 독자적인 이념체계를 형성하게 되었을 것이다. 그것은 어느 정도의 부의 축적이 가져다준—노동의 고역에서 다소 벗어남으로써—여가를 지식축적으로 활용한 결과였다. 현대의 전자통신매체 같은 사회적 소통망이 결여된 사회에서 그 과정이나 내용은 매우 다중적이었을 테지만, 커다란 흐름에서는 수렴하는 경향을 갖고 있었을 것이다. 우리는 팔레스타인에서 그 대표적인 예를 찾아볼 수 있는

데, 그것이 바로 '바리사이즘'인 것이다.

요약하면 바리사이즘은 예수 시대 소자산가층의 세계관을 포괄적으로 대변하여 그 세계관에 따른 사회적 재구성을 추구했고, 이는 구체적으로 사회적 규범화 전략으로 실현된다. 촌락에서 이것은 회당이라는 제도적 장치를 통해 구현된다. 즉 율법이라는 일상의 규범체계와 회당이라는 일상을 규제하는 제도적 장치가 연결되면서 예수 시대 팔레스타인에는 촌락단위의 규범적 공동체가 형성되었던 것이다.

한편 바리사이들의 규범화운동은 『제1성서』(=『구약성서』)의 율법을 생활화한 것인데, 이때 『제1성서』의 율법은 주로 사제들의 법이다. 『제1성서』의 율법 중 사제법은 구체적으로 내용이 적시되어 있는 반면, 일반법은 대체로 모호하다. 그러니 율법의 생활화를 위한 규범이 주로 사제규율에 근거한 것은 어쩌면 불가피한 일이었으리라. 그 결과 사제적 규율에 기초한 바리사이적 규범은 성전을 중심으로 형성된다. 단 지역생활이 주 무대인 사람들에게 예루살렘의 성전 중심성이란 현실적으로 구현되기 어려운 일. 따라서 성전은 바리사이즘에서 '상징적' 중심성을 지니게 된 것이다. 이리하여 촌락단위에서 실행되는 규범적 가치를 근간으로 하는 다양한 바리사이적 규범화운동 간에는 연결망이 구축된다.

이상과 같이 '율법-회당-바리사이-성전'이 하나의 의미 코드를 이루며 예수 시대 팔레스타인 농민의 일상을 지배했다. 우리는 셰익스피어의 비극 『로미오와 줄리엣』에서 이러한 사회제도적 양상을 읽는 하나의 비유를 발견할 수 있다. 여기서 '신부(神父)-줄리엣-잠자는 약', 이 세 요소의 코드화는 '행복한 사랑의 성취'를 의도한 것이었다. 그런데 신부의 자리에 로미오가 대입되자, '잠자는 약'은 '독약'으로 오인된다. 하여 전혀 새로운 의미로 줄거리가 전개된다. 이와 마찬가지로, '율법-성전' 계열에서 주로 성전 귀족들로 구성된 사두가이파와 이들에 의해 좌지우지되는 권력기구인 산헤드린 대신 '바리사이-(촌락)회당'이 들어가면 상당히 다른 권력 메커니즘이 역사적으로 포착된다. 그것은 예루살렘 성전의 중앙권력과 그 상위의 로마 식민지 행정당국이 구축하던 권력장치와는 별개로, 다른 형태의 지배를 실현하는 권력장치인 것이다.

성전체제와 로마 식민지 당국이 팔레스타인 전역에 대한 지배체제를 구축했으나, 이 체제가 농민* 삶의 하나하나를 구체적으로 규제하지는 못한, 체제의 '외면적' 구속을 이뤄냈다면, 촌락회당체제는 촌락단위의 농민 삶의 일상을 규제하는 '내면적' 구속을 이루어냈다. 전자가 주로 강제라는 규제수단을 통해 지배를 실현했다면, 후자는 '동화/내면화'라는 수단을 통해 지배를 실현했다. 전자가 주로 물리적 폭력을 기반으로 해서 지배체제로 군림할 수 있었던 반면, 후자는 주로 전통이라는 인격적 양식의 지배체제였다고 할 수 있다.

그러나 한편으로 둘 사이에는 무시할 수 없는 동질성이 있다. 그것은 둘 모두 엘리트 중심적이며, 사회의 내부와 외부를 가르는 경계선을 긋고 여기서 배제된 '저주받은 사람들'을 그 밖으로 내몰았으며, 또 사회 내부에도 중심-주변으로 나누어 계층화된 불평등한 특권사회를 지향하고 있었다는 점이다. 한마디로 하면 선과 악, 우리와 저들을 가르고 그것 각각에 축복과 저주를 부여하는 배제주의적 가치가 이들에 의해 대변되고, 또 구체적으로 실현되었던 것이다. 이러한 사회를 '권력사회'라고 한다.

앞서 말했듯이 예수는 세례자 요한과는 달리 갈릴래아의 촌락회당을 전전하면서 활동한다. 그리고 그 과정에서 예수는 요한이 미처 보지 못했던 권력의 또 다른 양상, 일상 속에 한층 더 깊이 개입해 들어간 권력의 양상에 직면한다. 여기에서 예수의 하느님 나라 운동은 '율법-회당-성전'이든 '율법-산헤드린-성전'이든 간에 이 두 권력계열 모두를 해체하려는 경향을 드러냈던 것이다. 그리하여 예수의 실천은 후자의 권력체제를 주로 표적 삼았던 요한이나, 『제1성서』의 반체제적 전통을 넘어서는, 철저한 권력비판의 새로운 전통을 창출한다. 바로 우리가 앞으로 좀더 자세하게 살펴볼 예수의 권력비판의 양상이 바로 이러한 모습이다.

율법과 예수

🌿 "내가 율법이나 예언서의 말씀을 없애러 온 줄로 생각하지 마라. 없애러 온 것이 아니라 오히려 완성하러 왔다"(「마태」 5: 17). 예수의 입을 빌려 표현되고 있는 이 말씀을 대부분의 학자들은 예수 자신의 것이 아니고, 그 후의—아마도 팔레스타인에서 형성된—어떤 예수 집단에서 유래한 것으로 본다. 이것은 역사의 예수가 반율법주의자라는 이해와 연결되며, 나아가 그리스도교 신앙, 아니 서양인의 반유대주의적 심성과 맞물려 있다. 요컨대 이러한 해석은 서구 신학자들의 자기중심주의적 이해를 반영할 뿐이다.

우리는 예수가 이런 표현을 사용한 적이 있는지 알 수 없다. 다만 예수가 반율법주의자라는 해석에 반대되는 이해를 「마태오복음」이 보여주고 있다는 점만을 알 수 있을 뿐이다. 아니 실은 「마태오복음」의 율법 친화적 이해를 서양 신학자들의 그것과 반대되는 것으로 보는 입장 자체도 서구중심주의를 반영하는 것에 불과하다. 바울 서신 전반에 걸쳐 나타나는 반율법주의를, 서구중심주의적 맥락이 아니라, 바울 자신의 예수운동의 맥락에서 이해해야만 한다. 마태오의 율법 친화적 예수론도 그의 맥락에서 이해하지 않으면 안 된다. 그리고 이들의 인식론적 맥락의 저류에는 공히 예수가 있다. 둘 사이의 상이한 역사사회적 맥락이 비록 표면상의 차이를 불러왔다고 할지라도, 양자는 자신의 율법관을 예수와 관련해서 이해하고 있다는 것이다. 따라서 우리는 표면상의 차이만을 가지고 율법에 대한 태도를 해석하는 것은 충분하지 않다. 모든 초기 예수운동의 공통된 지반인 예수를 살펴야 하고, 그로부터 의미가 다양하게 발전하는 과정을 보아야 한다. 여기서 오늘 우리의 관심은 율법에 대한 예수의 태도를 어떻게 읽어야 하느냐의 문제다. 그것은 예수에게서, 아니 예수와 동시대인들에게서 율법이란 어떤 의미를 지니는지를 묻는 것이며, 예수는 그것을 어떤 코드로 읽어냈느냐를 살피는 것이다.

여기서 우리가 미리 전제해야 하는 사실은, '율법'이라는 것이 일종의 그 시대 의미체계의 문법이었다는 사실이다. 요컨대 그것은 사람들의 일상 속에서 벌어지는 일련의 행위에 정결함과 부정함, 옳음과 그름의 의미를 부여하는 의식·무의식적 인식틀의 역할을 했다고 할 수 있다. 즉 사람들의 일상은 율법에 의해 규범화되었다는 것이다. 그러므로 1세기 유대인이라면 누구도 이러한 인식틀에서 벗어날 수 없었다. 그것은 그가 의지하기 이전의 존재의 근원이며, 삶의 무의식적 뿌리였다.

예수는 바로 이러한 세계의 일원이었다. 그런데 문제는 그가 이러한 인식틀을 문제 삼았다는 것이다. 그 세계 내부인이면서 동시에 그 세계를 구성하는 존재론적 구조 외부로 탈주하려 했다는 것이다. 여기서 그의 사고와 실천의 모순이 드러난다.

어떤 위대한 사상가가 있다고 하자. 그는 자기가 속한 사회의 규범에 대해 지극히 비판적인 사람이었다. 그는 자신의 인생을 걸고 그 규범체계와 투쟁하며 살았다. 그렇다고 그가 그 규범체계에서 완전히 자유로운 사람일 수 있겠는가? 그는 그 속에서 태어났고 성장했다. 그래서 그가 특별한 노력을 기울이지 않더라도 그 규범은 자연스럽게 그의 몸에 밴 사고와 행동의 체계였다. 혹 그가 이 규범세계의 외부인이었다면, 이를테면 외국인이라면, 필시 그의 주장은 내부인들에게 여간해선 설득력을 갖지 못했을 것이다.

예수는 말한다. "밖에서 몸 안으로 들어가는 것은 사람을 더럽히지 못한다는 것을 모르느냐? …… (예수께서는) 모든 음식은 다 깨끗하다고 하셨다"(「마르」7: 18~19). 이것은 「레위기」11장에 묘사된 바, 정결하게 하는 음식과 부정하게 하는 음식을 가르는 토라의 규범을 정면으로 부정하는 주장이다. 음식규범은 율법의 핵심 가운데 하나다. 그러나 예수가 돼지나 뱀 등 금기음식을 먹었다는 기록은 전혀 없다. 오히려 뱀이나 돼지 등을 혐오하는 동시대인들의 사고를 예수 또한 공유하고 있었음이 분명하다(「마태」7: 10; 「마르」5: 13). 바로 이렇게 모순적인 듯이 보이는 부정과 긍정의 태도의 공존, 이것은 예수가 비판하고자 했던 율법이 예수를 포함한 동시대 유대인들의 규범적 뿌리였다는 것이다.

이제 우리는 율법이 예수를 포함한 동시대 유대인들의 삶의 규범적 뿌리였다는 전제 위에서, 예수가 율법을 비판한 동기가 무엇인지를 묻고자 한다. 왜 자신의 존재의 근원에서부터 탈주하고자 했는가, 하는 것이다. 우리는 그것을 해명하기 위해서 규범적 뿌리로서의 율법의 사회적 기능에 대하여 충분히 논의할 필요가 있다.

규범체계라는 것은 일상생활 속에서 무수한 반복을 통해 구조화된 '행동원리'이자 '세계관'이며 사회의 '조직원리'이기도 하다. 사람들은 매일매일의 삶에서 무엇을 해야 마땅한지를 판단하기 위해 그것들 하나하나를 가르쳐주는 교사들을 따로 필요로 하지 않는다. 오히려 태어나면서부터 자연스레 주변 사람들로부터 직·간접으로 터득해온 규범을 통해 판단기준을 갖게 된다. 물론 그것은 언어를 습득하는 과정에서 내면화된다. 또 사람들은 천하만물의 법칙, 즉 순리라는 것을 규범을 통해 터득한다. 나아가 사람들은 가족, 친족, 부족, 민족 등 사회에서 자신이 어떤 위치에 있으며 어떤 관계를 맺어야 하는지, 그리고 자신이 해야 마땅한 도리(역할기대)가 무엇인지를 바로 규범으로부터 배우게 되는 것이다.

그러므로 규범은 그 사회가 쌓아온 '지혜로움'의 체계다. 이러한 규범에서 모든 사람들로부터 존경받는 사람을 유대교사회에서는 '현자(賢者)' 또는 '랍비'(선생님)라고 부른다. 규범은 그 사회의 전통(과거성)의 근거이자 미래적 전망의 원리며, 바로 그런 전통과 전망에 근거해서 현재를 살아가는 힘이 되는 지식체계인 것이다.

그런데 여기서 반드시 기억해야 하는 것은 이러한 의의를 갖는 모든 지식체계가 곧 규범인 것은 아니라는 점이다. 규범은 사람들의 '일상적 삶 내부'에서 삶을 규제하는, 마치 무의식과 같은 의미의 지식체계인 것이다. 이로써 그 규범체계 안에 포섭된 대중은 그 규범가치를 따르는 공동체의 적극적인 수호자―의식적으로 노력할 필요도 없이 무의식적으로―가 된다.

그런데, 앞 장에서 보았듯이, 규범적 가치가 사회에 안착하는 데는 반드시 제도적 장치를 필요로 한다. 또한 우리는 '율법-회당-성전' 체제와 '율법-산헤드린-성전(-로마)' 체제라는 두 차원의 제도의 계열화가 예수 시대 팔레스타인사회를 구성하고 있음을 보았다. 이 두 체제는 규범적 가치를 권력화한 제도적 실체다. 다시 말하면, 규범적 가치가 (회당 또는 산헤드린과 연계된 가치체계인) '율법'이 되는 것은 곧 지혜로움의 체계가 권력적 지식, 즉 권력을 위해 봉사하며 권력에 의해 그 품위가 한층 격상되는 지식이 되었음을 의미한다.

결국 예수 시대 규범적 가치의 현존방식인 율법은 권력적 지식으로, 팔레스타인의 대중을 권력에 길들게 한다. 대중은 소수의 특권층에게 많은 것을 박탈당하면서도, 그들이 공유하는 규범체계로 말미암아 그 심각한 이질적 현실에도 불구하고 소수의 특권층과의 동료의식에 사로잡힌다(피학성, Masochism). 반면 대중의 억눌림은 '이방인'을 향해 투사된다(가학성, Sadism). 억눌림이 심할수록 그 투사의 정도는 점점 폭발적으로 증폭된다. 그 폭력성은 집단적 광기의 성격을 지닌다.

그런데 대개의 경우 '이방인'은 실제로 억눌림에서 비롯된 증오심의 대상이 될 수 없는 경우가 허다하다. 그들은 너무 강하거나, 보복의 손길에서 너무 멀리 있기 때문이다. 결국 이방인과 동일시되는 또 다른 대상이 필요하다. 물론 만만한 대상으로 말이다. 르네 지라르(Rene Girard)는 이들을 '희생양'이라 불렀던가…….

예수 시대 유대인들은 사마리아인 같은 종족이나, 세리·창녀·목동 등과 같은 직업집단, 혹은 이단적 소종파—가령 유대교의 박해받던 초기의 예수집단—등으로 규정하고는, 그들에게 분노를 쏟아 부었다. 이리하여 권력적 지식(율법)이 된 규범체계는 권력의 중심부에 있는 자들뿐 아니라 사회의 거의 모든 대중을 권력의 공범으로 만들고 말았다.

그렇다면 이러한 권력의 희생양에 대한 가학적이고 배제주의적인 방식은 구체적으로 어떠했을까? 우리는 여기서 규범적 가치의 체계가 '정결-부정의 체계'를 이룬다는 것을 염두에 둘 필요가 있다. 이것은 선과 악의 추상적인 이분법적 가치를 현실생활에 적용한 것이다. 이때 현실의 경험은 결코 궁극적인 선-악의 단순 이원화된 가치와 대응할 수 없다. 그래서 선-악 가치의 중간에 무수한 과도적 단계들이 설정되고, 이 단계들 하나하나에 구체적인 경험 하나하나가 일대일 대응하게 된다. 가령, 음식 가운데 매우 정결한 것, 약간 정결한 것, 아주 조금 정결한 것, 아주 조금 부정한 것, 약간 부정한 것, 매우 부정한 것 등 구체적으로 정-부정의 형태로 규정된다든가, 혹은 우리사회에서 볼 수 있는 것처럼, 물건을 옮기는 것 하나하나도 '손' 있는 날, '손' 없는 날, '길'한 날 등, 정결례적으로 규정되는 것을 그 예로 들 수 있다. 또 음식과 장소 혹은 시기가 결합되어, 어떤 때/곳에서 허용되는 것과 불허되는 것 등이 규정되기도 한다. 이렇게 구체적인 실천이 추상적인 가치와 정교하게 조합을 이루게 된 것이다.

이러한 구체적 경험/실천의 선악 가치화는 사실 친족집단 혹은 동족집단의 생태환경과 무관하지 않다. 가령 팔레스타인처럼 무더운 초지에서 반유목생활을 하던 히브리인들에게 돼지 사육은 불가능한 것이기도 하며 유익하지도 않다는 환경적 요인은 점차 돼지를 부정한 음식의 반열에 오르게 했던 것이다.

그런데 이러한 정-부정의 체계가 권력담론이 되면서, 생태환경에서 비롯된 가치의 우열적 차등화가 인간의 우열을 가늠하는 척도로 되어버린다. 그리하여 율법은 배제된/될 희생양에 대한 사회적 보복의 알리바이를 제공하는 근거가 된다. 결국 율법은 복수의 대상인 희생양을 찾아 헤매는 사냥꾼이 되어버렸다.

예수는 유대사회의 이러한 규범적 가치를 내면화하면서 자랐다. 그는 또한 사람의 유대인이었던 것이다. 30년 정도의 기간이 그 사회의 선악 가치를 무의식화시키기에 결코 부족한 햇수는 아니었다. 예수는 알게 모르게 그런 규범의 일원이 되었다. 그러나 예수는 동시에 성장하면서 그런 가치를 해체하는 열렬한 투사가 된다.

'안식일'이라는 인간의 정결성을 가늠하는 유대교적 규준은 예수에 의해 인간의 정결성을 회복시키는 규준으로 돌변한다. "안식일이 사람을 위하여 있는 것이지, 사람이 안식일을 위하여 있는 것은 아니다"(「마르」 2: 27). 예수는 세리와 죄인들과 더불어 식사를 하며, 창녀와 거렁뱅이와 세리를 제자로 삼는다. 율법학자들이 희생양으로 배제한 자들을 예수는 이웃과 동료로 회복시킨다. 또한 이웃 족속이자 동족이기도 한 사마리아 사람들에 대한 유대인의 율법적 적대감을 조롱한다. 진정한 이웃이기를 거절한 사제와 율법학자에 비해서, 이윤에만 몰두한다는 세상의 선입관을 한 몸에 짊어진 직업을 가진, 더구나 '더러운' 사마리아 출신인 장사꾼이 도리어 강도당해 패대기쳐진 사람에게 사랑을 베풀었다면서(「루가」 10: 25~37).

우리는 예수가 율법과 투쟁을 벌이는 현장에서 언제나 배제된 희생양을 복권시키는 장면을 발견한다. 예수는 심판을 외친다. 약자들을 향한 사회의 빗나간 분노, 그것을 비난하면서 말이다. 바로 예수의 율법 해체는 막연한 규범의 해체가 아니라 권력적 지식이 되어버린 규범의 해체였다. 그것은 '율법─회당─성전'이라는 권력화된 의미의 코드화를 향한 비판이었다. 반면 예수는 정복당한 자들의 이야기를 복권시킨다. 질병/악령 들린 자, 억압받는 자, 갇힌 자에게, 그들이 그 질곡에서 해방되었음을 선포한다. 그 순간 그들은 병에서, 악령에서, 온갖 질곡에서 해방을 체험한다. 기적이 일어난 것이다.

이와 같이 예수는 자신의 존재로부터 반항한다. 비록 그의 언어는, 그의 일상은, 그의 삶 전체는 자신의 존재로부터 충분히 탈주하지 못했음에도, 끊

임없이 그를 인습의 포박 속에 구속하려는 전능자와 같은 악마의 마수에서
헐떡거려야 함에도, 밖을 향한 그의 탈주 여정은 점차 격렬해지고, 근원적인
곳으로 접근해간다. 그리고 마침내 그는 그 질곡에서 해탈을 체험한다. "다
이루었다!"는 말과 함께.

'예수의 권력비판'에 대한 중간 요약

지금껏 나는 두 차례에 걸쳐 예수 시대 모든 유대인들—예수도 물론 이런
유대인의 한 사람이었다—의 일상을 둘러싼 권력의 면모를 개략적으로 보
았다. 거칠게 말하면, 그것은 다음 도표와 같은 두 부류의 계열화를 통해 범
주화된다.

예수 시대 두 유형의 권력계열

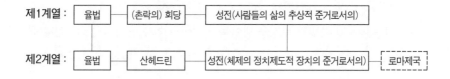

여기서 '제2계열'이 유대인을 유대사회에 외적으로 포섭시키는 '체제적
(정치적) 통합'의 메커니즘과 관련된다면, '제1계열'은 유대인을 '유대인다운
(Jewishnesslike) 사람'이라는 내적이고 무의식적인 귀속을 불러일으키는
'사회적(인격적) 통합'의 메커니즘이라 할 수 있다. 그리고 제2계열에서 로마
제국은 담론상 은폐되어 있다. 즉 유대의 식민지 종주국인 로마제국의 지배
는 유대사회의 담론적 포섭 메커니즘에서 분명한 역할을 하고 있음에도 그
존재가 은폐되어 있는 영역이다.

한편 위 도표에서 볼 수 있듯이 이 두 권력의 계열화는 각각 율법과 성전에서 서로 연결지점을 갖는다. 첫 번째 연결지점인 '율법'은 사람들의 '일상적 실행(practice)'에서 두 권력이 접합되는 지점이다. 가령 일상생활에서 어떤 삶이 적절한지에 관한 규범적 가치를 의미하는 율법이라는 담론적 실체는 '유대인다움'의 근거이기도 하지만, 동시에 유대사회의 법적 구성원으로서의 자격—이를테면, 공식적 직위의 자격 등—을 보장받게 해준다. 또 성전은 각 통합 메커니즘의 종교적 정당성을 보증하고 있다는 점에서 두 권력의 접합지점이다.

나는 이러한 두 유형의 권력작동의 제도적 메커니즘이 유대사회의 규범적 가치를 구성하고 있으며, 그것은 구체적으로 정-부정의 체계를 통해 구현된다고 보았다. 그런데 이러한 정-부정의 규범적 체계는 모든 사람/것이 정결하게 하는 것을 지향하는 규범적 장치라기보다는, 기성의 사회적 질서를 재생산하는, 즉 정결과 부정으로 규정된 이들/것들에 관한 통념을 고착화하는 지배의 장치로서 기능하고 있음을 보았다.

요컨대 이러한 규범적 장치는 이미 포용된 자는 계속 관용의 원칙이라는 우산 속에 모여들 수 있게 하는 반면, 이미 배제된 자에게는 이 우산이 얼마나 작은지를 체감케 한다. 또 우산 속에 모여든 사람 가운데서도, 저주의 빗줄기로부터 면제된 자에게는 더욱 안전하고, 경계선에 있는 자에겐 끊임없이 '밖의 가혹함'을 두려워하도록 하는 '예리한 분리의 논리' 역할을 한다. 한편 배제된 자에게는 여간해서 우산 속으로 들어올 기회를 제공하지 않는다. 비록 이상적으로는 불가능하지 않지만 말이다. 예수의 권력비판의 초점은 바로 이러한 권력의 배제주의적 속성 때문이었다.

베엘제불의 권력, 대중의 편견의 폭력

🌿 무심코 길을 가는데 갑자기 어떤 사람이 나타나서 다짜고짜 머리통을 후려갈기면서 "이 나쁜 놈아" 하고 소리친다. 만일 당신이 이런 경우를 당했다면 당신의 반응은? 성격이 괄괄한 사람이라면, 당장 자신이 당한 것 이상으로 되갚아줄지도 모른다. 그런데 만일 나를 후려친 사람이 백두급 씨름선수처럼 큰 몸집에 험상궂은 얼굴을 하고 있다면, 그래도 그렇게 할 수 있을까?

〈카텐자〉(이현화 작)라는 연극이 있다. 1978년 초연된 이후, 여러 차례 재공연됐던 문제작이다. 이른바 '잔혹극'이라는 혐오스러운 이름의 장르에 포함된다는 이 연극은 무대가 열리면서부터 찢어지는 듯한 고문소리로 공연장을 진동시킨다. 세조가 성삼문을 잡아다 심문하는 장면이다. "네 죄를 알렸다!" 눈을 부라리며 호통 치는 왕 앞에서도 초라한 몰골의 선비는 굽히질 않는다. 고문은 계속 이어지고, 살점에서 튀어나온 피가 사방으로 흩어지며, 단근질로 살이 익는 역겨운 냄새가 진동한다. 그리고 선비는 쓰러진다.

그런데 느닷없이 왕의 부하 몇이 관객 속으로 내려간다. 그들은 위압적 자세로 괴음을 내지르기도 하고 이 사람 저 사람을 향해 눈을 부라린다. 관객은 자기도 모르게 눈을 피한다. 순간 한 여자의 비명소리가 들린다. 그들이 관람석에 앉은 여자를 번쩍 들어서 우악스럽게 무대 위로 끌고 가는 것이다. 왜 이러느냐고 소리치고, 이 사람들 좀 말려달라고 하소연한다. 그러나 심문대에 묶인 그녀를 향해 세조는 다짜고짜 호령한다. "네 죄를 알렸다!" 모든 사람의 침묵 가운데서 영문을 모른 채 끌려나온 여자는 강하게 반발하면서 '내 죄가 도대체 뭐냐'고 항변한다. 강한 폭력만큼이나 여자의 저항은 당당하고 격렬했다.

이윽고 고문이 시작된다. 옷이 갈기갈기 찢기고, 주리가 틀린다. 단근질에 살이 타들어가는 냄새가 관객의 코를 찌른다. 찢어지는 듯한 비명에 소름이 돋는다. "네 죄를 알렸다!"라는 계속된 고함 앞에 여자의 항변은 점점 하소연으로 변하다가, 마침내는 정신 나간 사람처럼 횡설수설하면서 자신도 모르는 죄를 시인한다. 순간 그녀는 이미 미치광이가 되어버렸다.

이유 없이 온갖 잔혹행위를 당하면서도 아무런 저항을 할 수 없었던 그녀는, 아니 죄인임을 시인하는 것 외에는 모든 항변을 금지당한 그녀는, 자신을 그렇게 구속한 사회에 대해, 권력에 대해 이야기할 권리를 상실한 그녀는, 스스로를 죄인으로 자백하는 것 외에는 어떠한 말도 금지당한 상황에서, 마지막 남은 항변의 몸짓을 한다. 자살이다. 그리고 연극은 막을 내린다.

이 모든 장면 내내 관객은 시종일관 관람만 할 뿐이다. 연극이란 관객과 연기자의 구분 위에서 이루어지는 가상현실이 아닌가? 그러나 여느 연극과는 달리, 관객 속에서 끌려나간 여자의 비참한 최후를 지켜보아야 하는 관객은 이미 단순한 관람자가 아니다. 그들은 모두 권력의 잠재적 피해자인 동시에, 권력의 폭력에 공모하는 자들인 셈이다.

이 연극 속에는 권력의 속성이 암시되어 있다. 권력이라는 것은 '폭력'을 그 필연적 속성으로 내재하고 있다. 통치자들은 사회 대다수의 사람들을 향해 자신의 권력이 얼마나 자애로우며 정당성을 갖춘 것인지를 보여주고자 온갖 노력을 한다. 다른 권력에 비해 자신의 권력을 받아들이는 것이 사람들에게 훨씬 유리한 것임을 입증하고 싶어 한다. 애써 웃음 짓고, 부드럽고 상냥한 이미지를 심어주고자 한다. 그렇지만 이에 동의하지 않고 저항하는 사람들이 있다. 극중 성삼문 같은 이가 그 예다. 이에 대해 권력은 결코 인내하지 않는다. 그네들을 향해 혹독하게 폭행을 가한다. 그런데 권력의 폭력적 속성은 그것으로 끝나지 않는다. 저항하는 이에게만 대응하는 수동적인 폭력의 소유자가 아님을 보이고 싶어 한다. 아니, 사람들을 향해 인자한 모습을 가장해온 것에 더 이상 참을 수 없다는 듯, 문뜩문뜩 자신의 야수성을 폭로한다. 그 대상을 찾아 물색한다. 그러고는 느닷없이 익명의 누구를, 어떤 집단을 향해 그동안 참느라 애썼던 폭력성을 마음껏 발휘한다. 그래도 될 만한 대상을 골라서 말이다. 무대 위로 느닷없이 끌려나온 '여자'처럼.

사람들은 권력의 폭력에 대해 전혀 무지한 것은 아니다. 어느 만큼은 알고 있다. 하지만 그들은 이미 권력이 파놓은 함정에 걸려들어 있다. 권력을 가지면 좋은 일이 많다는 것을 본능처럼 알고 있다. 아주 어린시절부터 언어를 습득하면서부터 이미 그것을 배우기 시작한다. 모두가 권력의 최정상에 오르지는 못하지만 사람들은 자신의 삶에서 권력을 쟁취하기 위해 질주하며 어느 만큼은 그것을 얻는다.

이처럼 권력을 지향하는 사회는 폭력이 난무한다. 하지만 그 폭력은 상냥한 얼굴로 포장되어 있다. 이른바 '자애로운 권력'이라는 이데올로기가 세상만물의 질서처럼 드리워져 있다. 그러니 폭력은 억제되어 있는 듯이 보인다. 그러나 이렇게 억제된 폭력이 발산하는 지점이 있다. 그것이 '희생양'이다. 자애로운 권력의 하수인인 동시에 그러한 주체의 하나로 남기 위해, 사람들은 마치 희생양을 찾아 헤매는 굶주린 이리처럼 사방을 두리번거린다. 그리고 만만한 대상이 포착되면 그네들에겐 감춰뒀던 폭력성이 발휘된다. 감히 그 희생양이 말하려 하면, 어디다 함부로 떠벌리느냐고 눈을 부라린다. 뜨거운 맛이 어떤지 충분히 보여줄 수 있는 자신의 능력을 과시하고 싶어 안달이 나 있다. 배제된 사람들, 그네들은 이제 더 이상 자비의 대상이 아니라, 우리의 폭력성의 노리갯감일 뿐이다. 물론 대개는 우리 자신도 눈치 채지 못할 만큼 은밀하게 표출되는 그런 폭력성으로 말이다. 또 때로는 그런 것을 눈치 채게 하는 소리에 일부러 귀 기울이려 하지 않으면서 말이다.

거친 설명이지만 권력, 희생양, 폭력 등으로 이어지는 일련의 권력 메커니즘에 관한 이상의 논의는 예수 시대에도 대체로 마찬가지였다. 다음의 『성서』 텍스트는 이러한 권력의 작동방식에 대한 예수의 태도를 읽는 데 유용하다.

예수께서 벙어리마귀 하나를 쫓아내셨는데 마귀가 나가자 벙어리는 곧 말을 하게 되었다. 군중은 이것을 보고 깜짝 놀랐다. 그러나 더러는 "그는 마귀의 두목 베엘제불의 힘을 빌려 마귀들을 쫓아낸다" 하고 말하였으며 또 예수의 속을 떠보려고 하늘에서 오는 기적을 보여달라고 하는 사람도 있었다. 그러나 예수께서는 그들의 생각을 알아채시고 이렇게 말씀하셨다. "어느 나라든지 갈라져서 싸우면 쓰러지게 마련이고 한 집안도 갈라져서 서로 싸우면 망하는 법이다. 너희는 내가 베엘제불의 힘을 빌려 마귀를 쫓아낸다고 하는데 만일 사탄이 갈라져서 서로 싸우면 그 나라가 어떻게 유지되겠느냐? 내가 베엘제불의 힘을 빌려 마귀를 쫓아낸다면 너희 사람들은 누구의 힘으로 마귀를 쫓아내는 것이냐? 바로 그 사람들이 너희의 말이 그르다는 것을 지적할 것이다. 그러나 나는 하느님의 능력으로 마귀를 쫓아내고 있다. 그렇다면 하느님의 나라는 이미 너희에게 와 있는 것이다. 힘센 사람이 빈틈없이 무장하고 자기 집을 지키는 한 그의 재산은 안전하다. 그러나 그보다 더 힘센 사람이 달려들어 그를 무찌르면 그가 의지했던 무기는 모조리 빼앗기고 재산은 약탈당하여 남의 것이 될 것이다. 내 편에 서지 않는 사람은 나를 반대하는 사람이며 나와 함께 모아들이지 않는 사람은 헤치는 사람이다."

—「루가복음」11장 14~23절

여기서 예수는 실어증 걸리게 하는 마귀를 내쫓았다. 하여 그 악령 들렸던 이는 다시 말하게 됐다. 사람들은 놀랐다. 무엇보다도 벙어리가 다시 말하게 되었다는 것이 충격적이었다. 그러나 그것만이 아니다. 문맥을 보면, 사람들에게 시기심이 작동하여, "저이가 베엘제불의 힘을 빌려 귀신을 내쫓는다"고 비아냥거린다. '베엘제불(Βεελζεβουλ)'이란 '베엘'과 '제불'의 합성어다. '베엘'은 『제1성서』에서 대표적인 이방신으로 나오는 '바알'의 변형체다. '바알'이라는 신의 이름은 '소유자, 주인' 등을 뜻하는 일반명사에서 유래하였다. 즉 이 신은 소유자의 신이다. 고대 메소포타미아사회에서 '소유자'란 궁극적으로 왕을 말한다. 왜냐하면 모든 토지, 모든 재산의 소유자는 신이자 인간인 왕이라고 공공연히 선포되고 있었기 때문이다.

또한 소유자는 실질적으로 토지나 그 밖의 재산을 영유하는 주체인 대지주 등을 가리키기도 한다. 그리고 예수 시대에 가까이 이르면 소유자의 개념은 한층 더 확대되어 소자산가 등을 함의하기도 한다. 한편 '제불'은 '집'을 가리킨다. 그러므로 베엘제불을 직역하면 '집의 소유자', '집주인' 등을 의미한다. 그러니까 실어증의 그 악령은 '집을 소유하는 자'와 연관이 있음이 암시되어 있다. 어쨌거나 베엘제불은 이런 부류의 사람들의 신이다. 그네들을 과대대표하고, 그네들을 보호하며, 그네들을 지켜주는 신인 것이다.

여기서 우리는 본문 속에 함축된 계층적 갈등을 읽어낼 수 있다. 이스라엘은 바알신앙에 대항하는 전통을 가지고 있었기에, 베엘제불을 악령과 동일시하고 있었음에도, 그들은 사실상 하느님을 베엘제불의 모습을 한 신으로 이해하곤 했다. 그래서 베엘제불 운운하는 것은 그들에게 있어선 저주의 욕지거리임에도, 실상은 그들은 베엘제불적 가치관에 매여 있으면서도 그런 가치에 저항하는 사람을 향해 '베엘제불 같은 놈'이라고 비난한다. 그런데 이 가치란, 위에서 시사했듯이, 무산자가 아니라 소유자의 세계관에 기반하고 있다.

이 기적 이야기는 공관복음서 모두에서 볼 수 있다. 한데 세세히 보면 각각은 서로 조금씩 다르다. 특히 여기서 예수와 논쟁의 대상이 되는 이에 대한 묘사가 서로 상이하다. 「마르코복음」은 이런 비난을 퍼부은 사람을 '예루살렘에서 온 율사들'이라고 말한다. 이 텍스트에서 '율사'는 대체로 '예루살렘에서 온' 상류층 율법학자를 가리킨다. 한편 「마태오복음」에서는 '바리사이들'이라고 표현되어 있다. 이 복음서에서 이들은 (중앙출신이든 지역출신이든 간에) 종교엘리트를 가리킨다. 이들은 대체로 대지주이거나 소자산가다. 어쨌든 「마르코복음」과 「마태오복음」은 모두 누가 봐도 예수의 적대자임이 분명한 사람들의 입에서 이런 비난이 나온 것으로 진술한다. 그런데 우리가 선택한 「루가복음」은 이들을 '군중'으로 번역하고 있다. 여기에는 적대자뿐 아니라 '예수의 일반 청중'이 포함되어 있다. 즉 일반 대중이 예수를 비난하고 있는 것이다. 왕궁이나 대저택의 소유자, 노예를 거느린 그런 부류의 사람들뿐 아니라, 자그마한 집을 소유한 보통 사람도 예수의 행동에 비난을 퍼붓고 있다. 통념의 노예가 돼서 말이다.

그렇다면 「루가복음」은 도대체 무엇을 말하려 하는 것일까? '실어증 걸린 사람'에 대한 이해는 그 실마리를 제공해준다. 그는 말을 못하는 자다. 그로 하여금 그렇게 되게 한 자는 '베엘제불'이다. 그렇다면 그 사람은 소유자적 가치를 상징하는 기성의 세계관, 기성의 통념으로부터 배제된 사람임이 본문 속에 암시되어 있는 셈이다. 그는 중앙의 귀족이 특별히 배제하고 희생양으로 삼고자 했던 부류의 사람이다(「마르코복음」). 또 그들은 지역의 소자산가들로부터도 증오와 배제의 대상이었다(「마태오복음」). 심지어 그들은 일반 평민들로부터도 멸시와 천대와 배제의 대상이었고, 한풀이 대상이 된 희생양이었던 것이다(「루가복음」).

이 사람이 배제된 것은 특별한 이유가 있어서가 아니다. 오직 그것은 그가 벙어리라는 사실 때문일 뿐이다. 그를 향해 체제는 "네 죄를 알렸다!"고 다그친다. 그리고 사회의 온갖 멸시와 냉대를, 심지어는 신적인 저주를 퍼붓는다. 그는 항변해서는 안 된다. 그는 침묵해야 한다. 희생양은 가장 만만한 대상으로 선정됐다. 자기표현을 제약당하고 있는 대상을 향해 침묵을 강요하는 것이다. 하여 그는 이중의 '실어증 걸린 자'로서 살아가야 한다. 오직 이 냉대를 천덕꾸러기처럼 더러운 웃음과 비굴한 표정으로 맞이해야 하는 일만이 그에게 남은 일이다.

이 이야기에는 폭력적 분위기가 가득하다. 악령에 의해 구속되어 말 못 하도록 강제된 사람이 있고, 악령을 내쫓는 이가 있다. 또 이것에 극언을 서슴지 않으며 힐난하는 사람이 있다. 이에 대응하는 예수의 비유적인 말은 사뭇 전투적이다. "악령끼리 싸운다는 것이 말이 되느냐. 나는 하느님의 권능에 의해 그들을 내쫓는다." 마지막으로 예수는 이런 말을 덧붙인다. "힘센 사람이 무장하고 자기 궁전을 지키는 동안 그의 소유는 안전하다. 그러나 더 힘센 사람이 덮쳐 와서 그를 무찌르면, 그가 의지했던 무기를 모조리 빼앗고 전리품을 나누어준다. 나와 함께 있지 않은 사람은 나를 반대하는 것이며, 나와 함께 모아들이지 않는 사람은 흩어버리는 것이다." 본문은 온통 폭력으로 가득한 사회에서나 통용될 수 있는 언사들로 되어 있다. 요컨대 벙어리는 이런 폭력적 사회가 가하는 고문을 한 몸에 받고 있는 대상이었던 것이다.

예수는 이런 분위기에 저항한다. 그 분위기의 희생양이던 이를 고쳐준다. 사회의 통념에 따라 저주의 대상이었던 이를 해방시켜준다. 사람들은 그것을 받아들일 수 없어 한다. 그들은 예수를 비난한다. 악령의 권능을 힘입어 그 일을 한다고 말이다. 이에 예수의 응답은 격렬하기 그지없다. "나의 일은 악령에 힘입어 하는 일이 아니다. 악령이 악령을 무찌른다는 것이 말이나 되는가?" 이 말에는 아마도 다음과 같은 의미가 함축되어 있을 것이다. "악령의 논리로, 악령의 세계를 정의로운 사회로 바꾸려 하는 너희들의 기대는 틀렸다. 권력과 폭력을 추구하는 것은 베엘제불의 논리일 뿐이다. 나는 그것으로 베엘제불과 싸우지 않는다. 내가 싸우는 것은 베엘제불의 반대편에 있는 것, 모든 희생양들의 고통과 함께하는 그것이다." 그리하여 예수는 사람들에게 도전한다. 선택을 하라고. 베엘제불을 따를 것인가 하느님을 따를 것인가.

은폐의 신학

    🌿 이솝우화 『개미와 베짱이』는 게으름 피우는 사람을 경계하라는 한 편의 비유다. 그래서 이야기의 초점은 베짱이에 맞추어져 있다. 이렇게 어떤 것을 그것과 대조되는 다른 대상과 비교하여 이야기하면, 말하고자 하는 취지가 한결 분명해지게 마련이다. 그런데 이런 대조법을 이용하는 방식은 종종, 단지 초점을 드러내기 위해 도입된 비교의 대상을 또 다른 주인공으로 삼는 해석으로 이어지곤 한다. 이때 개미는 우리 편, 베짱이는 저쪽 편의 사람을 가리키게 된다. 어떤 독자는 베짱이가 아니라 개미에 주목할 수도 있다는 것이다. 그렇다면 이 경우엔 도입부에, 개미처럼 열심히 일하는 사람들(우리 편)을 격려하기 위해 어떤 현자(賢者)가 이야기한다는 언급이 첨가될 수 있을 것이다. "현자는 이렇게 부지런히 일하는 형제들을 격려하였다"라고.

    또 내용 가운데, 개미를 두 부류로 나누어서 한 편은 부지런한 개미, 다른 한 편은 게으른 개미로 분류하는 내용이 덧붙여질 수도 있다. 원래는 게으른

자와 부지런한 자를 대조시킴으로써 게으른 자를 경계하려던 것이, 이젠 '게으른 개미'라는 우리 편의 게으른 사람과 '베짱이'라는 저쪽 편의 게으른 사람이 나오는 등, 더욱 복잡한 구조를 이룸으로써 그 의미가 더 이상 선명해지지 않게 된다.

동화작가 손춘익이 쓴 「여치와 개미」는 '개미와 베짱이' 우화를 개작한 동화다.* 여기서 여치는 예술만을 위해 사는 사람을, 개미는 황금만능시대의 소시민을 상징한다. 개미는 여치를 놀고먹는 무위도식자쯤으로 걱정스레 본다. 결국 한겨울 추위와 굶주림에 허덕이던 여치는 개미에게 구걸하러 갔다가, "내 영혼을 돈에 팔 수 없다"며, 따스하고 안락한 개미의 집에서 쓸쓸히 되돌아나온다.

이쯤 되면 이야기는 상당히 복잡해져서, 누군가가 우화 『개미와 베짱이』 '들'을—그 여러 판본들을—수집해서 그 의미를 읽어내고자 한다면, 그는 여기에서 더 이상 단순명료한 의미를 찾아내기가 어렵게 된다. 오히려 『개미와 베짱이』는 비유라기보다는 수수께끼처럼 보인다. 그래서 사람들은 이 수수께끼에 나오는 모든 대상들 하나하나에 의미를 붙여 그 수수께끼의 '숨은 뜻'을 찾아내고자 하는 것이다.

『성서』의 '비유'가 바로 그렇다. 예수는 사람들에게 수많은 비유로 하느님 나라에 관한 이야기를 전했는데, 물론 이 이야기들 대개는 매우 선명한 의미를 지니는 것이었을 게다. 그런데 그것이 전해지면서 이야기가 복잡하게 확장되었고 때로 뒤틀리기도 하면서, 결국 한 편의 수수께끼로 우리 앞에 놓이게 된 것이다. 다음에 인용하는 '달란트의 비유'라고 알려진 이야기는 바로

---

* 어린이도서연구회, 『미운 돌멩이』(오늘, 2006)에 수록.

이런 수수께끼화된 이야기의 단적인 사례라고 할 수 있다.

하늘나라는 또 이렇게 비유할 수 있다. 어떤 사람이 먼 길을 떠나면서 자기 종들을 불러 재산을 맡기었다. 그는 각자의 능력에 따라 한 사람에게는 돈 다섯 달란트를 주고 한 사람에게는 두 달란트를 주고 또 한 사람에게는 한 달란트를 주고 떠났다. 다섯 달란트를 받은 사람은 곧 가서 그것을 활용하여 다섯 달란트를 더 벌었다. 두 달란트를 받은 사람도 그와 같이 하여 두 달란트를 더 벌었다. 그러나 한 달란트를 받은 사람은 가서 그 돈을 땅에 묻어두었다. 얼마 뒤에 주인이 와서 그 종들과 셈을 하게 되었다. 다섯 달란트를 받은 사람은 다섯 달란트를 더 가지고 와서 "주인님, 주인께서 다섯 달란트를 내게 맡기셨는데 보십시오, 다섯 달란트를 더 벌었습니다" 하고 말하였다. 그의 주인이 그에게 "잘하였다. 너는 과연 착하고 충성스러운 종이다. 네가 적은 일에 충성을 다하였으니 이제 내가 큰일을 너에게 맡기겠다. 자, 와서 네 주인과 함께 기쁨을 나누어라" 하고 말하였다. 그 다음 두 달란트를 받은 사람도 와서 "주인님, 두 달란트를 저에게 맡기셨는데, 보십시오 두 달란트를 더 벌었습니다" 하고 말하였다. 그래서 주인은 그에게도 "잘하였다. 너는 과연 착하고 충성스러운 종이다. 네가 작은 일에 충성을 다하였으니 이제 내가 큰일을 너에게 맡기겠다. 자, 와서 네 주인과 함께 기쁨을 나누어라" 하고 말하였다. 그런데 한 달란트를 받은 사람은 와서 "주인님, 저는 주인께서 심지 않은 데서 거두시고 뿌리지 않은 데서 모으시는 무서운 분이신 줄로 알고 있었습니다. 그래서 두려운 나머지 저는 주인님의 돈을 가지고 가서 땅에 묻어두었습니다. 보십시오, 여기 그 돈이 그대로 있습니다" 하고 말하였다. 그러자 주인은 그 종에게 호통을 쳤다. "너야말로 악하고 게으른 종이다. 내가 심지 않은 데서 거두고 뿌리지 않은 데서 모으는 줄로 알고 있었다면 내 돈을 쓸 사람에게 꾸어주었다가 내가 돌아올 때에 그 돈에 이자를 붙여서 돌려주어야 할 것이 아니냐? 여봐라, 저자에게서 한 달란트마저 빼앗아 열 달란트 가진 사람에게 주어라. 누구든지 있는 사람은 더 받아 넉넉해지고 없는 사람은 있는 것마저 빼앗길 것이다. 이 쓸모없는 종을 바깥 어두운 곳에 내쫓아라. 거기에서 가슴을 치며 통곡할 것이다."

— 「마태오복음」 25장 14~30절

「마태오복음」에서 달란트의 비유는 아래 〈표 1〉에서 볼 수 있는 것처럼, 네 개의 비유 묶음의 일부로 편입되어 있다. 그리고 이 비유 묶음 앞뒤에 "'인자'가 올 때까지 준비하고 있으라"는 '경계의 말'(24:44)과, 인자가 곧 십자가에 매달려 죽임당하여 떠나게 될 것이라는 '예고의 말'(26:1~2)이 덧붙어 있다. 이런 상황설정 속에서 이 묶음은 예수가 제자들에게 한 말로 나온다.

〈표 1〉「마태오복음」 24장의 구조와 '달란트의 비유'

24장 44절	24장 45~51절	25장 1~13절	25장 14~30절	25장 31~46절	26장 1~2절
경계의 말	비유 1	비유 2	비유 3	비유 4	예고의 말
"인자가…"	신실한 종과 신실하지 않은 종의 비유	열 처녀의 비유	달란트의 비유	양과 염소의 비유	"인자가…"
	주재자 : 주인	: 신랑	: 주인	: 인자	

요컨대, 경계의 말과 예고의 말로 엮어진 이 네 비유들은 모두 예수가 재림할 때까지 신앙을 굳게 지키라는 권고에 초점이 있다. 여기서 이 비유들에는 모두 대조되는 두 부류가 등장하고 있으며, 이 두 부류의 주재자가 일시

적으로 그들을 떠나게 되었다가 훗날 귀환하게 된다는 상황이 설정되어 있다는 점을 주목할 필요가 있다(비유 1 : 주인 / 비유 2 : 신랑 / 비유 3 : 주인 / 비유 4 : 인자). 그리고 주재자의 부재중에 어떻게 대처했느냐에 따라 축복과 저주가 갈리게 됐다는 결론으로 맺음하고 있다는 것도 일치한다. 이것은 유사한 네 개의 비유들을 복음서 저자가 주의 재림을 기다리며 신앙을 지키는 신자들을 위한 권고의 비유로 묶어놓았다는 것을 의미한다. 다시 말하면 원래 예수의 비유를 저자는 이런 목적으로 개작했다는 것이다. 바로 이 개작과정에서 이야기의 수수께끼화가 불가피했다.

아마도 원래의 비유는 권고/예고의 말이 없었을 것이다. 즉 각기 다른 상황에서 발설되었던 것인데, 그때의 도입부는 사라지고, 「마태오복음」 저자가 이러한 형태로 대체했다는 것이다. 그렇다면 원래는 어떤 상황에서 발설된 비유였을까? 사라진 원래의 도입부를 알아낼 방도는 없을까? 비유 내용 속에서 그것을 추론해보자.

「마태오복음」의 구성 속에 들어 있는 이 네 비유 묶음은 모두 원형의 모습을 어느 정도 담고 있다고 보인다. 많은 학자들은 공히 특히 대조되는 두 부류 가운데 축복의 대상을 앞에, 저주의 대상을 뒤에 위치시키고 있다는 것이 그런 예라고 본다. 사람들은 이야기를 할 때 통상 강조하고 싶은 부분은 뒤에 위치시키는 경향이 있다. 이 비유를 그렇게 본다면, 축복의 대상보다는 저주의 대상에 초점이 놓여 있다고 보는 것이 타당하다. 주재자의 뜻을 잘 헤아리지 못한 자들은 저주받게 된다는 얘기다. 여기에는 어떤 완충장치도 없다. 오직 단호함만이 깃들어 있을 뿐이다. 즉 예수는 이 비유를 통해 누군가를 비판하고 있는 것이다.

반면 「마태오복음」은 그것을 제자들, 즉 신자들에 대한 권고로 바꾸는 과정에서 두 부류가 아닌 세 부류의 종을 설정하였고, 그 종들이 받은 '달란트', 즉 위임받은 사명의 크기를 다르게 묘사하는 것으로 보인다. 아마도 서로 잘 알고 있는 공동체 내에서, 어떤 이는 한결 신실하고, 또 어떤 이는 그만그만하고, 다른 이는 좀더 불충스러운 생활이 다 드러난 터에, 구성원 간의 다른 위상을 어떻게든 반영하지 않고서는, 그냥 단순하게 대조하는 것만으로는 충분한 설득력을 가질 수 없었던 탓이었을지도 모른다.

하지만 이야기 전개상 세 명의 종은 교회 내의 각기 세 부류를 대표하기보다는 사실 두 부류로 구분될 뿐이다. 받은 재화를 활용하여 배가시킨 종과 그것을 신주 모시듯 숨겨두었다가 그대로 반납한 종. 달란트를 배가시킨 두 명의 종에 관한 묘사방식이 서로 일치한다는 점은 이러한 이원분류가 삼원분류보다 이야기 전개상 더 자연스럽다는 것을 보여준다. 요컨대 우리는 복음서의 개작 이전에는 두 부류의 종이 이야기의 골격을 이루는 등장인물이었다는 점을 추론할 수 있다.

한편, 주인과 종의 대화에 관한 묘사방식에서 마지막 세 번째 종은 앞의 두 종과는 다를 뿐 아니라 그 분량도 좀더 길다는 사실을 주목하자. 그것은 이 비유의 강조점이 마지막 종에 있다는 점을 시사한다. 〈표 2〉는 이 비유의 원형의 기본 뼈대를 도표화한 것이다.

〈표 2〉 '달란트 비유'의 골격

		행위	결과	주인의 보상
종1	그룹 I	맡겨진 재화의 활용(공개)	배가	축복
종2				
종3	그룹 II	맡겨진 재화를 땅속에 묻어둠(은폐)	원상태 그대로	저주

이 비유에서 우리의 우선적인 관심은 '저주받은 종'이 실제로 누구를 가리켰을까이다. 필경 「마태오복음」은 공동체의 내부 구성원 사이의 최소한 삼분화된 집단을 나타내고자 했을 것이다. 하지만 그것이 원래 예수의 말에서도 그렇다는 것을 의미하지는 않는다. 오히려 위의 분석에서 볼 수 있듯이, 예수의 논쟁 이야기들에서 실제 비난의 대상은, 거의 예외 없이, 대중 위에 군림하는 권력자들이었다. 문제는 이 비유에서도 그러한 가정이 통하느냐에 있다.

〈표 2〉에서 보듯 '그룹 I'과 '그룹 II' 사이에는 맡겨진 재화에 대한 태도가 갈린다. 하나는 그것을 '활용'하는 반면, 다른 하나는 땅에 묻어둔다. 도대체 활용하는 것과 묻어두는 것은 무엇을 의미할까?

〈표 3〉 달란트 비유의 지시 형식과 지시 대상

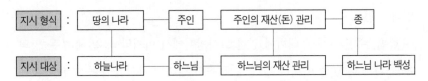

〈표 3〉에서 보듯 우리가 주목할 것은 이 비유가 하느님 나라를 묘사하고 있다는 점이다. 이것을 염두에 두면서, 재산에 대한 두 그룹의 태도를 유념하자. 그것은 단순히 상행위처럼 이윤에 관한 문제가 아니라는 것이다. 실제로 비유의 묘사에서 주인의 축복과 저주는 행위의 결과에 따라 달라지는 것이 아니라 활용태도에 따른 것이다. 행위의 결과는 단지 축복이 배가되었다는 것을 묘사해줄 뿐이다.

요컨대 '활용'과 '묻어둠'이라는, 주인이 위탁한 재산에 대한 종들의 두

가지 태도만이 우리의 주목거리인 셈이다. 자 이제 하늘나라의 재산을 활용한다는 것이 무엇인지를 상상해보자. 예수의 하느님 나라는 가난한 사람, 병자, 갇힌 자 등을 향해 설파된 구원의 메시지를 축약한 것이다. 바로 이 메시지, 그리고 그러한 실천을 하는 것, 바로 이것을 활용하는 것이다. 반대로 땅에 묻어둔다는 것은 그것은 '은폐'한다는 것을 의미한다. 구원의 기쁜 소식을 숨기는 것 말이다. 한데 도대체 누가 그런 행위를 한단 말인가?

중세교회의 권력자들은 주의 영광이 '속된' 사람들의 입에 의해 훼손될까 봐 『성서』 번역을 금하고 예전(禮典)을 대중이 알아들을 수 없는 라틴어로 거행했다. 그리고 오늘날까지도 교회는 높은 단을 만들고 성직자 외에는 올라설 수 없도록 했다. 또 세상이 선한 사람과 악한 사람이라는 단순 분류된 두 집단의 상호투쟁이라는 속류 영화의, 만화 같은 세상을 홍보하는 이 세계의 온갖 지배적 담론들은 악한 사람에게 선사할 구원의 말 한마디도 남겨두고 있지 않다.

여기에서 우리는 권력이 악으로 상징되는 대상을 응징하고, 자신은 선을 수호하는 진리체계의 담지자인 양 포장하고 있는 것을 보게 된다. 여기서 진리는 항상 '속된 사람들'에게는 '은폐된 그 무엇'이다. 동시에 그것은 이른바 '거룩한 사람들', 거룩하다고 규정된 사람들에게만 베일이 벗겨져 있다. 이 은폐의 담론영역이 무엇이든, 그것이 세속적이든 아니든, 진리 공개-비공개의 담론이 신비화되어 있기 때문에 결국 그것은 '은폐의 신학'인 셈이다.

세례자 요한은 죄인들에게 '세례'를 베풀었다. 그것은 죄를 사면한다는 표징이다. 죄를 사면하는 기구인 성전제사가 요한 시대에 갑자기 없어져서가 아니다. 아니 오히려 그것은 너무나 웅장한 성전과 함께 연일 드려지고 있고, 또 명절 때는 거대한 국가적 행사로 치러졌다. 4년마다 열리는 월드컵이 축구를 통한 세계평화의 상징이라면, 성전제사는 매년 드려지는 죄인을 향한 하느님의 사면복권의 상징이었다. 한데 '2002년 한일 월드컵'을 위해 한국에서 일부 사람들이 삶터에서 쫓겨나고 일터를 빼앗긴 것처럼, 성전제사도 일부 사람들을 더욱 깊은 죄의 수렁 속으로 내동댕이쳤다. 이때 월드컵이 평화의 상징이 아닌 것처럼, 성전의 제사는 구원을 가져다주는 것이 아니다. 아니 그것은 구원을 은폐하는 기구인 것이다.

세례자 요한이 성전에서 은폐의 신학을 보았다면, 예수는 성전뿐 아니라, 사람들의 일상 구석구석에서 그러한 은폐의 신앙 메커니즘이 작동하고 있다는 사실을 직시했다. 바로 이러한 문제의식이 예수의 삶을 지배했다.

예수는 성전 제의 용어인 거룩한 히브리어를 쓰기보다는 대중의 일상어인, '속된' 아람어를 쓰면서 하느님과 그 나라를 이야기했다. 그는 거룩한 성전이나 회당보다는 저잣거리와 마을공터에서 하느님과 그 나라를 선포했다. 또 경건한 사람처럼 행동하기보다는 마시고 먹기를 탐하는 사람처럼 자유롭게 처신했고, 더러운 자들로 분류된 사람들—세리, 창녀 같은 사람들—의 친구로 알려졌다. 예수는 이런 사람들이 야훼에게 가까이 가지 못하도록 막는 온갖 '은폐의 신학'에 대항했던 것이다.

비유에서 저주받은 종은 항변한다. "주인님, 저는 주인께서 심지 않은 데서 거두시고 뿌리지 않은 데서 모으는 분이신 줄로 알고 있었습니다." 이것은 주인으로 상징되는 하느님이 거룩을 독점하는 존재라는 뜻이다. 거룩의 본질은 오직 하느님으로부터만 발원될 뿐이고, 그렇기에 누군가의 노동도 필요하지 않으며, 오히려 다른 이가 그것을 더욱 빛나게 하겠다고 덤벼드는 섣부른 행동을 막아야 한다는 것이다. 이 세상에서 거룩/진리를 독점하는 사람들의 온갖 명분처럼 말이다. 반면 축복받은 종들은 그것을 수중에 장악하여 누구도 접근하지 못하게 한 것이 아니라, 세상에 공개했다. 마치 돈을 늘리려면 시장에 내놓아야 하듯이, 그래야만 그것이 배가될 수 있듯이, 거룩 또한 폭로해야만 그것이 더욱 거룩해진다는 뜻이다. 예수는 바로 이런 시장의 논리를 빗대어 거룩/진리를 장악하고는 모든 이들과의 접촉을 막는 은폐의 신학, 그런 신학의 주역들을 비판하고 있다.

위임받은 달란트를 활용하는 것은, 거룩한 것의 공개를 의미한다. 은폐가 아니라 폭로가 필요한 것이다. '거룩함/진리'는 누구의 수중에 장악되어야 하는 것이 아니라, 모두에게 폭로되어 공유되어야 한다는 얘기다. 진리는 그것을 가진 자가 바로 자신을 비워야만 비로소 그 빛을 온전히 드러낼 수 있는 것이라고.

변두리에서 중심으로 가는 길

※ 이제까지 보아온 것처럼 예수는 당시의 지배체제에 대해 가장 근본적인 비판을 가한 사람이었다. 하지만 여기서 우리가 주지할 것은, 그가 비판한 대상이 억압적인 정치제도만은 아니었다는 사실이다. 사람들을 권력의 노예로 만드는, 그래서 자기를 내리누르는 권력에 스스로 굴복하게 할 뿐 아니라, 자기 자신을 자신보다 '약한' 이들을 지배하려는 욕망의 노예로 만드는 그러한 권력 메커니즘 전체를 예수는 비판했던 것이다.

앞에서 논한 것처럼 팔레스타인의 두 유형의 지배양식 중 하나인 '산헤드린-성전-로마제국'으로 이어지는 '지배코드 1'은 억압적 기제를 통해 사회를 지배했다. 즉 그것은 억압적인 정치적 제도의 핵이었다. 한편 '성전-회당'의 '코드 2'는 상징을 통해 사람들을 권력의 욕망 속으로 몰입하게 하는 효과를 발휘했다. 예수의 권력비판은 이 둘을 아우르는 지배의 체제와 대결했던 것이다.

예수의 이러한 활동은 예루살렘을 향한 여정에서 절정에 이른다. 그것은 우리 각각의 안팎을 둘러치고 있는 권력이라는 악령과의 투쟁의 절정이기도 하다. 그러나 잘 알다시피 예수는 이 최후의 전투에서 실패했다. 그는 체포되었고 고문당하였으며 승자의 잔인한 축가를 뒤로하며 최후를 맞이했다. 그럼에도 우리는 이 실패한 싸움이 사실은 실패가 아니라고 얘기하고 싶어한다. 그것은 승리였다는 것이다. 그리고 이 반전을 위해 우리는 그의 '부활'을 얘기한다.

한데 그래서 어쨌단 말인가? 그가 영광스럽게 부활함으로써 승리했다고? 도대체 그래서 무엇이 달라졌단 말인가? 예수가 치유할 악령들인 사람이 없어졌단 말인가, 회당에서 축출된 사람들의 하소연이 사라졌단 말인가? 아무것도 변한 것은 없는데, 여전히 정의의 하느님은 현실 속에서 끊임없이 패배하고, 불의의 존재는—그것이 이집트든 바벨론이든 로마든, 아니 자본주의 또는 신자유주의든—전지전능 무소부재의 권력을 휘두르며 세계를 지배하고 있는데, 도대체 무엇에게 승리했기에 혀가 마르도록 승리의 찬양을 부르며, 성탄일을 자축하며 환호해 마지않는가? 눈물나도록 고맙게도, 자본이라는 전능자는 엄청난 재화를 쏟아 부으며 이날을 최대의 소비축제일로 만들어주었다. "하늘에는 영광, 땅에는 평화!"

그러나 예수의 권력비판은 그의 처형으로 끝장나버리고 말았다. 흩어진 제자들의 사라진 자취를 뒤로하며, 예수의 권력비판은 막을 내렸다. 성탄절을 화려하게 치장하는 장대한 성가 헨델의 '메시아' 선율 속에서 예수는 최후의 숨을 거두었다.

그럼에도 우리는 다시 반전을 얘기할 것이다. 왜냐하면 실제로 예수의 부활 이야기가 존재했고, 그것은 끝장난 줄 알았던 권력을 향한 단호한 비판 선포의 메아리로 되돌아왔기 때문이다. 흩어진 제자들이 다시 모이고 쓰러진 그에 관한 담론이 생기를 얻어 일어나 살점을 얻고 몸을 이루어 또 다른 투사로, 전태일로, 민중의 얼굴로 역사의 무대 위에 거듭 되살아났기 때문이다(단, 우리가 얘기하는 반전은, 그가 적을 괴멸시켰기 때문이 아니라 그의 이야기가 계속된다는 의미에서다). 이번 장의 이야기는 바로 이 반전에 관한 얘기다. 예수의 입을 통해 발설됐고 그의 몸을 통해 실연(實演)되었던 권력비판은 이제 이런저런 변두리 사람의 몸속에서 부활하여 또 다른 권력비판의 소리로 되살아났고, 그것은 다시 또 다른 이들의 가슴속에서 환생하게 된/될 것에 관한 얘기다. 그러므로 이번 장의 주인공은, 그 이름이 누구로 나오든, 바로 우리 속에 가능성으로 존재하는 우리 자신이다. 바로 우리의 결단에 관한 이야기를 하고자 함이다.

다음의 이야기는 예수가 안장될 무덤의 소유주였던 아리마태아 사람 요셉이라는 인물에 관한 상상으로 채워질 것이다. 그것은 이 사람에 대한 『성서』의 정보가 극히 제한되어 있기 때문이다. 하여 여기서는 동시대의 주변정황에 대한 역사적 정보들을 바탕으로 한 상상력을 펼칠 예정이다.

예수 일행이 예루살렘 성에 도착했다. 닷새 후면 해방절(유대 월력 니산월 15일―니산월은 3~4월 사이)이 오고,* 그때부터 일주일간은 '누룩 없는 빵'을 먹는 무교절 기간(유대 월력 니산월 15~21일)이다. 유대에서 가장 큰 절기인 이때에는 팔레스타인뿐 아니라, 로마제국 내 여러 지역과 메소포타미아에서, 그리고 도시뿐 아니라 농촌에서 많은 사람들이 예루살렘으로 몰려든다. 이 기간 동안 사람들은 한껏 들떠 있다. 무엇보다도 메시아가 도래할 때일지도 모른다는, 그리하여 억압에서 해방되는 날이 도래하리라는 생각이 그들

---

* 「마르코복음」 14장 1절에는 "과월절 이틀 전, 곧 무교절 이틀 전이었다"는 표현이 나온다. 그때는 예수가 예루살렘에 처음 입성한 지 사흘째 되던 날이었다.

을 한껏 달아오르게 했다.

그들이 보기에 예수는 분명 메시아였다. 그 앞에선 로마군대도 쥐 죽은 듯 꼼짝 않고 있었고, 성전 경비병들도 어찌하지 못했다. 율사나 귀족들이 보낸 사람들도 번번이 예수 일행에게 모욕을 당하며 혼비백산했다. 예수 일행이 주도하는 집회장을 중심으로 성전은 연일 해방구가 되었다. 이제 하느님이 메시아 예수를 통해 벌일 그 통쾌한 심판행위는 임박한 듯했다.

그러나 나흘째 되던 날, 분위기는 급반전한다. 그는 산헤드린 의회의 기소로 로마총독에 의해 사형판결을 받는다. 채찍으로 실신지경까지 얻어맞은 후 처형장인 골고다 언덕에서 '메시아'는 처참한 최후를 맞이한다. 그를 따랐다던 그 '늠름한' 제자단은 모두 어디로 갔는지……. 하느님 나라 도래의 기대는 3일 천하로 끝나버렸다.

그런데 이때 네 복음서들은 모두 느닷없이 한 인물의 등장을 언급한다(「마르」15: 42~47; 「마태」27: 57~61; 「루가」23: 50~56; 「요한」19: 38~42). 그는 아리마태아 출신 요셉이라는 사람으로 (산헤드린) 의회 의원이다. 이 인물은 총독 빌라도에게 청하여 실패한 '메시아'의 시체를 자신의 무덤에 안장한다. 그런데 바로 이 무덤에서 예수의 '시신'이 사라져버린다. 그리고 이는 곧 그의 부활 소문으로 이어진다(「마르」16: 1~8).

우리는 이 사건 외에 그에 관한 어떠한 역사적 정보도 발견할 수 없다. 『성서』에서의 그는 단지 빈 무덤의 주인, 정녕 메시아는 죽고 말았다는 사람들의 일반적인 '헛짚음'을 상징적으로 대표하는 그런 사람으로만 보일 뿐이다. 세 번에 걸친 부활 예고에도 불구하고 기어이 무덤을 찾아가야 했던 '둔한' 여인들처럼……(「마르」16: 1).

이 여인들은 그의 시신에나마 마지막 정성을 쏟아 붓기 위해 그곳으로 갔다가 빈 무덤을 발견한다. 그런데 놀랍게도, 메시아가 다시 살아났다. 예수가 체포되고 처형되는 순간 흩어져 달아났던 제자들은 다시 모여서 그의 부활소식을 전하며 예수운동을 계승하는 사도들이 된다. 반면 주의 처형장면을 목격하였고(「마르」 15: 40), 그의 마지막까지도 함께하고자 했던 세 여인과 아리마태아 요셉은 역사의 무대에서 사라져버린다. 물론 이 여인들의 사라짐은 남성 중심의 이야기 구성의 소산임이 밝혀졌다. 실제의 역사에서 그녀들이 남성 제자들 못지않은 활약을 보였음에도 말이다. 그렇다면 아리마태아 요셉은 어디로 갔는가? 그를 역사의 무대에서 추방한 이들은 누구인가? 누가 그 기억을 말소시켰는가?

명절을 며칠 앞둔 예루살렘 성문으로 통하는 도로에는 성전을 향하는 사람들의 행렬이 중단 없이 이어지고 있다. 대규모의 제물과 헌납물을 가져오는 대부호의 긴 행렬, 명절 기간 동안 소비할 물품을 실어오는 대상(隊商) 일행, 고향마을에서 모은 제물을 낙타나 말, 또는 말이 끄는 수레에 가득 싣고 순례길에 오른 '바리사이', 그리 크지 않은 봇짐을 지고 혹은 빈손으로 상경하는 수많은 사람들 등등. 이들은 삼삼오오 짝을 지어, 혹은 꽤 많은 무리를 이루며 예루살렘에 도착했다.

어느 정도 여유 있는 사람들은 성안의 여관이나 민가에 여장을 풀었고, 약간의 여비밖에 없는 사람은 성밖 농가에 묵었다. 그나마 아무것도 가진 것이 없는 이들은 집단으로 성밖 공터에 노숙하였다.

날이 밝자마자 사람들은 너도나도 성전 안으로 몰려든다. 벌써 상인들은 제사용 제물과 화폐를 늘어놓고, 더 많은 사람이 당도하기 전에 제의용품을 사두려는 순례객들과 흥정하는 데 열을 올리고 있었다. 지방에서 차출된 사제들은 이리저리 바삐 뛰어다니며 제사준비에 여념이 없고, 성전 경비병들은 요소요소에 배치되거나 대열을 지어 순찰하고 있다. 명절 때는 으레 비상경계령이 내리기 때문에 전 병력이 경비업무에 동원되었던 것이다.

요셉은 고향인 아리마태아*에서 순례차 방문한 사촌조카를 데리고 성전을 안내하며 거닐고 있다. 그는 평신도**여서 성소 안으로는 들어갈 수 없었지만, 산헤드린 의회 의원이라는 신분 때문에 경비대 사무실이나 성가대 막사, 창고 등 다른 부속건물들을 구경시켜줄 수는 있었다. 그들은 성전 뜰로 나왔다. 많은 인파가 들끓었고, 여기저기에서 크고 작은 집회가 열리고 있다. 이런 일은 명절 땐 흔한 일로서, 각처에서 온 사람들 간에 토론과 논쟁이 벌어지는 장이다. 대개는 하느님 나라 도래에 관한 이야기가 논쟁의 화두가 된다. 어려서 안티오키아에 유학을 갔다가 십수 년 만에 귀향한 조카는 이런 장면을 신기하게 여기며 유심히 본다.

그런데 갑자기 상인들이 있는 곳에서 시끄러운 소리가 들리면서 사람들이 와르르 몰려갔다. 무슨 난동이 있나 싶었다. 얼른 상황을 알아보고 온 종은 예수라는 자와 그 일행이 상인들의 좌판을 둘러엎는다(「마르」 11: 15)고 보고한다. "갈릴래아에서 기적을 베풀고 다닌다는, 세례자 요한의 제자인지 분신인지 하는 그 예수라는 사람 말이냐?" 종은 전에 자신이 말해준 것을 떠올리며, 상기된 표정으로 그렇다고 대답했다. 요셉은, 생기가 돋아나고 의기

---

* 아리마태아는 그 위치가 명확하지 않은데, 많은 고고학자들은 예루살렘 북서부 22마일 거리에 있는 라마 또는 라마다임(사무엘의 고향, 「사무엘기상」 1장 19절)을 가리킨다고 본다. 이곳은 유대 지방과 사마리아 지방의 접경에 속하는 오래된 성읍으로, 오래전부터 야훼신앙의 중요한 본거지 중 하나로 알려져 있다. 예수 시대에 이곳은 사마리아적 야훼신앙보다는 유대적 신앙과 밀접했던 것으로 추정된다. 이곳 출신 요셉은 필경 예루살렘으로 이주해 와서 살고 있었던 것으로 보이며, 그의 많은 친족들은 아리마태아에 거주하고 있었을 것이다.
** '유력한'이라고 번역되는 그리스어 '유스케몬($\varepsilon\nu\sigma\chi\eta\mu\omega\nu$)'은 사제보다는 평신도 귀족을 가리키는 어법이다.

양양해하는 심정을 애써 감추려는 종의 태도를 간파하면서 자신도 모르게 흥미가, 아니 가슴이 슬금슬금 뜨거워지는 것을 느끼고 있었다.

사실 그는 일생 동안 하느님 나라 도래를 열망하며 살아왔다(「마르」 15: 43). 그랬기에 그는 율법을 실천하는 데 누구보다 충실했으며, 가난한 이들의 아픔을 이해하고 그들에게 아낌없이 베풀 줄 아는 "선하고 의로운"(「루가」 23: 50) 사람이었다. 그는 하느님 나라를 이룰 메시아가 도래할 시발지가 예루살렘이라는, 사람들의 일반적인 믿음에 따라 자신의 거주지를 아리마태아에서 예루살렘으로 옮겼다. 만약 메시아가 나타난다면 그이를 섬기는 데 온 재산을 다 바치리라는 결심을 가지고.

소문대로라면 예수라는 분은 메시아일지도 모른다고 생각했다. 순식간에 경비병들이 몰려와서 집회를 해산하려 했으나, 엄두를 못 내고 그냥 집회장 주변에 도열해 있기만 했다. 이런 장면을 보고는 망설이던 많은 사람들이 시위대에 끼어든다. 자신의 익명성이 보장될 수 있었던 탓이리라. 하지만 요셉은 이 무리의 대열에 끼는 것조차도 불가능했다. 그는 단지 멀찍이 서서 그냥 바라만 보아야 했다. 누구라도 그의 푸른 옷을 본다면 대번에 자신의 신분을 알아차릴 것이기 때문이다. 얼마 전 산헤드린의 동료의원인 요나단이 해준 말에 따르면, 이 인파들 가운데는 로마의 비밀경찰이나 대사제의 밀정들이 섞여 있다는 것이다. 포악하기로 소문난 총독 빌라도와, 교활함에 있어 둘째라면 서러워할 대사제 가야파, 그리고 비쩍 마른 몸에 잔인한 눈썰미를 가진 그의 장인 안나스의 눈에 난다면 자신은 물론이고 사랑하는 아내와 아들과 딸들, 그리고 고향에 있는 사돈에 팔촌까지 결단나버리고 말 것이다.

요셉은 집에 돌아와서까지 곰곰이 그 일에 대해 생각했다. 그이가 메시아임이 분명하다면 물론 당장 나서서 그를 위해 일할 수 있을 것이다. 하지만 문제는 그것이 불확실하다는 데에 있다. 그냥 믿고 행하기에는 치러야 할 대가가 너무 막중했다. 그동안 쌓아온 부와 명성과 지위 그리고 유복한 가족, 이 모든 것이 한꺼번에 날아갈지도 몰랐다. 성밖에서 아무한테나 고개를 조아리며 구걸하는 아내, 아부하기 좋아하는 성전 수비대장인 뚱뚱이 사제 같은 비열한 귀족들 집에 노예로 팔려가는 자식들…… 상상만 해도 몸서리치는 일이다.

그런데 그 예수란 이가 메시아든 아니든 간에 분명한 것은 그가 '의로운' 사람임에는 틀림없다는 사실이다. 아까 집회장소에서 그분이 말했다던 성전에 대한 비판은 구구절절 옳은 얘기가 아닌가. 정말이지 "모든 민족을 위한 기도의 집"인 성전을 장사치들이 "강도의 소굴"로 만들어버렸지 않은가?(「마르」 11: 17) 그분을 낳은 어머니는 어떤 이일까? 아내나 자식은 있을까? 저렇게 용감하게 말하고 다닐 때 그의 가족의 심정은 어떨까? 그분을 따르는 제자들과 주위에 모여든 무명의 군중은 한데 어우러져 집회를 열고 있었지만, 평소에 모든 것을 하느님 나라를 위해 다 바치리라고 자부했던 요셉은 집회의 '변두리'에, 그것도 은밀하게 서 있을 뿐이었다.

이튿날 오후 산헤드린 의회가 소집되었다. 예수에 대한 대책을 숙의하는 자리다. 말이 좋아 의회지, 실은 안나스와 가야파의 의지를 공식적 의지로 보증해주는 '박수부대' 이상의 의미를 갖지 못했다. 누구도 이들과는 다른 자신의 생각을 펼칠 수는 없었던 것이다.

회의 결론은 "명절 때 사람들을 자극하는 것은 현명한 일이 못 되니 그의 체포는 일단 유보하자"(「마르」 14: 1~2)는 것. 요셉은 착잡한 심정으로 돌아왔다. 언제나 그랬지만, 안나스와 가야파의 독선이 몹시 불쾌했다. 그리고 한마디 항거도 못한 채 앉아만 있는 의원들의 기회주의적 태도가 못마땅했다. 하지만 자신도 그들과 아무런 차이가 없다는 사실이 그를 너무나 비참하게 만들었다. '메시아의 모임'에도 산헤드린의 모임에도 그가 할 수 있는 일이란 아무것도 없다. 그는 이곳이든 저곳이든 단지 '변두리 사람'일 뿐이다.

그날 밤, 낮에 열렸던 회의 결의에 대해 갑작스레 번복이 있었고, 가야파의 사병들이 예수를 체포했다. 가야파의 집 뜰에서 심문이 있다는 소식, 이튿날 아침 빌라도의 관저에서 재판이 있다는 소식, 그리고 그분이 사형판결을 받았다는 소식 등이 숨 가쁘게 계속 전해졌다. 어찌해야 할지 갈피를 못잡고 있는 요셉에게 이러한 상황전개는 도무지 따라잡을 수 없을 만큼 빨랐다. 그의 마음속에는 오만 가지 생각이 교차하고 있었고, 잠시도 한 자리에 앉아 있지 못하고 정원 이곳저곳을 오락가락하면서 초조하게 움직여댔지만, 실제로 그는 어느 곳에도 참석하지 못했다.

그분이 골고다 언덕에서 십자가에 못 박혀 매달렸다는 소식을 듣고서야 서둘러 그 '현장'으로 향했다. 그곳은 참 소란스러웠다. 십자가를 향해 퍼붓는 야유소리가 무성했고(「마르」 15: 29), 무엇이 그리 통쾌한지 사람들 표정엔 잔인한 생기로 가득하다. 밀정들의 감시의 눈이 두려워서인지 아니면 실망해서인지 어느 누구도 반박하는 사람이 없다. 그저께 상인들의 좌판을 둘러엎을 때, 환호하던 자들은 모두 어디 있는가, 서로 자기가 예수라도 된 듯이 의기양양하게 이 일을 주도했던 그분의 제자들은 또 어디에……

요셉은 기적을 기다리고 있었다. 당장이라도 벼락소리가 나고, 하늘에서 천군천사가 내려와서 형틀에 매달린 '저주받은 메시아'를 구출하고(「마태」 26: 53), 로마군과 그들의 간교한 앞잡이들을 궤멸시키는 장면이 떠올랐다. 이렇게 시작된 대심판은 마침내 하느님 나라 도래로 귀결되리라…… 그는 속으로 기도했다. 간절한 마음으로.

이따금 신음소리를 내던 십자가에 달린 '메시아'가 갑자기 절규하듯이 고함을 지른다(「마르」 15: 37). 요셉의 숨이 순간적으로 멈춘다. 심장도 박동을 그친 듯. '아, 드디어 그 일이 벌어지나 보다.'

이 정적이 얼마나 되었을까? 사람들 한쪽에서 웅성거리는 소리가 들린다. 누군가가 소리쳤다. "그가 죽었다."

요셉은 고개를 쳐들고 십자가를 바라봤다. 그분은 죽은 듯이 축 늘어져 있다. 신음소리도 그쳤다. 집행관이 그분의 옆구리에 창을 찌르는 것(「요한」 19: 34)을 확인하는 순간, 요셉은 서둘러 빌라도의 관저로 달려갔다. 무엇 때문에 이러는지 그 자신도 몰랐다. 그냥 몸이 가는 대로 갈 뿐. 길을 가는 중에 문득 자기 무덤용으로 준비해둔 동굴이 생각났다. '그래, 그분을 거기에 안장하게 해달라고 부탁해야지.'

빌라도는 이 인품 좋은 호인의 느닷없는 방문에 의아해하면서도 평소 호감을 가지고 있었던 터라 그를 기꺼이 맞이했다. 빌라도는 재작년 마차경주에 산헤드린 의원들을 초대했을 때를 떠올렸다. 그는 별나게 말수가 적었다. 저녁 만찬 자리에서도 다른 의원들은 입에 침이 마르도록 아첨을 해댔지만, 그는 끝내 잠잠히 있었다. 몇 마디 물으면 짧게, 그러나 성의 있게 대답하곤 했다. 의원들을 내사했던 정보담당 부관의 보고에 따르면 그는 강직하고 말수가 적으며, 자기들 율법에 충실한 사람이라는 것이다.

빌라도 자신은 귀족이 아니라 평민출신의 신흥자산가로, 황제에게 아첨과 뇌물을 통해 부상한 자였다. 그 주위에는 자신처럼 상승욕구를 충족시키기 위해 별의별 짓거리를 다한 사람들로 가득했다. 그래서인지 그는 요셉처럼 권력에 초연한 사람에 대해 깊은 열등감과 존경심을 갖고 있었다.

요셉의 부탁은 퍽 당돌했다. 감히 국사범의 시신을 달라니 말이다. 십자가에 처형되는 사람을 위해 눈물만 흘려도 즉시 그 자를 십자가형에 처하는 것이 관행인데…….

십자가 처형이란, 죽음을 맞이하는 순간까지 가장 처참한 고통을 맛보게 하는 잔혹한 처형방식이다. 십자가에 달린 사람은 피를 너무 흘려 탈진상태에서 서서히 죽어간다. 새들이 눈을 파먹고 가슴과 배의 살점을 뜯어먹고, 무더운 기온에 몸이 조금씩 썩어가는 것을 느끼면서 죽어가는 것이다. 하지만 이 잔혹한 처형방식은 그것으로 끝나지 않는다. 죽은 시체까지도 들에 내던져서 개들과 새떼의 먹이가 되게 했던 것이다.

그런데 이런 처형관행과 그 방식의 이유를 모를 리 없는 산헤드린 의원이 자신을 찾아와서 그를 자기 무덤에 안장하게 허락해 달라고 요구하는 것이다. 이 어처구니없는 요구에도 빌라도는 총독의 품위를 지키기 위해 딴 척을 부린다. 그는 백부장을 불러서 예수가 벌써 죽었는지를 확인하라고 명령한다(「마르」 15: 44). 실은 벌써 죽었다는 것 자체가 약간은 의외였다. 아무리 빨리 죽어도 하루는 끄는 것이 상례고 어떤 경우는 3일 정도 지나서야 죽는데, 처형 개시부터 불과 여섯 시간밖에 지나지 않아 그가 죽었다니 말이다. 백부장이 확인하러 가는 동안 빌라도는 요셉과 여러 이야기를 나누었다. 그는 점점 이 사람의 진지함에 끌리고 있었다. 백부장이 예수의 죽음을 보고하는 때에 그는 이미 허가결정을 내리고 있었다.

요셉은 시신을 정성껏 손질했다. 머리에 쓰인 가시관을 빼내고 상처를 닦아냈다. 채찍에 긁힌 등허리의 흉터도 닦았고, 못에 박힌 손과 발, 그리고 창에 찔린 옆구리의 흉터도 조심스럽게 다듬었다. 그러고 나서 자신의 무덤으로 만든 동굴에 그분을 안장하고는 종을 시켜 사오게 한 삼베로 수의 삼아 시신을 덮었다. 그는 집에 돌아와서 그분을 위해 기도를 드렸다. "하느님, 이의로운 사람을 받아주소서."

예수가 죽은 지 이틀이 되던 날은 안식일이었다. 삼일째 되는 날 새벽, 예수의 제자였던 세 여자가 시신에 향료를 바르러왔다가 시신이 없어진 것을 발견한다. 그녀들의 이야기에 따르면 동굴 입구의 커다란 돌이 굴러서 열려져 있었고, 흰옷 입은 청년이 나타나 그분이 부활하셨으며 갈릴래아로 먼저 가 있다고 전해줬다는 것이다(「마르」16 : 1~8).

이 증언이 사실이라면 흰옷 입은 청년은 누구며 동굴 입구는 어떻게 열렸다는 것일까? 죽은 자가 되살아난다는 것이 도대체 사실이라는 것인가? 만일 예수가 완전히 죽은 것이 아니라 가사상태에 빠졌다가 되살아난 것이라 할 때, 누군가의 치료가 없었다면, 그리고 동굴 문을 열어주고 피신시켜준 협조가 없었다면 이런 일은 불가능하다.

예수의 부활소식은 순식간에 퍼졌다. 그분의 제자들은 다시 모였고 모종의 활동을 개시했다. 그분을 메시아로 받아들였던 민중은 되살아난 메시아 소식을 가지고 각자 자기 고향으로 되돌아갔으며, 일부는 아예 예루살렘에 남아서 제자들과 더불어 예수운동에 가담한다. 되살아난 메시아의 이야기는 하느님 나라를 기다리는 모든 사람들의 가슴에 해방을 향한 희망을 불어넣어주었다.

예수를 체포하고 처형함으로써 당장의 위험요소를 제거하는 데 성공했던 집권층에게 그의 부활소식과 이에 따른 일련의 분위기는 적지 않은 파문을 일으켰다. 그들은 이것을 시체 도난사건으로 공식인정했고, 필시 이 사건의 범인색출 수사에 들어갔을 것이며 책임자 처벌을 단행하였을 것이다. 아리마태아 요셉은 이 사건의 유력한 용의자였다. 당국이 그를 범인으로 실형에 처했든 아니든 간에, 적어도 그가 책임자 처벌대상에 포함되었음은 분명하리라.

아리마태아 요셉! 우리는 이 인물에 관하여 더 이상 캐낼 수 없다. 다만 그에 관해 이러한 결론을 내리는 것은 가능하다. 그는 예수운동의 '변두리 사람'이었다. 그러나 이 '하느님 나라를 기다리는 사람'의 마지막 고뇌에 찬 결단은 쓰러진 예수운동 재건의 기폭제가 된다. 예수의 권력비판의 목소리는 '또 다른 예수들'을 통해서 부활했다. 이제 그는 예수운동의 '변두리 사람'이 아니라 '중심부 사람'이 된 것이다.

역사의 예수 연구논평

'교회의 예수' 대 '역사의 예수'

갈릴래아의 예수, 유럽의 예수, 변선환 찍고, 안병무의 전태일–예수

'교회의 예수' 대 '역사의 예수'

독백하는 신앙에서 대화하는 신앙으로

🌿 40대 초반 남녀들로 구성된 한 독서모임에서 있었던 일이다. 한 남자가 자기 집 옆의 상가가 철거되고 큰 교회가 세워진다는 것에 불평한다. 서로의 근황을 묻던 대화는 샛길로 빠진다. 그의 감칠맛 나는 화술 탓이기는 하지만, 그럼에도 터무니없이 과장됐다고 말하기 어려운 사연들에 충분히 공감할 수 있었기에 느닷없이 당한 그의 '불행'에 대해 사람들은 한마디씩 거든다. 이웃에 교회가 들어서는 일에 대해 교인이 아닌 사람들의 일반적인 인식을 엿볼 수 있었다. 공적 담론을 떠나 사람들의 일상에서 교회는 일종의 혐오시설로 간주되고 있는 것이다.

소규모 사업체를 운영하는 한 남자는 모태신앙이지만 지금은 교회의 냉담자인데, 주일 외에는 교회와 담을 쌓고 산다. 목사를 비롯한 많은 교인들이 부지불식간에 던진 말들로부터 깊은 상처를 받았기 때문이다. 자기의 속사정도 모르면서 이혼한 경력을 두고 교인들이 미리 재단하려 한다는 것이다. 또한 교회 중심부가 이해집단의 이익과 놀랍게도 견고하게 얽혀 있다는 사실도 사업을 하다보니 알게 되었다고 한다. 심지어 사업상 만나게 되는 사람이 독실한 기독교인이어도 그는 불편해한다. 조금만 가까워지면, 자기의 삶 구석구석까지 끼어들어 평가하려 하는 데 질렸기 때문이다. 다르게 산다는 것에 대해 관용할 수 없는 종교가 그에겐 더없이 부담스럽다. 그럼에도 교회를 떠나지 못하는 것은, 중요인물이 아니면서도 교인으로서 소임에 신실한 부모님이 아직 그 교회에 계시기 때문이다.

냉담신자는 이렇게 만들어지고 있다. 투명하지 않은 이해관계가 교회의 권위구조와 긴밀히 얽혀 있고, 타인의 경험에 진지하게 마주하지 않은 채 그의 삶에 개입하려는 태도 등이 신앙의 이름으로 정당화되고 있는 한 교회의 소수자가 안 만들어진다는 게 이상한 일이다.

두 가지 사례만으로도 오늘날 우리의 교회가 겪고 있는 위기는 심각하게 느껴진다. 앞의 사례에서 선교의 위기는 사람들의 일상 속에서 공공연히 드러나는데, 그것은 두 번째 사례를 통해 단지 선교의 위기만이 아닌, 신앙의 내적 구조 깊은 곳까지 닿아 있는 위기구조와 연관되고 있음을 보여준다. 게다가 한국의 선교 모국이라는 미국의 근본주의적 신앙이 보여주는 패권주의적이고 폭력적인 태도는 기독교도인 우리조차도 당혹스럽게 한다.

예수를 역사적으로 묻는다는 것은 바로 이런 맥락에서 가장 신랄한 교회적 신앙의 성찰지점이다. 이러한 질문에는 '교회의 예수'가 정당했는지에 대한 의문이 도사리고 있기 때문이다. 실제로 연구사적으로 '역사의 예수'라는 질문방식은 '교회의 예수'를 발본적으로 성찰해야 한다는 근대 계몽주의적 시대인식과 맞닿으면서 출발했다. 또 이러한 연구사적 의제가 실패한 듯한 1960~70년대에도 한국을 포함한 제3세계 지역의 급진적 신학들은 '역사의 예수'를 재론하면서 기독교의 제국주의를 비판했고, 정치권력의 폭압성에 저항했다.

1980년대 중후반 이후 북미를 중심으로 다시 부활하고 있는 '역사의 예수' 연구의 붐은 교회와 예수 간의 폐쇄적인 연계고리를 문제시하는 담론을 통해서 대중사회와 접촉점을 발견하고 있다. 이것은 앞서 말한 초기 예수연구가 당시 새롭게 주체화되어 사회적 의제집단으로 부상하고 있던 부르주아 계층의 교회와 사회에 대한 인식이 연구상황에 반영된 것처럼, 최근 대중민주주의 및 소비사회의 발전을 통해 주체화되고 있는 대중의 역사적 문제의식과 관련이 있다.

여기서 우리가 간과해서는 안 되는 요소는 예수신앙과 대중사회가 상호소통하는 데 교회와 '교회의 신앙'이 심각한 장애물이 되고 있다는 문제의식이다. 수많은 사회적·정치적 현안에 개입할 적절한 세계관도, 개개인의 소외·고독과 대면할 성숙한 철학도 결핍된 종교제도로는 예수를 사람들의 삶에 의미 있는 존재로 대면케 할 수 없다는 문제의식이다. 무엇보다도 다른 배경, 다른 경험, 다른 성찰을 진지하게 바라보지 않는 자폐적인 종교제도로는 사람들의 삶의 세계 속에서 유의미한 종교로 자리잡을 수 없다는 것에 대한 문제의식이다. 요약하자면, "예수에게로 돌아가자!"는 학계 일부의 주장은 '예수-교회'의 네트워크가 세계에 대한 권력담론으로 군림하는 교회제도의 한계를 '예수-대중'의 대화구조로 바꿔야 한다는 성찰적 문제제기인 것이다.

최근의 비유나 기적 연구에서 한층 더 명료하게 드러난 것처럼 예수는 '이미 완성된 답'으로 사람들과 대면하지 않았다. 그것은 관계의 산물이다. 관계를 통해 예수사건이 비로소 완성되어가는 것이다. 대화란 말하는 자와 듣는 자가 일방향적으로 나누어지지 않는다. 서로 말하며 또 듣는다. 항구적인 주(主)도 항구적인 객(客)도 없다. 그 사건 속에선 모두가 주역인 것이다.

한편 예수담론을 전승시키고 기억하는 일 또한 대화적이다. 예수에 대한 기억 속에서 예수와 대중의 욕망이 대화를 한다. 여기서도 물론 주객이 없다. 이때 예수, 예수 이야기는 끊임없이 세계의 배타주의적 폐쇄성을 '불편해하는 기조'로서 대중의 기억과정에 개입한다. 이로써 예수신앙은 편견과 배제의 메커니즘에 대한 저항담론으로서의 예수-대중 간의 대화적 사건으로 부활하는 것이다. 그런데 역사적으로 교회의 발전은 이러한 신앙의 대화구조에 부정적으로 작용했다. 예수의 사건을 유일회적이라고 해석함으로써 신앙은 예수와 대중 사이를 가르는 장벽이 되었다. 이러한 소통의 부재가 중계자의 위상을 격상시켰고, 신앙을 위한 실천에는 비용이 발생하게 됐다. 문제는 비용이 발생했다는 사실 자체보다는 비용 지불능력이 신앙의 척도로까지 이해되고 있다는 사실에 있다.

그러나 '역사의 예수'는 '사건'을 통해 세계와 대면했다. '유일회적'이라면 그것은 사건이 아니다. 사건은 언제나 일어난 사실과 감정을 공유하는 집단의 고백을 통해 반복적으로 기억된다. 예배는 그렇게 계속 일어나는 사건의 기억을 현재화하는 장치다. 즉 예배는 오늘 우리 주위에서 벌어지는 일을 원사건(原事件, Urgeschehen)과 연계시켜 해석함으로써 예수의 현재화를, 사건의 연계성을 기억/해석하는 장치인 것이다. 그런 점에서 사건을 연계성이 아닌 일회적인 것으로 해석하는, 즉 죽은 사건으로 해석하는 것은 예수를 기리는 예배가 아니라 예수를 왜곡하는 예배인 것이다.

사건은 오늘도 계속되고 있다. 소수자, 항상 편견과 배제의 대상이 되는 자, 그런 이들의 친구로, 폭력이 있는 곳에 희생자의 얼굴로 세계의 사건 속에 예수는 부활하고 있다. 예배는, 아니 교회의 신앙제도는, 그러므로 바로 지금 다시 신앙의 장소가 되기 위한 노력이 필요할 때가 되었다.

갈릴래아의 예수,
유럽의 예수, 변선환 찍고,
안병무의 전태일-예수*

**예수의 아래로부터의 장소
성과 기독론의 가능성**

🌿16세기 이후 본격화된 이른바 '지리상의 발견'
과 그 직접적인 효과인 식민지 확장은 근대적 유럽인의 '공간적 인식'의 질
서를 구성하였다. 그러나 18세기 말 즈음, 이러한 공간적 확장이 거의 정체
된다. 공간 확장에 대한 인식의 관성은 지속되는데, 공간의 확장은 더 이상
경험적 현실이 아닌 상황에 직면하게 되었던 것이다. 독일 개념사(Conceptu-
al History) 연구의 개척자인 라인하르트 코젤렉(Reinhart Koselleck)은, 이렇
게 기대지평과 경험공간의 괴리를 유럽인들은 '시간의 확장'을 통해서 돌파
했다고 본다. 그것은 구체적으로 '유토피아적 시간'에 대한 열망으로 드러난
다. 진보에 대한 믿음이다. 곧 진보된 미래지평인 '상상의 공간' 유토피아는
현실의 규범이자 실천원리가 되어야 한다는 것이다. '계몽'으로서의 시간인
식은 바로 이렇게 유럽인에게 다가왔다.

---

* 동서종교신학연구소의 13차 정기학술모임(2005년 3월 21일)에서 발표한 한인섭의 「변선환의 기독론
　과 역사적 예수」에 대한 토론원고다.

독일의 낭만주의 비평가 프리드리히 슐레겔(Friedrich von Schlegel, 1772~1829)은 '과거'의 사실을 재현하려는 역사가를 "뒤로 몸을 돌리고 있는 예언자"라고 묘사했다. 그가 향하고 있는 '뒤'는 '과거'이며, 그가 말하고자 하는 것은 '미래'다. 즉 과거 사실에 대한 탐구인 역사학조차도 미래의 유토피아를 상상하기 위한 예언자적 시간 순례로 보고 있는 것이다.

예수에 관한 역사적 연구가 시작된 시기는 바로 이러한 유럽인의 인식의 사투가 한창 벌어지는 때였다는 점을 주지해야 한다. 그것은 '역사의 예수' 탐구가 유토피아로서의 상상적 미래를 구성하기 위한 유럽적인 열망과 맥을 같이한다는 것이다. 또한 '지체된 근대' 혹은 전근대적 표상으로서 실재하는 교회의 '회고주의'(과거지향성)에 대한 도전이었던 것이다.

그러나 '역사의 예수' 탐구라는 역사학적 운동은 교회제도 내의 신학적 공간 내부에서 벌어진다. 그것은 초기의 '예수역사학'이 슐레겔이 말한바 '미래지향적 역사'라는 변수 외에, '과거지향적 신앙'이라는 변수를 포기할 수 없었다는 것을 뜻한다. 다시 말해서 '역사의 예수' 연구의 궤적은 처음부터 줄곧 역사와 신앙이라는 두 주요 변수에 의해 규정된 이차원 공간상의 좌표점 위에서 움직여왔다는 것이다.

앞서 말한 것처럼 '역사'라는 변수는 '유럽적인 근대성의 범주'이고, '신앙'은 '유럽적인 전통의 범주'이다. 전자는 '미래지향적 진보'의 관점과 맞물려 있다면, 후자는 '과거회고적인 전통'의 관점을 반영한다.

지나친 단순화의 오류를 감안하면서 연구사를 양분하자면, 두 변수 가운데 '역사'를 좀더 중요하게 보면서 교회 전통과의 차이를 강조하려는 계열(차이의 전략)과, '신앙'에 초점을 두면서 교회 전통과의 화해를 모색하려는 계열(동일성의 전략)로 예수연구사는 양분할 수 있다. 초기의 연구의 선구자였던 르낭(Joseph-Ernest Renan, 1823~1892)과 슈트라우스(David Friedrich Strauss, 1808~1874), 그리고 최근 북미를 풍미하는 연구집단 '예수세미나 (Jesus Seminar, 1985~)'의 코디네이터 로버트 펑크(Robert Funk) 등이 전자의 대표격이라면, 불트만(Rudolf Bultmann, 1884~1976)은 후자의 대표자라 해도 과언이 아니다. 한데 여기서 불트만에 대해 이야기를 좀더 해야 한다.

유럽인에게 19세기 후반, 그리고 20세기는 진보의 거울이 깨지는 '참혹함의 시대'였다. 진보의 가치에 의해 구성된 상상의 미래라는 거울에 비추어서 자신을 보려는 것은 더 이상 가치 있는 것도, 가능한 것도 아니었다.

'계몽으로서의 역사'의 파국을 체험한 유럽인에게 계몽의 예언자들이 재현한 예수는 무슨 의미가 있는가? 불트만은 하이데거로부터 이 질문 속에 내포된 역사학의 딜레마를 넘어서는 실마리를 배워온다. 그가 추구한 실존주의적 신앙의 물음은 실존인식을 통해 예수를 묻는다. 역사가 '시간 속의 게임'이라면 실존인식은 그 '외부'에 있는 존재론적 체험이다. 불트만의 연구는 바로 이 '실존인식'을 통해 예수를 묻는 것이 유의미하며 가능하다는 것을 보이는 데 초점이 맞추어져 있다. 요컨대 불트만의 의의는 유럽 근대성의 위기와 그것의 한 양상인 역사주의의 위기를 역사의 우회로인 실존을 통해 극복하고자 한 데 있다.

이후 그의 반역사주의적 태도에 대해 그의 일단의 제자들을 비롯한 많은 예수연구자들의 문제제기는 신앙전통과 불화하지 않으면서도 역사주의를 포기하지도 않는 '역사의 예수'에 대한 가능성을 찾으려는 교회의 열망과 맥을 같이한다. 문제는 그들 중 누구도 근대성의 위기를 돌파할 만한 역사학적 수단을 갖추지 못했다는 데 있다. 그러면서도 그것이 가능했던 것은 근대성의 위기도, 역사학의 위기도 체감되지 않는 진공포장된 공간 안에서 그들이 역사의 예수를 물었기 때문이다. 이로써 20세기 예수연구는 일부 예수연구 자들의 연구실과 그 담론이 소통되는 유일한 공간인 유폐된 신학 아카데미즘 내부에서만 진행된다. 하여 20세기는 예수연구의 파행기라고 해도 과언이 아니다.

한국에서 '역사의 예수' 논쟁은 대체로 1970~80년대에, 그 시기에 신학계에서 이 연구가 차지하는 비중에 비해 비교적 적극적으로 소개된 편이다. 하지만 유럽 근대성의 위기와 역사학의 위기라는 맥락에서 역사와 신앙의 변수가 충실히 고려되지는 못했다. 그것은 타지에서 생산된 이론을 수입하는 데 따른 흔한 부조리의 하나에 속할 것이다. 1980년 중반부터 신학적 탐색을 시작했고, 예수에 대한 역사적 논의에 관심을 가졌던 내게 이러한 이론 번역상의 부조리함을 읽을 안목을 준 이는 변선환(1927~1995) 선생이었다. 선생의 방대한 지식과 예리한 문제의식은 위에서 대략적으로 정리한 연구사적 이해의 기반이 되었다.

나는 민중신학에 주된 관심이 있던 터라 선생의 더 나아간 논의에 그다지 관심을 기울이지는 못했다. 그래서 그 이상의 논의를 얘기하기는 어렵지만, 대체로 유럽적 예수역사학의 문제인식을 넘어서기 위해 그가 주목한 것은 동양적, 특히 불교적 인식론과의 대화였던 것 같다. 양자의 대화에 대한 유럽과 북미 지식인들의 인식틀에 빠지지 않으면서 양자 간의 대화의 지점을 찾고자 했고, 거기에서 역사와 신앙의 모순에 관한 서양적 패러다임을 넘어서는 가능성을 읽고자 했던 것이 아닌가 한다. 그것은 과거-현재-미래를 분절적인 것으로 인식했던 진보론적 서양적 '시간' 이해의 틀, 그래서 동양은 덜 근대화된 서양, 과거적 서양의 변형에 지나지 않는다는 식의 단선적 시간성을 넘어서는 사유의 가능성에 대한 탐색이기도 한 것 같다.

변선환 선생이 야기 세이치(八木誠一, 1932~)의 '장소적 기독론'을 주목
했던 것도, 내가 바로 이해한 것인지도 모르겠지만, 이러한 단선적인 서양적
시간과는 다른 공통감각의 장소적 신앙의 가능성을 묻는 과정이 아닌가 생
각되고, 야기의 장소성의 반역사적 실존성을 문제제기하고 '아래로부터'라
는 새로운 장소성을 역사와 신앙의 조우지점으로 보고자 했던 것도 같은 맥
락이 아닌가 한다.

그런데 불트만의 반역사성을 공유하면서도 불트만과는 다른 공간적 예수
신앙의 가능성을 말한 야기에 대해 문제제기하면서, 선생이 '아래로부터의'
라는 장소성에 기초한 다른 기독론의 가능성을 논하는 것이 선생의 논리 안
에서 과연 어떻게 가능한지에 대해 나의 부족한 독해는 절정에 이른다.

나의 혼돈은 예수의 역사성에 대한 불트만의 회의를 선생은 어떻게 돌파
할 수 있었는지를 알 수 없다는 데서 유래한다. 예수의 과거 텍스트를 독해
할 수 있다는 믿음의 붕괴가 알버트 슈바이처(Albert Schweitzer, 1875~
1965)에 의해 결정적으로 선언된 이후, 불트만은 실존하지 않는 텍스트인 구
술을 통해 예수를 독해하고자 했다. 양식비평은 바로 그 구술적 가상의 텍스
트를 통한 독해 가능성의 모색이었다고 할 수 있다. 하지만 그의 새로운 방
법론적 탐색은 역사학의 위기를 넘어서는 데 실패했다. 그의 실존론적 독해
는 역사학적 독해의 불가능성에 대한 반역사적 대안이었다고 할 수 있다. 그
와 반목했던 그의 후계자들 누구도 예수의 역사적 독해 불가능성을 반전시
키는 역사학적 방법을 찾아내지 못했다. 곧 20세기 예수연구사는 역사학의
위기를 넘어서서 예수를 탐구할 수 없었다고 할 수 있다.

그런데 불트만과 야기처럼 역사를 우회하지도 않으면서 역사의 예수와
신앙 간의 화해는 어떻게 가능할까? 선생의 '아래로부터의'라는 수사어는

어떤 점에서 그러한 화해의 실마리일 수 있을까? 예수의 장소와 서구의 예수 독해의 장소의 역사학적 불연속성이 문제된 상황에서, 불트만적 신앙의 장소처럼 실존론적 장소의 연속성을 반역사적 실존의 체험이 아닌 역사적 사건의 연속성으로 읽어낼 수 있는 가능성은 어디에서 찾을 수 있을까?

여기서 나는 최근 북미에서 범람하는 예수연구의 폭발현상에 대해 언급하지 않을 수 없다. 이 연구추세의 어떤 신학적이거나 역사학적 특징을 찾아내는 일은 쉽지 않다. 다만 연구의 가능성과 필요성에 대한 북미 연구자 사이의 어떤 기조를 읽는 것은 가능하다. 특히 '예수세미나'의 의의에 대한 로버트 펑크의 평가는, 상당히 과장된 것이고 그 자신의 의제화를 위해 동원되고 있다는 인상을 지울 수 없음에도, 이 연구집단이 수적으로 소수임에도 최근 연구들 가운데 과거와는 다른 질적인 위상을 확보하고 있음을 보여준다.

그는 교회적 신앙전통을 지체된 근대성의 잔여물로 보면서, 그것이 최근 북미의 중요한 의제집단으로 부상하고 있다는 데 주목한다. 그에겐 탈기독교 시대(Post-Christian Era)의 시대착오에 불과한 이 현상은 '빗나간 미래'의 불길함을 예고한다. 결국 예수세미나는 예수연구의 미완의 '계몽 프로젝트'를 완성하려는 데 그 중심 취지가 있다는 것이 그의 주된 논지다.

이러한 역사학적 낙관론의 배경에는 예수 텍스트의 독해 가능성에 대한 재확신이 자리잡고 있다. 그것은 한편에선 교회에 의해 규제되었던 고전 텍스트들이 대대적으로 독서 가능한 상태인 영문 번역본으로 시장에 출시될 수 있게 된 탈기독교 시대의 문화맥락이 있다. 다른 한편으로는 교회적 인식틀을 넘어서서 다르게 독해할 수 있는 학제적 성과물들이 그 텍스트들을 새롭게 읽을 수 있도록 도와주었다는 탈기독교 시대의 간학문적(interdisciplinary)인 학제사적 맥락이 있다.

이러한 주장은 과연 얼마나 가능할까? 펑크의 역사관은 과거의 재현을 통해 더 나은 미래를 구상할 수 있으며 그것을 통해 빗나간 현재를 교정할 수 있다는 주장을 수반한다. 그렇다면 이러한 주장은 과연 누구에게 가능한 것일까? 하나의 역사적 상상물을 과거-현재-미래를 구성하는 대안적 길이라고 주장할 수 있는 시선의 주체는 누구일까? 그들의 이 계몽적 프로젝트가, 게르트 타이센의 비아냥처럼, '갈릴래아의 예수'가 아니라 '캘리포니아의 예수'라고 한다면, 그 특수한 해석, 그 특정 시공간적 이해의 산물을 보편적이고 총체적인 견해로 탈바꿈할 수 있다고 자부하는 존재는 과연 누구일까?

여기서 다시 변선환의 '아래로부터의 장소적 기독론'을 주목하게 된다. 남은 과제는 '아래'라는 장소, 신앙적 사건의 장소이자 역사적 경험의 장소를 가능하게 하는 현장(locales)을 주목하지 않으면 안 된다.

민중신학자 안병무(1922~1996)는 그 하나의 가능성을 제안한다. '예수의 현장'과, 예수를 기억하는 삶과 신앙의 한 현장인 '마르코의 예수'라는 두 역사성 사이에는 하나의 사건적 계보가 있다는 것이다. 경험의 유사성이 기억의 유사성을 낳았다는 것이다. 이제 독해해야 할 역사의 텍스트는 예수도 아니고 마르코공동체도 아닌, 경험과 기억을 공유하는 예수와 마르코공동체 사이의 사건적 계보가 된다. 그리고 그는 이 계보를 '전태일-예수'라는 다른 시공간적 현장과 연계짓는다. 하나의 의미론적 계보가 신앙과 역사를 묶어낸다. 여기에는 현재와 분절된 과거도, 과거와 분절된 현재도 없다. 현재와 과거 사이의 상호침투와 대화가 있고, 거기에서 벌어지는 민중사건이라는 한 의미론적 계보가 있다. 다른 의미론적 계보를 배제하는 하나의 단선적 이해가 아니라, 수많은 예수사건 가운데 하나의 민중사건으로서의 예수사건이 있다는 것이다. 그것은 신앙적 계보이면서, 동시에 역사적 경험이 시공간을 넘나들면서 교차하는 삶의 계보이기도 하다.

　이런 관점에서 역사의 예수는 하나의 보편적인 개체가 아니다. 그 자체가
하나의 역사이고, 수많은 역사적 가능성 가운데 하나다. 그것은 각각의 장소
에서 예수의 의미론적 계보가 어떻게 실천되느냐의 문제이고, 그 실천을 어
떻게 예수와 연관지어 이름 짓느냐 혹은 언어화하느냐의 문제인 것이다.